采购管理实务

Procurement Management Practice

主　编　李　珍　何　芳　怀劲梅
副主编　李　林　李海英　张　怡　霍丽娟
参　编　钟　钊　张胜男　周　建　陈　琳

东南大学出版社
SOUTHEAST UNIVERSITY PRESS
·南京·

内 容 提 要

本教材编者结合了校企合作企业以及上下游合作企业的工作实际,根据采购流程对采购工作岗位的职业能力要求进行了分析,围绕供应链上企业的采购环节设置了必须的采购任务,以此系列任务推动学习的展开。从认知采购管理、采购准备、实施采购、采购控制、采购后评价工作五个方面来编写,打破了学科性采购管理教材的思维定势,围绕采购业务工作进行内容设计,系统介绍了采购业务的地位和作用、设置采购组织与职能、编制采购计划与预算、供应商开发与选择、确定采购方式、采购价格管理、采购谈判与合同管理、实施准时化采购、采购成本控制、采购数量管理、采购质量管理、采购订单跟踪与物料管理、采购绩效评估及战略采购等方面的理论知识和技能。该教材能帮助学生密切联系企业实际进行课程学习,认识采购管理在现代企业中的性质和作用,全面了解采购管理的基本原理和基本过程,深入理解和掌握采购管理的职能、手段、方法和工具;同时,可以促使学生开展采购管理业务的实操训练,培养采购管理岗位的实际业务能力,将所学的理论知识和操作技能运用到工作实践中去。

图书在版编目(CIP)数据

采购管理实务 / 李珍,何芳,怀劲梅主编. —南京:东南大学出版社,2023.8(2025.1重印)

ISBN 978-7-5766-0834-2

Ⅰ. ①采… Ⅱ. ①李… ②何… ③怀… Ⅲ. ①采购管理 Ⅳ. ①F253.2

中国国家版本馆 CIP 数据核字(2023)第 142252 号

责任编辑:褚 婧　责任校对:韩小亮　封面设计:余武莉　责任印制:周荣虎

采购管理实务

Caigou Guanli Shiwu

主　　编	李　珍　何　芳　怀劲梅
出版发行	东南大学出版社
社　　址	南京市四牌楼2号(邮编:210096)
出 版 人	白云飞
网　　址	http://www.seupress.com
电子邮箱	press@seupress.com
经　　销	全国各地新华书店
印　　刷	苏州市古得堡数码印刷有限公司
开　　本	787 mm×1092 mm　1/16
印　　张	19.5
字　　数	450 千字
版 印 次	2025 年 1 月第 1 版第 3 次印刷
书　　号	ISBN 978-7-5766-0834-2
定　　价	56.00 元

本社图书若有印装质量问题,请直接与营销部联系,电话:025-83791830。

序言

大道如砥,大势如潮。阔步行走在中国式现代化道路上的中国,正推动着经济全球化不断向前。党的二十大报告中提出的"构建高水平社会主义市场经济体制""建设现代化产业体系""推进高水平对外开放"等重要内容,为新时代商务工作提出了一系列新任务、新部署、新要求。随着中国工业4.0的发展,大数据、智能化、物联网、云计算、区块链等新技术进入商业和制造领域,智慧采购在企业生产与运作中的重要性越发凸显出来。很多跨国公司把制造中心、采购中心转移到了中国。这不仅为中国的采购人员带来了很多的发展机会,而且对采购从业人员的专业素质提出了越来越高的要求。

智慧采购是互联网、大数据、智能化、云计算、物联网等现代技术赋能商贸领域,适应服务于产业升级和创新创业需求,以贸易流程与管理行为智能化为基础,以数字化、共享化、专业化、智能化、平台化为典型模式,以职能升级与管理革命为功能特征,综合形成的现代商贸典型业态重要环节。

可是,目前我国专业的采购与供应管理方面的高级人才相当匮乏,专业人才稀缺的问题日益凸显,现有采购职位的从业人员多数是半路出家,未经过系统化、专业化的理论教育及岗位技能训练,观念意识和管理能力都相对落后。一个重要的原因是我国尚未建立自有采购知识体系,也没有完整的采购专业教育体系。

编者调研校企合作企业安吉智行物流有限公司经营实际,根据采购流程对采购工作岗位的职业能力要求进行了分析,构建了本书的内容体系。为帮助学习者更好地掌握采购技能,结合安吉智行物流有限公司上下游合作企业的实际,围绕供应链上企业的采购环节设置了必需的采购任务,以此系列任务推动学习的展开,达到提高学习者综合业务素质的目的。

与市场上同类型书籍相比,本书的特色与创新之处体现在:

1. 采用任务驱动方式,体现以学习者为主体

本书将企业人员的经验与最新的职业教育理念及教学研究成果相结合,教学内容的选取本着"理论够用、注重实训"的原则,贯彻"任务驱动、项目引领""工作过程导向"的教学理念,以"学习任务描述—准备工作—任务实施—任务知识点—任务总结—综合测试"为顺序组织开展教学,符合学习者的认知规律,可以快速锻炼学习者的采购技能。

2. 集教学与实践为一体

根据企业物料采购过程,以企业采购实务涉及的工作流程即认知采购管理、采购准备、采购实施、采购控制、采购评价工作为序,将教材内容分为五个情景,学生通过每个情景的学习,掌握一项技能。此种内容体系设计能构建一个开放性、研究性的学习环境,有针对性地从理论和实践两个方面综合采购管理理论与实务,使学生更易接受采购相关工作内容,提高学生学习的热情。

3. 思政教育进课堂

本书思政元素浓郁,特色鲜明。教材内容将思政教育如盐溶于水一般融入任务案例,由"学习目标"、"思政园地"、"思政习题"和"任务小结"等版块形成思政教育圆环。编者根据采购流程特点,因事而化,将思政教育从教材源头开始,打造六条思政主线并行的思政教育新形态,即从培养政治认同,深刻理解国家战略与思想,培养职业道德素养,树立法治思维,掌握辩证思维方法,弘扬中华传统美德六条主线并推,旨在引导学生对思政的思考,实现对人才核心价值观、职业道德、法律意识与专业素质的综合培养。

4. 体例新颖,结构合理

本书在编写中按照企业实际工作过程进行内容体系构建,展现企业采购业务本来面貌,并引入智慧数字化等现代新型商业技术与方法的使用介绍,编写上尽量考虑高校学习者的认知水平和能力。

5. 读者广泛

本书理论简明实用,操作简单易懂,对企业采购从业人员以及广大高校财经商贸专业教师和学生均能有所帮助。

全书由李珍、何芳、怀劲梅担任主编,李林、李海英、张怡、霍丽娟担任副主编,钟钊、张胜男、周建、陈琳参与了编写工作。全书由李珍统稿和审稿。本书在编写过程中得到了东南大学出版社编辑的大力支持。

本书在编写过程中,参阅和引用了国内外大量文献以及采购方面的论文、论著和网络资料等,不论是否在书后列出,在此向相关作者表示由衷的感谢!

虽然编者为本书的编写付出了艰辛的努力,但是由于时间仓促,难免存在疏漏和不足之处,敬请广大读者批评指正。

编　者
2023 年 5 月

目 录

情景一　采购认知与采购组织 / 001

　项目一　采购管理认知……………………… 003
　　　任务一　认知采购………………………… 003
　　　任务二　采购作业流程设计……………… 014

　项目二　采购组织机构职能设置与运行 … 026
　　　任务一　采购管理组织…………………… 027
　　　任务二　采购人员素质要求及职责 … 038

情景二　采购准备 / 049

　项目一　采购计划编制…………………… 051
　　　任务一　采购计划………………………… 052
　　　任务二　采购预算………………………… 069

　项目二　供应市场分析…………………… 083
　　　任务一　开发、选择与评价供应商 … 083
　　　任务二　供应商关系管理………………… 116

情景三　采购实施 / 133

　项目一　协商谈判………………………… 135
　　　任务一　谈判准备………………………… 135
　　　任务二　采购谈判实施…………………… 141

　项目二　采购操作………………………… 155
　　　任务一　采购合同………………………… 156
　　　任务二　采购方式的选择………………… 162

情景四　采购控制 / 191

项目一　采购成本控制 …… 193
任务一　采购成本分析 …… 194
任务二　采购成本控制 …… 199

项目二　采购控制管理 …… 217
任务一　采购质量 …… 219
任务二　库存管理 …… 231

情景五　采购评价 / 243

项目一　采购绩效评价 …… 245
任务一　建立采购绩效评价体系 …… 246
任务二　采购绩效考核实施 …… 255

项目二　采购风险管理与战略管理 …… 274
任务一　采购风险管理 …… 276
任务二　采购战略管理 …… 285

参考文献 / 301

情景一

01

采购认知与采购组织

◎ 学习目标

【知识目标】

1. 了解采购及相关的概念；
2. 了解采购管理及相关的概念；
3. 了解采购的分类；
4. 了解采购的业务流程；
5. 了解采购的组织架构；
6. 了解采购人员的基本职责和应具备的基本素质。

【能力目标】

1. 能区分采购与购买；
2. 理解采购的地位和作用；
3. 会分析企业采购管理中存在的问题；
4. 会根据企业的具体情况设置采购部门以及划分采购人员的工作职责；
5. 能细分采购岗位并制定职责,具备良好的社会公德、职业道德和个人品德。

【素质目标】

1. 能针对企业的具体情况分析其采购管理的具体工作内容；
2. 能通过企业采购案例理解现代采购管理的理念,以及采购在企业管理中的重要性；
3. 能绘制采购部门组织结构图；
4. 能描述并根据实际情况分析和制定企业采购的基本流程；
5. 达到合格采购人员德与才的要求,增强学生职业自豪感与认同感,做自觉维护国家法纪与社会秩序的践行者,成为担当民族复兴大任,做奋斗强国的时代新人。

项目一 采购管理认知

◇ 引入案例

采购的艺术

大学同班同学成一和王二毕业后,同时进入一家机械企业做采购员工作。两人都是从农村出来的,十分珍惜现有的工作,都能吃苦耐劳,工作上也一直勤勤恳恳,十分努力,不到半年,两人在各自的岗位上都做出了一些成绩,均被列为公司重点培养对象。

一年后,公司人事调动,采购部门经理之职空缺,公司老总发话:公司最近研发生产了一批新机器,需要采购千吨轴承,采购部门人员谁能采购到低价优质的配套轴承,合理为公司节省成本,采购经理之位就属于谁。成一和王二两人皆跃跃欲试,决意使尽浑身招数投入本次采购工作中,希望自己能晋升经理职位。

两人通过调查发现,当时市面上轴承报价是一个75元。成一通过一年工作,积累了一些在行业内口碑不错的供应商资料,于是很快就找到了生产轴承质量较好的几家企业,货比三家,经过一番讨价还价,刚好自己一个铁哥们和其中一家供应商公司老总很熟,于是找到朋友,最终拿到友情价一个轴承25元。他暗自打听了一番,目前为止,市场上25元一个的轴承价格已是行业最低价了,心里暗暗高兴。

终于到了公司报价公布日,成一信心满满地上交了轴承样品,第一个报出自己的价格,等到部门其他同事报价和上交样品,同等质量的价格无一低于自己,本以为胜券在握,谁知王二最后一个报价,竟是第一批11元,以后每批7元的价格,而且上交样品质量比自己的丝毫不逊色。成一输得心服口服。

竞选过后,成一去恭喜王二,也问出自己的疑惑:"你有关系门路吗?这么低的价格是怎么谈成的?"王二只说了一句:"你还不知道我的底细啊,面朝黄土背朝天的农民身份,哪有什么关系门路,我只是在你们'杀价和议价'工作步骤上多做了一步计价工作!"

问题:同学们能想清楚"采购计价"其中的奥秘吗?

任务一 认知采购

◇ 学习任务描述

采购是最常见的一种活动,从人们日常生活到企业运作,从民间到政府,都离不开它。事实上无论是个人还是企业,生活或生产所需的各种物质,已经不能"自给自足",必须依靠

"采购"来获得满足,"采购"变成一项不可或缺的经济活动。

因为采购是市场资源配置的主要实现途径,是要素市场决定分配的供给力量,是经济上投入产出活动中的启动环节和最常见的一种经济活动,它然成为决定经济活动结果的关键所在。特别是企业采购,它是企业经营的起始环节,是开辟企业营销和创造价值渠道的起点。随着工业4.0和物联网时代的到来,采购将发展成为制造业服务化和服务业制造化产供一体的新兴业态。

◇ **思政园地**

思政元素:职业使命

企业的根本目的是增加利润,追求利润的最大化

某企业购进原材料50 000元,加工费50 000元,计划销售利润10 000元,则需实现销售收入110 000元。现要求销售利润提高到15 000元,企业将如何做才能达到目的?

方案1:需实现销售收入115 000元,即要使销售额增加5 000元。

方案2:可通过采购管理使原材料费降低5 000元,即为45 000元,则在销售不增加的前提下可实现利润15 000元。

请问:使销售额增加5 000元与降低原材料费5 000元,哪个方案难度更大呢?换句话说,采用哪种方式增加利润更容易?

内化提升:采购职业的重要性和关键性,思考如何立足专业践行采购人的责任、使命与担当。

◇ **任务书**

每人领取200元现金,要求在给定的时间内采购标明价格的物品。

物品采购清单如表1-1所示:

表1-1 物品采购清单

商品名	计算器	可乐	方便面	洗涤剂	巧克力	品牌一香烟	盆栽
价格	9.9元	1.9元	15.8元	14元	154元	12元	10元
商品名	品牌二香烟	台扇	滑板车	鼠标	口香糖	剃须刀	牛奶
价格	45元	90元	55元	35元	8.5元	99元	58.5元
商品名	汉堡包	洗发水	篮球	小闹钟	纪念币	雨伞	健身衣
价格	10.4元	39元	100元	20元	7元	68元	179元

胜负规则:

谁购买的物品的实际价格之和最接近200元谁就是胜者。如果出现两名或多名同学的商品总价相同,那么谁花费的时间最短谁就是胜者。

◇ **准备工作**

深度思考：
- 1. 该游戏能说明什么问题？
- 2. 你在游戏的过程中运用了什么工具？
- 3. 胜利者的经验有哪些？
- 4. 采购等不等同于买东西？

◇ **任务实施**

请思考：

1. 采购与相关概念的认知；
2. 家庭日常采购与企业采购的异同点；
3. 学会把握采购在企业中的地位和作用；
4. 学会采购的分类；
5. 传统采购与现代采购的区别。

训练方法：

1. 通过讲授各种案例使学生理解什么是企业采购；
2. 通过案例讲授采购在企业中的地位和作用；
3. 通过案例详细介绍采购的不同类型；
4. 以教材内容为依托讲授影响采购决策的因素。

◇ **学习任务相关知识点**

一、采购的概念

（一）采购的定义

1. 狭义的采购

"采"：摘取、挖取、选取、收集（选择）；

"购"：货币转化为商品的交易过程（购买）。

简而言之是人们通过做出相关决策，有选择性地购买物品的过程。

——是指企业在一定的条件下从供应市场获取产品或服务作为企业资源，以保证企业生产及经营活动正常开展的一项企业经营活动。它包括根据需要提出采购计划，审核计划，选好供应商，经过商务谈判确定价格、交货及相关条件，最终签订合同并按要求收货付款的全过程。

在狭义的采购中，货币是必然的交易中介，买方只有先具备了购买能力，才能换取他人的产品和服务来满足自己的需要。

2. 广义的采购

——是指个人或单位在一定的条件下，从供应市场以购买、租赁、借贷、交换、外包等各种不同途径获取的产品或服务作为自己的资源,用以满足自身需要或保证生产、经营活动正常开展的一项活动。

除常见的购买形式的采购活动外,采购作业还可以通过以下途径进行:

(1) 租赁:即一方以支付租金的方式取得他人物品的使用权;

(2) 借贷:即一方凭借自己的信用和彼此之间的友好关系取得他人物品的使用权,使用完毕,返还原物品。

(3) 交换:即双方用以物易物的方式取得物品的所有权及使用权,但并没有直接支付物品的全部价款。

(4) 外包:即企业将全部或部分的采购业务活动外包给专业采购服务供应商,以取得专业优势,从而降低采购环节在企业运作中的成本支出。

采购外包可以获得更低的采购成本,减少人员投入和固定投资,提高采购效率,获得专业化的采购服务。企业可以从总体上降低运营成本,提高采购效率,还可以将全部智力和资源专注于核心业务,在新的竞争环境中提高自身的竞争能力。对于中小企业而言,采购外包是降低成本的最佳方式。

◇ 小看板:与采购相关的几个概念

1. 采购与购买(表 1-2)

表 1-2 采购与购买的区别

项目	购买	采购
主体	家庭或个人	企业、事业单位、政府部门、军队和其他社会团体
客体	一般是生活资料	不仅仅是生活资料,更多的是生产资料
品种、数量	品种有限、数量不多	品种、规格繁多,金额巨大
距离	物品供应商到用户的距离一般不是很远	供应商到用户的距离有时候会很远
过程	从筹划开始到实施完成,相对比较简单易行	从策划到实施任务的完成,整个过程十分复杂,是商流、物流、信息流、资金流综合运行的过程
风险	无论是自然风险还是社会风险都不是很大	风险较大,特别是国际采购存在一定的自然风险和社会风险

2. 采购与采购管理(表 1-3)

两者概念的内容和责任者不同。

采购是一种具体的业务活动,而采购管理是指为保障企业物资供应而对企业的整个采购活动进行的计划、组织、指挥、协调和控制活动。

企业采购管理的目的是保证供应,满足生产经营的需要。采购管理是企业管理系统的一个重要组成部分,一般由企业的中高层管理人员承担。采购是一项具体的业务活动,是作业活动,一般由采购员承担具体的采购任务。

表1-3　采购与采购管理的区别与联系

项目	采购	采购管理
区别	◇ 具体的采购业务活动是作业活动 ◇ 只涉及采购员个人 ◇ 只能调动采购科长分配的有限资源	◇ 对整个企业采购活动的计划、组织、指挥、协调和控制活动,是管理活动 ◇ 面向整个企业 ◇ 可以调动整个企业的资源
联系	采购本身也有具体管理工作,它属于采购管理; 采购管理本身,可以直接管到具体的采购业务的每一个步骤、每一个环节、每一个采购员	

(二) 采购的地位

在传统思维里,采购就是拿钱买东西,目的就是以最少的钱买到最好的商品。但是随着市场经济的发展、技术的进步、竞争的日益激烈,采购已由单纯的商品买卖发展成为一种职能,一种可以为企业节省成本、增加利润、获取服务的资源。总体而言,采购已由战术地位提高到战略地位。

1. 采购成本是企业成本管理中的主体和核心部分,采购是企业管理中"最有价值"的部分

在全球范围内工业企业的产品成本构成中,采购的原材料及零部件成本占企业总成本的比例随行业的不同而不同,采购成本占企业总成本的比例大体为 30%～90%,平均水平在 60% 以上。材料价格每降低 2%,净资产回报率通常可增加 15%。从世界范围来看,对于一个典型的企业,一般采购成本(包括原材料、零部件)要占 60%、工资和福利占 20%、管理费用占 15%、利润占 5%。而在现实中,许多企业在控制成本时将大量的时间和精力放在不到总成本 40% 的企业管理费用、工资及福利上,而忽视其主体部分——采购成本,其结果往往是事倍功半,收效甚微。

2. 采购的供应地位

在工业企业中,利润是与制造及供应过程中的物流和信息流流动速度成正比的。在商品生产和交换的整体供应链中,每个企业既是顾客又是供应商。为了满足最终顾客的需求,企业都力求以最低的成本将高质量的产品以最快的速度供应到市场上,以获取最大利润。良好的采购管理能缩短生产周期、提高生产效率、减少库存、增强对市场的应变能力。

3. 采购的质量地位

质量是产品的生命。采购物料不仅仅是价格问题,更多的是质量水平、质量保证能力、售后服务、产品服务水平、综合实力等问题。有些东西看起来买得很便宜,但经常维修、经常不能正常工作,这就大大增加了使用的总成本;如果买的是假冒伪劣商品,那么就会蒙受更大的损失。一般企业都根据质量控制的时序将其划分为采购品质量控制(Incoming Quality

Control,IQC)、过程质量控制及产品质量控制。

⊕ **小看板**：从传统采购到战略采购（表1-4）

表1-4 传统采购到战略采购的比较

传统采购(交易型)	战术性采购(好的价格)	战略性采购(完整型)
采购单价	平衡订单数量,从分散采购到集中采购	总体成本
定单执行	公司合同	总体价值
竞争性投标	价格、质量、服务目标	策略性供应商
目标价格	供应商减少方案	优化供应商
很多供应商	供应商会议	供应商发展
合同准备	供应商成本估计	与业务策略相一致
收集标准、规范、要求	技巧谈判	发展公司策略以符合将来需求
投标评估	实施谈判	供应业绩与关系管理
定单跟踪	不同技能的施展	参与长期的业务计划

二、影响采购决策的因素

1. 供应商成本的高低

这是影响采购价格的最根本、最直接的因素。供应商进行生产活动,其目的是获得一定利润,否则生产无法继续。因此采购价格通常在供应商成本之上,两者之差即为供应商的利润,供应商的成本是采购价格的底线。

2. 规格与品质

价格的高低与采购材料的品质也有很大的关系。如果采购物料的品质一般或质量低下,那么供应商会主动降低价格,以求赶快脱手。

采购品质控制的内容包括三个方面,具体见表1-5。

表1-5 采购品质控制

内容	说明
对供应物料品质的控制	包括物料的生产过程、设备、环境等内容
进货检验	包括物料的数量、规格、质量等内容
对采购物流过程中品质的控制	包括交货时间、地点、方式等内容

3. 采购物料的供需关系

当企业需采购的物料紧俏时,供应商处于主动地位,它会趁机抬高价格；当企业所采购的物料供大于求时,采购企业处于主动地位,可以获得最优的价格。

4. 生产季节与采购时机

当企业处于生产的旺季时,对原材料需求紧急,因此不得不承受更高的价格。避免这种情况的最好办法是提前做好生产计划,并根据生产计划制定出相应的采购计划,为生产旺季的到来提前做好准备。

5. 采购数量

当采购数量较多时,就会享受供应商的数量折扣,从而降低采购的价格。因此,大批量、集中采购是降低采购价格的有效途径。

6. 交货条件

交货条件也是影响采购价格的非常重要的因素,交货条件包括运输方式、交货期的缓急等。如果货物由采购方来承运,那么供应商就会降低价格;反之就会提高价格。

7. 付款条件

在付款条件下,供应商通常都规定有现金折扣、期限折扣,以刺激采购方能提前付款或用现金付款。

◇ **小看板**:采购的四大误区

▲**误区一**:采购就是杀价,越低越好,所以应注重谈判技巧。

有些人喜欢在谈判桌上与供应商打价格战,打得不可开交,最终得到一个价格,好像就算胜利了。这是一个最典型的误区,因为忽略了采购的总成本。要知道供应商在谈判桌上失去什么,往往会在谈判桌下挽回损失。价格最低可能质量也不高,交货也不准,服务也不好,最终看似划算的交易却让人受尽折磨,反而付出更大的代价。采购不仅要关注单价,而且要注重总成本,正确的采购思想应该是:

1. 成本是最低但单价不一定是最低的。
2. 采购低单价可能会失去全部。
3. 成本不是暂时最低的,但所有权总成本最低。
4. 采购成本谈判要以事实为依据。

▲**误区二**:采购就是收礼和应酬,不吃白不吃,不拿白不拿。

有些人认为采购是一个肥差,大权在握,不能浪费机会,在采购时为自己谋利益。这不仅违背采购的职业道德,也关系到采购的风险控制。一个管理规范尤其重视内部控制的企业,一个符合采购规范的采购团队,这样的现象将大大减少。

▲**误区三**:采购管理就是经常更换采购人员,以防腐败。

有些公司认为采购部是一个很敏感的部门,为了防止采购员不道德交易给公司带来损害,就经常更换采购人员,以防内部腐败。甚至有些公司的采购政策明确规定,采购部门的人员从事采购的时间不能连续超过三年,三年期满就调往其他部门工作,然后再从其他部门换人来做采购。

> 采购如今不是一个简单的事务性工作,而是一个专业活,充满了技术与技巧,频繁更换人员不利于采购专业能力的持续提升。正如俗话所说:"买的没有卖的精"。在采购过程中,稍不留意就会被供应商牵着鼻子走,供应商很喜欢看见新面孔。
>
> ▲**误区四:采购控制就是急催交货,慢慢付款,玩经济魔方。**
>
> 拿货时要求供应商赶快发货,而到付款时反而一点也不着急了,甚至供应商催款很多遍也不理睬,能拖多久就拖多久。这样的话商业信誉从何而来?跟供应商的关系能维持多久?企业如何能健康发展?这就忽略了供应商关系发展的重要性。

三、采购的作用

1. 采购是企业在一定的条件下从供应商购买产品或服务作为企业资源的整个过程

采购过程包含:

▲制订并实施采购方针、策略、目标;

▲对计划进行改进及供应商绩效衡量;

▲建立供应商审核及认可、考核与评估体系;

▲开展采购系统自我审核及评估;

▲同其他单位的采购进行行业水平比较;

▲建立培养稳定且有创造性的专业采购队伍;

▲与其他单位共享采购资源、开展"杠杆采购"等。

采购的基本任务是保证本单位所需物料与服务的正常供应;不断改进采购过程及供应商管理过程以提高原材料质量;控制、减少所有与采购相关的成本(图1-1),包括直接采购成本和间接采购成本;管理、控制好与采购相关的文件及信息,如程序性文件、作业指导书、供应商调研报告、供应商考核及认可报告、图纸及样品、合同、发票等。

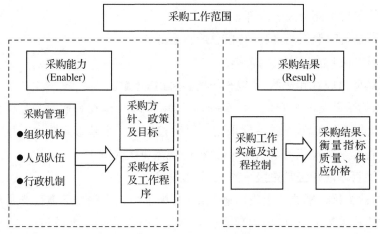

图1-1 采购工作范围

2. 采购作为保证企业生产及经营正常开展的经营活动,它是企业供应链管理过程中的

主导力量

企业的利润是同制造及供应过程中的物流和信息流的流动速度成正比例的。从整体供应链的角度来看,企业为了获取尽可能多的利润,都会想方设法加快物料和信息的流动,这样就必须依靠采购的力量,充分发挥供应商的作用,因为占成本60%以上的物料以及相关的信息都发生或来自供应商。图1-2为采购在供应链中起主导作用示意图。

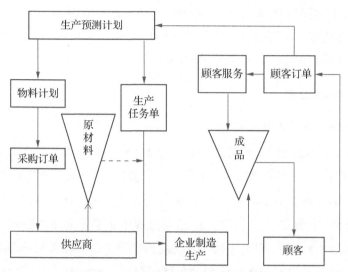

图1-2 采购在供应链中起主导作用

供应商提高其供应可靠性及灵活性、缩短交货周期、增加送货频率可以极大地改进生产制造企业的企划表现,如缩短生产总周期、提高生产效率、减少库存、加快资金周转、增强对市场需求的应变力等。

3. 采购是企业产品质量的基本保证

产品价值中的60%是经过采购由供应商提供,毫无疑问产品"生命"的60%应在来货质量控制中得到确保,也就是说企业产品质量不仅仅要在企业内部控制好,更多的控制是在供应商的质量管理过程中,这也是"上游质量控制"的体现。供应商上游质量控制得好,不仅可以为下游质量控制打好基础,而且可以降低质量成本、减少企业来货检验费用(降低检验频次甚至免检)等。经验表明,一个企业如果能将1/4到1/3的质量管理精力花在供应商的质量管理上,那么企业自身的质量水平至少可以提高50%以上。

◇ 小看板:采购利润的杠杆效应

采购杠杆效应就是采购成本的变化导致企业利润放大变化的现象。由于杠杆效应的不同,导致利润变化为采购成本变化的某个倍数。

杠杆效应是怎么体现的呢?举个例子:某公司销售额为1 000万元,利润率为10%,采购成本占销售额的60%,那么采购成本降低1%会有什么影响呢?

> 采购成本＝1 000万元×60％＝600万元，
> 利润＝1 000万元×10％＝100万元，
> 采购成本降低1％后：采购成本节省600万元×1％＝6万元，
> 那么利润增长了6万元/100万元＝6％(而不是1％)，
> 那么相当于销售额增加了6％。
> 如果在高成本、低利润行业，这个杠杆效应将会更加明显。
> 所以，在企业管理中，采购管理是相当重要的。采购人员的能力将在很大程度上影响公司利润，采购是赚钱的部门而不是花钱的部门。

四、互联网时代采购新生态

(一)大数据分析法促进采购变革

采购作为供应链链条上的重要环节，对企业的运营产生重要价值。采购主要针对的是企业供应链上游的供应商，生产型企业50％～80％的利益主要来自供货环节，如果企业充分利用供应链的作用，发挥供应链的主要功能，那么企业会在采购环节中产生较大的利益。

随着现代技术的不断发展，企业在生产运营过程中积累了大量的数据。大数据分析法出现前，这些数据未得到充分利用，造成了资源的极度浪费。而在采购环节中选用大数据分析法，不仅能够改进企业控制成本的流程，而且能够帮助企业提前制定策略防范风险，有助于企业更快、更好地做出采购决策。

1. 利用大数据，进行供应链管理

利用大数据分析法，进行供应链管理，提高企业的采购效益。供应链管理是围绕把供应商、制造商、仓库、配送中心和渠道商有机结合成一体这个问题来展开的，因此它包括企业许多层次上的活动，包括战略层次、战术层次和作业层次等，并且将产品在满足客户需求的过程中对成本有影响的各个成员单位都考虑在内了，包括从原材料供应商、制造商到仓库再经过配送中心到渠道商。

2. 利用大数据，进行需求分析

企业最头疼的环节就是客户采购，若采购环节不及时，则可能使现有库存顷刻间耗尽，这样就会使企业增加库存成本，甚至还有可能丢失客户。因此，企业需要利用大数据准确地预测未来的销售情况，将企业的销售和库存数据及时收集分析，保证销售预测的波动能被控制在合理的水平范围内。收集到企业的数据后还需要做进一步的分析，这就需要其他业务部门的数据。不仅需要销售部门的数据，同时还要与其他业务部门如生产、采购、财务、市场等团队进行协同，共同利用这些数据，预测和分析结果。

3. 利用大数据，进行协同生产

每当商品售出时，生产部门就要和计划部门对接，对售出产品的数据做出响应。根据售出产品的相关数据,生产计划进行分析并做出决策。除了通过需求计划得到需求预测外,还必须获得其他业务信息,然后将这些信息汇聚在一起统筹分析,做出下一段时期内的产能供应水平,尽可能达到产能最大化,以满足其他地区不断增长的购买需求。

4. 利用大数据,进行协同采购

由于消费者的购买行为对采购、生产的影响是全盘性的,公司要想提高自身的利益,就需要进行协同采购。所有关于采购的问题,包括采购地和供应商的选择,以及采购规模与频次的安排,都应该进行企业协同。大数据分析法不仅能够提高合作方的合作效率,而且会提高合作方的利益,并可以对供应商进行统一有效的管理,制定一套共同执行的标准。

(二) 智慧采购

随着互联网的盛行,"互联网+"的概念已如雷贯耳,各行各业、大小企业都纷纷开始践行互联网+。采购与互联网结合,可以使原有的采购模式发生巨大变化,在降低采购成本的同时大大提升采购效率。

我国企业采购大致经历了4个阶段:

1. 以线下采购为特征的采购 1.0 时代历时最久,效率也最低;

2. 采购 2.0 时代是向线上采购转移的过渡期,很多采购方通过网站公示采购信息,但交易行为还是在线下完成;

3. 采购 3.0 时代就是当下正经历的电商化采购阶段,电商帮助打通上下游环节,提供交易、物流、金融等综合服务。

"互联网+采购"模式突破了传统物资采购模式的各种局限,具有以下优势:

(1) 可以扩大比价范围。互联网面对的是全球市场,企业在采购时可以货比多家,在比质量、比价格的基础上找到满意的供应商,大幅度降低采购成本。

(2) 可以减少采购环节。通过互联网采购,可以集中优势资源,进行集中采购,减少采购环节,减少采购过程中的差旅餐费、谈判费等费用。

(3) 可以减少信息不对称。在互联网上,信息公开透明,而且信息量丰富,能够减少由于信息不完全而产生的机会成本,大大提高采购效率。

4. 在信息技术革命的驱动和国家政策的大力支持下,以智慧采购为特征的采购 4.0 时代正呼之欲出。

智慧采购的远景,是通过大数据平台的个性化分析使得"按需采购"成为可能,同时让智能化仓库管理和精准营销准时到达企业,帮助企业提前做好采购计划和安排,也帮助企业做出更好的决策。

任务小结

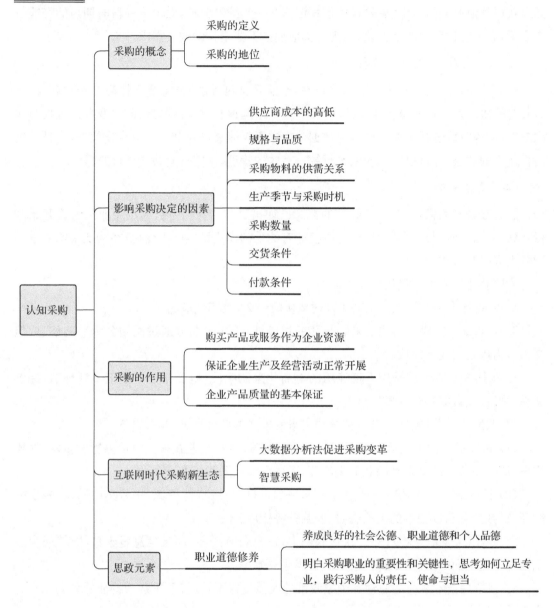

任务二 采购作业流程设计

学习任务描述

随着市场经济的发展和买方市场的形成,资源市场空间越来越大,物资采购流程的控制余地也相应增大,由于原材料、燃料、辅助材料等物资的成本费用是企业产品成本的重要组成部分,在企业总成本中约占30%左右,因此物资采购流程管理的优与劣关系到整个企业成本管理的成败,通过对采购过程的具体分析也能进一步理解采购管理的内涵和工作程序。

◇ 思政园地

思政元素:倡导工匠精神、打造质量体系,培养服务群众、奉献社会的职业修养

我国首个国有企业采购管理规范团体标准发布

由中国物流与采购联合会组织编制的《国有企业采购管理规范》团体标准于2020年6月10日在北京发布,这是我国首个国有企业采购管理规范团体标准,同年6月15日开始实施。

2019年4月,中国物流与采购联合会发布《国有企业采购操作规范》,该规范明确了国有企业的采购流程和通用要求,以及各种采购方式的适用条件和程序规则。《国有企业采购操作规范》侧重操作层面,对国有企业采购的组织形式、采购方式及其流程进行了规定,是采购执行人员的操作指南。《国有企业采购管理规范》主要是对国有企业的管理架构、采购实施、绩效评价、监督管理等方面进行规范,是企业采购管理、监督体系建设的指导文件。二者互为补充、配套使用,共同构成国有企业采购管理和操作的制度指引。

中国物流与采购联合会公共采购分会秘书长彭新良介绍,国有企业采购兼具公共采购和企业采购的双重属性,既关系到国有企业的经济效益和发展前景,也关系到国有资产的保值增值,该标准将进一步填补国有企业采购法规方面的空白,促进国有企业采购事业的健康发展。

内化提升:做自觉维护国家法纪与社会秩序的践行者,强调可持续发展观点。

(资料来源:新华网,http://news.sina.com.cn/o/2020-06-10/doc-iircuyvi7787053.shtml,2020-06)

◇ 任务书

调查学校后勤服务公司或部分学校合作企业的采购工作流程,绘制流程图。

◇ 准备工作

1. 教师讲解资料收集方法与途径,参观考察企业的安全问题与注意事项,实训要求与实训报告撰写要求;

2. 教师推荐学校后勤服务公司或部分学校合作企业,学生自行选择一家企业,调查其采购流程,并绘制流程图。

◇ 任务实施

采购业务流程会因采购地点、采购方式和采购对象不同而在作业细节上有所差异,但对于基本流程,每个企业都大同小异。本任务通过查阅资料、实地调研、走访等形式,让学生了解工商企业的采购业务流程,为以后深入学习采购管理技能做好准备。

实施步骤：

1. 学生自行组成小组，每组 4 人。

2. 结合项目背景资料，小组成员通过上网查阅有关资料、实地调研、走访等形式进行分析与交流，绘制采购流程图，并与企业实际采购流程图进行对比，完善采购流程图并将相关内容填入表 1-6 中。

表 1-6　某企业采购业务流程

企业名称		企业类型	
企业采购业务流程			
备注			

3. 调研结束后，以文档形式分享实训报告，并完善实训报告。

4. 对学生任务实施过程及其调研报告质量进行评价并打分。分为企业人员现场评价、课上小组间互评与教师评价，激励学生积极认真实施项目，参与小组运作，发挥团队力量。结果填入表 1-7 中。

表 1-7　项目评分表

考评人		被考评人	
小组成员			
考评内容	采购流程图绘制		
考评标准	考评点	分值	评分
	及时完成教师布置任务	20	
	流程图绘制正确率	50	
	成员参与度	10	
	小组汇报情况	20	
	合计	100	

◇ **学习任务相关知识点**

一、采购流程概述

采购流程通常是指有制造需求的厂家选择和购买生产所需的各种原材料、零部件等物料的全过程,包括收集信息、询价、比价、议价、评估、索样、决定、请购、订购、协调与沟通、催交、进货验收、整理付款。一个完善的采购作业流程应满足所需物料在价格与质量、数量、区域之间的综合平衡,即物料价格在供应商中的合理性、物料质量在制造所允许的极限范围内、物料数量能保证制造的连续性、物料的采购区域的经济性等要求。

采购作业流程会因采购的来源、方式以及对象等的不同而在作业细节上有所差异,但基本流程都大同小异。本书介绍美国采购学者威斯汀所主张的采购基本作业步骤(图1-3)。

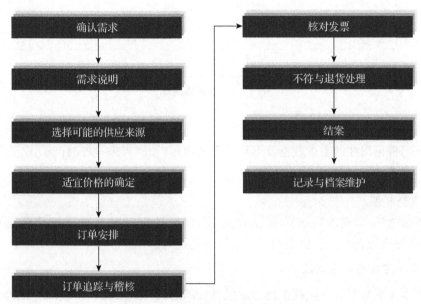

图1-3 采购作业流程的基本步骤

(一)确认需求

在采购之前应先确定买哪些物料,买多少,何时买,由谁决定等。一般企业采购部门的需求来源有三个方面,即客户订单、各部门请购单、采购部门预测。

1. 客户订单

对于流通企业来说,客户订单是采购的重要需求来源。对于生产企业来说,客户订单决定产品的生产,生产决定物料需求,需求决定采购。

2. 请购单

对于执行集中采购的团体来说,各部门采购物品的需求往往是通过请购单来实现的(图1-4)。

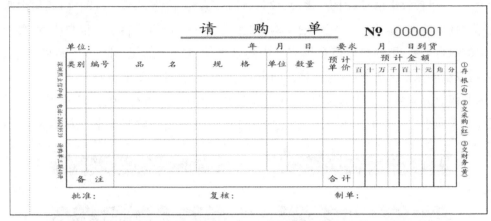

图1-4 物料请购单

3. 预测

采购部门根据以往的需求数据及形势的发展情形,预测未来一段时间的需求情况,也是需求的重要来源。

(二) 需求说明

确认需求之后,对需求的细节,如品质、包装、售后服务、运输及检验方式等,均要加以明确说明,以便使来源选择及价格谈判等作业能顺利进行。

(三) 选择可能的供应来源

根据需求说明在原有供应商中选择成绩良好的厂商,通知其报价,或以登报公告等方式公开征求。在选择供应商时,企业应考虑的主要因素如下:

1. 价格

物美价廉的商品是每个企业都想获得的。相对于其他因素,虽然价格并不是最重要的,但比较各个供应商提供的价格连同各种折扣是选择供应商不可或缺的一个重要指标。

2. 质量

商品质量也是一个十分重要的选择供应商的影响因素。商品质量的选择应根据企业实际情况而定,并不是质量最好的就是最适合的,应力求用最低的价格买到最适合本企业质量要求的产品。

3. 服务

服务也是一个很重要的选择供应商的影响因素。如更换次品、指导设备使用、修理设备等,类似这样的一些服务在采购某些项目时,可能会在选择过程中起到关键作用。

4. 位置

供应商所处的位置对送货时间、运输成本、紧急订货与加急服务的回应时间都有影响。在当地购买有助于发展地区经济,易于形成地区信誉和得到良好的售后服务。

5. 供应商库存政策

如果供应商的库存政策要求自己随时持有备件库存,那么拥有安全库存将有助于设备突发故障的解决。

6. 柔性

那些愿意且能够回应需求改变、接受设计改变等要求的供应商应予以重点考虑。

(四) 适宜价格的确定

确定可能的供应商后进行价格谈判。

(五) 订单安排

价格谈妥后,应办理订货签约手续。订单和合约均属于具有法律效力的书面文件,对买卖双方的要求、权利及义务必须予以说明。

(六) 订单追踪与稽核

签约订货后,为了使销售厂商如期、如质、如量交货,应依据合约规定,督促厂商按规定交货,并予以严格验收入库。对于大型采购项目,应设专职跟踪催货员,及时发现并解决问题,保证订单的正常履行。

(七) 核对发票

厂商交货验收合格后,随即开具发票。付清货款前,应先经采购部门核对发票的内容是否正确后,财务部门才能办理付款。

(八) 不符与退货处理

凡厂商所交货品与合约规定不符而验收不合格者,应依据合约规定退货,并立即办理重购,予以结案。

(九) 结案并验收

合格付款,或验收不合格退货,均须办理结案手续,清查各项书面资料有无缺失、绩效好坏等,并签报高级管理层或权责部门核阅批示。

(十) 记录与档案维护

维护经结案批示后的采购文件,应列入档案登记,编号分类,予以保管,以备参阅或事后发生问题查阅。档案应具有一定保管期限的规定。

二、采购流程优化

(一) 影响采购流程的因素

1. 供应商和品牌规格

使用特定的品牌或供应商的规格会严重限制买方的行动自由度,可能导致选择的供应商不能满足采购方生产量和物流需要的情况发生。

2. 选择供应商

选择的供应商若不能履行合同,会满足不了质量要求和交货时间的承诺。

3. 签订合同

交货时,因对合同的不同理解产生误解,需要通过签订标准合同的方式加以避免。

4. 重视价格

在购买固定设备时,设备的总成本与初始购买价格肯定不同,因为有些设备后续还会有一些升级与维护费用。买方需要在设备的初始采购和设备的终生费用之间进行平衡,决定设备的总成本。

5. 管理机构

订货没有购置或采购授权无明确的程序,会造成大量的额外工作。

(二)公司采购流程优化的方法

如图1-5,各公司可以通过重新设计采购流程来去除其中的不合理之处。

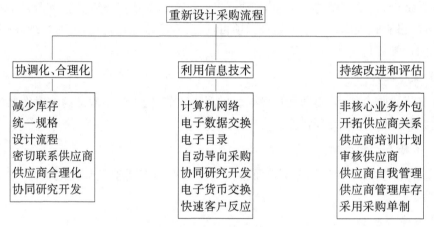

图1-5 通过重新设计采购流程来去除其中的不合理之处

在执行过程中,需要遵循以下几条原则:

1. 了解企业能够承受的内部成本减少的数额是有限度的,不能仅局限于企业内部的采购流程再造和无休止的内部成本精简。

2. 采购成本一般占企业销售收入的50%以上,因此,需要加强对供应商的管理和控制,在价值改进和目标成本降低上给予足够重视,而不是简单地将降价压力转嫁给供应商。

3. 供应商是合作伙伴关系,不是单纯的买卖关系。

4. 对采购成本进行系统分析和管理。

5. 运用一些科学的采购原则和方法,充分发挥信息技术的优势,从根本上重组企业的采购流程,重新确定双方的责任、权利和义务。

具体来说,可按表1-8来执行。

表 1-8 公司未来重点改进采购流程的方法

方法	特征	适用范围
从使用者到采购部门的在线通知系统	加快信息传输速度,方便使用者	适用于低价值的采购需求
面对使用者的采购卡	为采购双方提供方便	适用于低价值的采购需求
通过因特网的电子商务采购	方便、简洁,但同时也产生订货的安全及控制问题	采购周期长或合作时间较长的采购
综合采购订单合同	使采购过程更为简洁、迅速	采购周期长或合作时间较长的采购
长期采购合同	采购期较长,采购较为稳定	采购周期长或合作时间较长的采购,低价值的采购需求
采购流程重新设计	可以节约成本,涉及范围较广	采购机构臃肿需要重新设计的采购
电子数据交换系统	支持企业间常用的商业单证和信息电子交换	数据交换系统良好的采购
允许客户向供应商直接订货	方便客户	客户满意度要求较高的采购,客户联系供应商较为方便
面对供应商的使用者在线订货系统	方便客户	有较好的在线订货系统

1. 从使用者到采购部门的在线通知系统

▲在线通知系统是指通过高效和迅速的信息传递来节约时间的一种内部系统。

▲客户需要通过采购部门介入,才可以使用这些系统;不需要时可以使用其他廉价系统。

▲近期开发的新系统可以使客户直接从供应商那里获取低价值的商品而不需要采购部门参与。

2. 向客户发放采购卡

▲采购卡是多数企业都认可的一种改进采购流程的工具或系统,是一种面向内部客户的信用卡。

▲使用采购卡的商品不仅价格相对较低,而且可以跨过采购部门降低成本。每笔交易的平均成本可以降低 30% 左右。如迪士尼公司 70% 的交易都是通过采购卡进行的,大大减少了交易成本和节省整个交易的时间。

◇ 小看板:什么是采购卡?

零星物资采购一直是困扰企业和政府的事情。零星物资的采购交易次数占到一般企业总交易次数的 20%～50%,但是交易资金往往不到企业总采购金额的 10%。企业往往花费大量的人力和物力来处理这些日常的采购业务,但是成效往往不理想。

美国政府的管理与预算办公室于 1986 年引入一种新的信用卡,称之为采购卡。政府部门有关人员被授权拥有采购卡进行小额的零星物资采购,单次采购金额一般低于 2 500 美元。美国的一些大企业也与银行合作,针对企业的零星物资采购使用采购卡。

> 采购卡类似于信用卡,是电子采购的一种工具。持卡人不需要任何审批手续,可以直接向指定的供应商采购,采购过程无纸化,即可以免去向供应商下订单,与供应商签订采购协议以及产品的详细运输合同等烦琐的手续而直接采用柜面交易、网络采购或者电话采购等形式向供应商采购。采购卡是企业与银行联合开发,通过企业的上层采购部门,对基层或者其他部门的有关人员进行授权,让他们能够不通过采购部门,自主地向企业的合格供应商采购本部门所需要的零星物资,一般单次金额也在 2 500 美元以下。有关部门的采购数量、获得的采购折扣、采购金额、缴税情况、供应商的状况等有关信息都能够在采购卡的数据库中采集,通过相应的发卡银行将这些信息传达到企业的上层采购部门。这些信息还能够实时地直接导入企业资源计划(Enterprise Resource Planning,ERP)系统中运行,大大简化了企业的采购业务流程。

3. 基于因特网的电子商务采购

(1) 电子商务增长最高的领域

▲向供应商传递采购订单;

▲追踪订单状态;

▲向供应商询盘;

▲向供应商下订单;

▲电子支付;

▲电子数字交换。

(2) 在线订购系统的优点

▲立刻可知延期交货项目;

▲更短的订单输入时间,从而缩短了订单周期;

▲减少误差;

▲订单跟踪能力;

▲轻松得到供应商发出的附有装运说明的订单通知;

▲可在一个在线订单中满足多个客户对不同产品的需求。

(3) 买方将电子采购方法和低价值采购系统如采购卡联合起来使用,可以实现更低的成本和更短的时间。

4. 长期采购合同

▲主要优点是采购合同不用每年更新,通常可以保持 1~5 年,从而节省了交易成本;

▲综合采购订单和长期采购合同有相同点,也有不同点:综合采购订单更多地用于低价值项目的采购,长期采购合同比综合采购订单更加详细;

▲开发管理低价值项目采购所需的特定系统和方法时,企业通常以长期采购合同为基础。

5. 采购流程的重新设计

▲适当地进行采购流程的再设计可加快周转频率、简化交易流程、节约成本;

▲采购流程由许多子流程组成,这意味着它可以通过流程图和再设计得到改进。任何对低价值商品有需求的员工都是低价值采购流程的一个部分。

6. 电子数据交换系统

▲电子数据交换(EDI)系统包括一套信息交流标准,可支持企业间常用的商业单证和信息的电子交换;

▲20世纪90年代EDI系统并未完全取代其他系统,是因为传统的自动传真技术的改进,另外因特网也取代了一部分EDI。

7. 允许使用者向供应商直接订货

(1) 使用者直接向供应商订货是一种常用方法,包括下列低价值系统:

▲直接使用采购卡;

▲在线订购系统;

▲电话接听系统。

(2) 允许客户与供应商直接建立联系,采购部门可以有限介入或不介入。

◇ **任务小结**

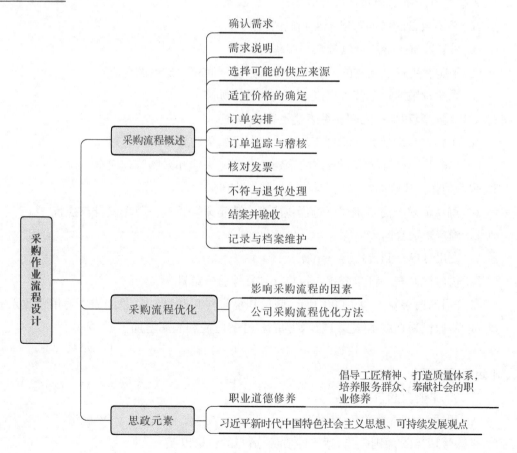

◇ 归纳与提高

通过本项目的学习，同学们应该初步了解了什么是采购和采购管理。在实际工作中要遵循采购的基本原则，它能够使采购工作更加协调，从整体上降低采购成本，帮助企业提升经济效益。

◇ 项目综合测试

一、思政题

关于赠品和回扣，下列采购人的做法正确的是　　　　　　　　　　　　　　（　　）
  A. 甲单位采购了某供应商的一批存货，提出按照合同金额提取 10% 的回扣
  B. 乙单位采购机房建设集成项目，项目建成后，要求供应商免费给机房和办公室加装 2 台空调
  C. 丙单位采购 5 架应急直升机，供应商主动提出赠送 1 套模型供展览，丙单位予以拒绝
  D. 丁单位采购了一批检测仪，供应商主动赠送合同金额 5% 的检测试剂，丁单位予以接受

二、单项选择题

1. 采购与供应链的利润杠杆效应是指　　　　　　　　　　　　　　　　　　（　　）
   A. 采购数量的增加可以带来利润的增加
   B. 采购数量的增加可以带来利润率的提高
   C. 采购费用较小比例的节省可以带来企业利润较大比例的提高
   D. 采购费用的较小节省可以带来利润较大提高

2. 对采购管理和采购之间关系表述不正确的是　　　　　　　　　　　　　　（　　）
   A. 采购本身涉及具体管理工作　　　　B. 采购属于采购管理
   C. 采购管理可直接管到具体的采购业务　D. 采购和采购管理完全一样

3. 采购的作业流程是　　　　　　　　　　　　　　　　　　　　　　　　　（　　）
   A. 确认需求→需求描述→选择供应商→确定采购价格→订单安排与执行
   B. 确定采购合同
   C. 发出订单→到货检验→结算
   D. 供应商调查→订单安排与执行→到货检验→结算

4. 某公司的销售收入为 1 000 万元，假设其税前利润率为 5%，采购成本为销售收入的 60%，假设采购成本减少 1%，则利润杠杆效应使利润率增加了　　　　　　（　　）
   A. 1%　　　　　B. 10%　　　　　C. 12%　　　　　D. 20%

三、不定项选择题

1. 广义的采购概念包括　　　　　　　　　　　　　　　　　　　　　　　　（　　）
   A. 租赁　　　　B. 借贷　　　　C. 交换　　　　D. 物流

2. 采购管理"5R"原则是指，适当的质量、适当的价格以及　　　　　　　　（　　）
   A. 适当时间　　B. 适当数量　　C. 适当预算　　D. 适当供应商

3. 按照采购主体来分类,可将采购分为 （   ）
   A. 企业采购   B. 个人采购   C. 政府采购
   D. 团体采购   E. 全球采购
4. 下列属于无形采购的有 （   ）
   A. 一台电脑   B. 一个软件   C. 一项技术
   D. 一项服务   E. 一份保险
5. 集中采购的缺点有 （   ）
   A. 降低了与卖方的谈判力度,较难获得价格折扣和良好的服务
   B. 采购方针不容易统一实施,难以协调企业内部的各种情况
   C. 采购功能分散,降低了工作专业化程度
   D. 采购流程过长,时效性差,难以适应零星采购、地域采购等的需要
   E. 采购与需求单位分离,难以准确了解内部需求,从而降低了采购绩效

四、分析判断题

1. 采购就是采购管理。 （   ）
2. 采购方对于供应商来说就是他们的上帝。 （   ）
3. 采购是企业经济活动的重要组成部分,所以必须遵循经济规律,追求经济效益。
   （   ）

五、实训题

麦当劳在中国土豆基地成功建立种薯繁育体系

土豆是重货,要是麦当劳餐厅用的土豆全部都要从北美进口,那么在中国炸土豆条的价格就将是天价了,对麦当劳生意的影响将是致命的。

麦当劳作出过一项承诺:无论何时何地品尝麦当劳薯条,其品质和口味都是一样的。为此,麦当劳还在中国土豆基地成功建立了一套种薯繁育体系。

早在1982年,比麦当劳在中国深圳开第一家店的1990年提前8年,麦当劳便与供应商开始共同调查中国有哪些土豆品种适合加工。

他们几乎走遍了黑龙江到甘肃的中国北部的大部分地区。当时中国大约有600多个土豆品种。但由于单纯追求高产,中国农村习惯了高密度种植的耕作,该品种的土豆虽然产量较高,但单体却很小,这种土豆根本无法加工成符合麦当劳标准的薯条。

据了解,麦当劳要求供应商提供的薯条中,长度为5英寸(1英寸=2.54厘米)的要达到20%左右,3～5英寸的达到50%左右,3英寸以下的比例在20%～30%之间。除了要求土豆的果型较长外,麦当劳还要求土豆的芽眼比较浅,同时对淀粉和糖分的含量也有要求。据麦当劳的专家介绍,薯条的含糖量不能太高,不然经过油炸,薯条的颜色会呈现较深的焦黄色,而不是麦当劳薯条应有的金黄色;淀粉含量则不能太低,低了薯条炸出来之后就会很松软,口感欠佳。

1983年,麦当劳及其供应商的马铃薯专家一起来到中国的承德围场,试种从美国引进的"夏波蒂"等马铃薯,并把美国先进的种植技术传授给当地的农民们,其中包括施肥、灌溉、

确定行距和株距及试管育苗等,最终麦当劳在中国土豆基地成功建立了一套种薯繁育体系。

【讨论】

请对5R原则的重要程度进行排序,并说明理由。

小组 PK 程序：

(1) 小组内部讨论,5 分钟。

(2) 总结观点,3 分钟。

(3) 小组互辩,10 分钟。

(4) 老师提问,2 分钟。

实训任务:采购 5R 原则 PK

5R 原则	个人降序号	原因说明	小组降序号	原因说明
适时				
适量				
适度				
适价				
适地				

习题答案请扫二维码获取

项目二 采购组织机构职能设置与运行

◇ 引入案例

名士的代价

有个希腊商人外出做生意,雇了个土耳其籍的名士保护他,商人付给他名士的费用,是个贵保镖。后来有三个普通土耳其人听到这个消息,向商人提出要共同保护他,他们三个报酬的总价只相当于商人付给名士一个人价格的一半,商人有些心动了。

商人家里举办宴会时,商人向名士表明了解约心意,名士回答说:"如果你与我解约只是因为我的酬劳高,我给你讲个故事。有个牧羊人养了条牧羊狗看管羊群,有人不解地问他,养一只食量如此之大的狗能做些什么,还不如收养三只小狗看守羊群,开支要省得多。牧羊人回答说:'我的牧羊狗在与狼搏斗时能以一敌三。'"

希腊商人听完名士的故事觉得很有道理,向名士道歉,然后继续留用了名士做他的保镖。

思考与分析:有效管理一个企业,在组织招聘员工时,与其招到一堆才能平庸却花费不高的人,不如请一个能力强但是薪酬要求高的人。到处理实际问题时,二者的作用可以说是天壤之别。企业的资本归根结底就是人的实力,在这方面是值得投入很多的。

任务一 采购管理组织

◇ **学习任务描述**

组织结构设置主要是研究如何合理设置企业内部组织架构以及确定组织内部各部门之间关系与合作模式的过程,组织结构与管控模式有效与否受到组织中的指挥系统、信息沟通网络以及人际关系的影响。实际生活中,组织结构是千差万别的,只有适合自身企业发展的组织结构,而最好的组织结构是不存在的。因此,不同类型和性质的企业应采用不同的采购组织结构。在设计采购组织结构之前,应考虑企业的性质和规模,企业的采购目标和方针是什么,设置方式能否适应本企业的管理水平。

◇ **思政园地**

思政元素:爱国担当,同胞情感;历史责任感,使命感

红色华润是怎样炼成的

华润的前身是成立于1938年的香港"联和行",1983年改组成立华润(集团)有限公司,2003年归属国务院国有资产监督管理委员会(简称:国资委)直接监管,被列为国有重点骨干企业。回首华润80多年的历程,是在烽烟弥漫的战争年代中诞生,在如火如荼的新中国建设大业中成长,在风雷激荡的改革开放大潮中发展壮大。华润一路走来,与祖国风雨同路,与时代命运与共。作为一家大型中央管理企业(简称:央企),华润凝聚了红色文化、传统文化、商业文化中的优良因子,始终担负着举足轻重的责任,与家国和时代共存。

华润集团秘书长、办公室主任蓝屹为深商解读央企华润的红色基因。他从企业的logo介绍了华润的经营理念:琥珀黄的正方形象征大地,4个抽象的"人"字分别代表华润"一切以人为本、人口驱动增长、尊重人文精神、改善人们生活"。"华润"两个字取自于中华的"华",毛润之的"润",意思是"中华大地,雨露滋润"。他从以下4个角度阐述了华润的历史。

第一是救亡图存、振衰复兴家国史。华润的诞生和发展,与国家民族的兴旺息息相关。1938年中央决定在香港建立"联和行",把捐赠的物资和采购的一些药品,通过香港运送到抗日根据地。到1947年下半年,华润的第一任董事长钱之光受中央指派到香港研究解放区与海外的经济通道。1948年,联和行扩大改组,改名为"华润",并打通贸易通道,以配合三大战役采购军需物资。解放后,华润护送1 000多人前往东北参加了新中国第一届政协会

议,这是华润对新中国非常大的贡献。此外,华润广泛加强和世界各地的贸易联系,曾是中国最大的外汇来源渠道。从1956年发起组织第一届中国进出口商品交易会(简称:广交会),到1978年中国改革开放,华润在广东首创"三来一补"模式,推动了国家有关部门颁布相关政策并推广全国,开启了香港制造业向内地转移的先河,有力地推动了中国经济转型。

第二是守望香江、同舟共济的情义史。华润在香港诞生,从1962年开始,华润承担起内地鲜活冷冻商品供港"三趟快车"的运作,保证香港的食品供应,香港人把华润五丰行叫做香港的"菜篮子"。20世纪70年代石油危机,东南亚遭灾,大幅减产,中央就给华润任务,把内地的大米和石油供给香港,华润同时扩大了国产大米和石油在香港的市场份额。华润也在香港投资了很多基础设施,香港回归之后,华润进一步架起了两地文化沟通桥梁,比如华润开展的"春笋计划",一方面有效帮助内地引进人才,另一方面缓解香港就业压力,这是华润作为红色央企的重要使命担当。

第三是探索商业文明、不断转型变革的创业史。从小商号到贸易总代理,新中国百废待兴,华润利用在香港的特殊地位,成为新中国对外贸易的窗口。华润历史上曾经代理了很多大家耳熟能详的品牌,通过"在外售券,国内取货",成为国家"代购人"。改革开放以来,华润开展第二次转型,从政策性代理到自营贸易与实业化,建立现代企业制度,探索实业化发展。进入二十一世纪后,华润进行第三次转型,走上集团多元化、利润中心专业化发展之路,通过两次"再造华润",构建五大业务领域。华润成为世界五百强企业,多元化业务结出丰硕成果。2020年,华润开启第四次转型,目前正在通过"重塑华润"战略,打造具有华润特色的国有资本投资公司。

第四是立心铸魂、守正出新的传承史。华润文化是华润在八十多年的艰苦创业和辛勤耕耘中,在继承传统、不断扬弃和持续发展的基础上形成的,凝结了几代华润人的精神力量,总体概括为:以身许国的奉献精神、敢为人先的奉献精神、笃定前行的坚守精神、自强不息的奋斗精神。优秀的企业文化,是华润能够不断发展壮大的重要原因,也是今天华润最宝贵的精神财富,更是未来华润迈向基业长青的强大动力。

蓝总强调,"与您携手、改变生活"不仅是一句口号,更是看得见的行动和追求。华润走入千家万户,让千万家庭真切感受到"有华润,多美好"。

内化提升:社会责任与担当,坚定"四个自信"、增强"五个认同"。

(资料来源:经理人杂志,https://www.163.com/dy/article/G8U5KTJ10530IU8N.html,2021-05-01)

◇ **任务书**

调查学校后勤服务公司或部分学校合作企业的采购方式、采购部门组织结构与管理职责。

◇ **准备工作**

1. 教师讲解资料收集方法与途径,参观考察企业的安全问题与注意事项,实训要求与实训报告撰写要求;

2. 教师推荐学校后勤服务公司或部分学校合作企业,学生自行选择一家企业,调查其采购方式、采购部门组织结构与管理职责。

◆ **任务实施**

采购作为企业为满足特定的需要而发生的外部购买行为,采购管理对企业就意味着使购买物有所值。要保证供应,满足生产经营需要,就不仅要对采购活动进行管理,还要对采购人员和采购资金进行管理,统筹有关采购的协调配合工作。采购组织结构作为企业组织结构的一个重要组成部分,究竟有哪些类型呢?这些类型是否适应企业现阶段的发展需求?

实施步骤:

1. 学生自行组成小组,每组4人。
2. 结合项目背景资料,小组成员通过上网查阅有关资料、实地调研、走访等形式进行企业采购方式调研,分析采购方式与采购商品之间的关系。
3. 根据企业实际情况,为企业设置采购组织机构,画出企业采购部门的岗位设置图,并列出每个岗位的职责。对比企业实际采购岗位设置,如有不足之处,提出解决措施(表1-9)。

表1-9 某企业采购组织机构

企业名称		企业类型	
采购部门岗位设置图			
岗位职责		改进措施	
备注			

4. 调研结束后,各小组以文档形式分享实训报告,并完善实训报告。
5. 对学生任务实施过程及其调研报告质量进行评价并打分(表1-10、表1-11)。

表1-10 自评、互评、教师评价表

团队名称	自评(10%)	小组互评(30%)	教师评价(60%)	合计

表 1-11　实训工作评价表

考核项目名称	采购管理组织调研			
考核指标	工作态度（20分）	团队合作（20分）	实训任务完成度（20分）	成果展示与汇报（40分）
团队总分				

◇ **学习任务相关知识点**

一、采购组织建立的重要性

企业采购管理的第一项工作,就是要建立一个完善的采购管理组织机构。这对于进行企业采购管理非常重要。一般企业一旦出现采购管理疲软无力、混乱不堪的局面,或者运行效率低,或者成本高,就会给企业造成很大的损失。

首先,企业采购管理组织体现了一种适合企业具体情况的采购管理制度。采购管理组织结构一旦定下来,采购管理的权限、职权范围、审批权限、工作内容也就一一定下来了,这有利于采购管理工作的顺利开展。

其次,采购管理组织既是企业采购管理的司令部,又是企业采购业务工作的行动部。就像军队打仗那样,既有利于统一指挥,又有利于统一调度、统一行动,可以保证采购业务工作高效有序地开展。

建立起一个完善的采购管理组织,有利于精简机构、缩短管理流程,做到分工明确、权责分明、事事有人管,可以提高工作效率。建立起一个完善的采购管理组织,有利于深入研究企业采购管理工作的规律,逐渐形成一套标准规范和一系列的规章制度,指导企业日常采购管理工作和业务工作的正常进行,以及探索发展更加科学先进的采购管理工作方法和手段,使企业采购管理工作走向正规和健康的发展轨道。

相反,如果没有一个采购管理组织,或者不能建立起一个有效率的采购管理组织机构,那么要进行比较复杂的采购管理是不可能实现的。

二、采购管理部门的设置原则

(一) 部门设置应同企业的性质和规模相适应

采购机构的设置同企业的性质、人员、规模等有很大的关系。例如,小公司可能仅仅设置一个供应部负责采购工作,而大型公司或跨国企业就需要设有集团采购部或中央采购中心负责采购。

(二) 部门设置应同企业采购目标、方针相适应

如果说企业产品质量不好,而影响产品质量的因素主要是原材料,那么改进原材料质量的任务主要在采购部门,其就应该配备相应的品质工程师,或者赋予采购部门以相应的职责,使其指挥相关部门的人员参与原材料采购。

（三）部门设置应同企业的管理水平相一致

如果企业已经导入 MRP 或 JIT 系统，那么采购的需求计划、订单开立、收货跟单等，均可通过计算机按 MRP 或 JIT 系统操作控制，其采购机构的设置显然有别于手工作坊式的企业。

三、采购管理部门设置的影响因素

（一）管理层对采购工作的重视程度

影响采购管理部门设置的主要因素是管理层对采购工作的重视程度。如果管理层仅把采购看作一项普通的企业运作活动，那么采购部门自然在企业中处于相对较低的从属地位，采购的管理控制肯定就是低水平的；如果管理层认为采购是企业竞争取胜的重要因素，对企业的发展具有战略意义，那么采购部门很可能具备强有力的架构并直接向最高领导汇报。

（二）企业规模的大小和企业组织结构的复杂程度

如果企业规模较小，那么可以不设专门的采购组织，由经理统一考虑经营和采购；如果企业规模大，那么就需要设立专门的采购组织。企业组织结构越复杂，越要设立专门的采购管理组织，统一管理企业采购工作。

（三）采购品种数量的多少

如果企业需要采购的品种少、数量小、技术性不强，那么可以不设专门的采购管理组织；相反，如果企业需要采购的品种多、数量大、技术性强，那么就需要设立专门的采购管理组织。

（四）采购业务环节的多少

如果企业采购的业务环节少、处理简单，那么可不设专门的采购管理组织；相反，如果企业采购的业务环节多、处理复杂，那么就需要设立专门的采购管理组织。

（五）采购对企业经营的重要程度

如果采购对企业经营影响很大，那么就需要设专门的采购管理组织；相反，可不设专门的采购管理组织。

四、采购组织的类型

（一）分散型采购组织

各预算单位自行开展采购活动的一种采购实施形式（图 1-6）。

图 1-6　分散型采购组织结构

分散型采购组织的特点如表1-12所示。

表1-12 分散型采购组织的优、缺点

优点	缺点
自主性、灵活性、多样性 可在本地采购,受当地欢迎 有利于部门间竞争	造成供应商分散和混乱 技术人员短缺,成本上升 重复采购,分支间缺乏沟通 缺乏财务控制 过量的地方采购

适用:拥有多样化经营结构的跨行业公司

(二) 集中型采购组织

由一个部门统一组织本系统的采购活动的一种采购实施形式(图1-7)。

图1-7 集中型采购组织结构

集中型采购组织的特点如表1-13所示。

表1-13 集中型采购组织的优、缺点

优点	缺点
规模效应 标准化,节省人员和工作量,有利于采购战略的实施 有利于财务管理 有利于更好的全面库存管理和材料利用 避免因供应短缺而引起集团部门间的竞争	上下级之间的抱怨 组织成员对系统的反抗 过高的管理费用 对市场的反应较慢

适用:下属经营单位购买相同或类似产品的公司

(三) 集中/分散的采购组织结构(混合型)

在公司总部的管理层上设立采购部门,同时各个经营单位也有自己的采购部门。这种类型的采购组织与一般公司采购部门和各经营部门采购相比有着明显的分工。一般而言,需求量大且价值高的货物由企业采购总部集中采购;需求量小且价值低的物品以及临时性需要采购的物资由分支机构分散采购,同时在采购中向企业采购总部反馈相关采购信息。这种结构形式结合了两种采购组织的优点,能够做到分散和集中的有效结合(图1-8)。

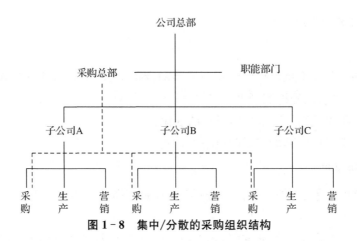

图1-8 集中/分散的采购组织结构

> ◇ **小看板**：集中和分散需考虑的标准
> ▲采购需求的通用性
> ▲地理位置
> ▲供应市场结构
> ▲所需的专门技术
> ▲价格波动
> ▲客户需求

（四）跨部门采购职能小组结构

采购组织中比较新颖的一种组织形式，是在公司总部设立采购总部，同时在各经营单位也分设采购部门，各经营单位的采购经理既负责本部门的采购，向本单位的主管汇报，同时也需要向首席采购官汇报，以使得本部门的采购与公司的政策相适应（图1-9）。

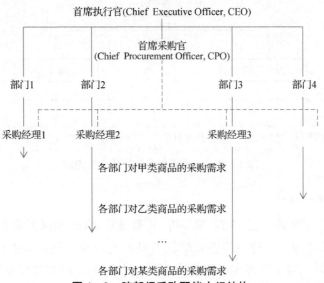

图1-9 跨部门采购职能小组结构

（五）采购外包和"虚拟组织"

1. 外包

▲本企业的采购并不足以提供组织所需要的竞争优势，将采购活动外包给一个更先进的、在战略上具有主动性的组织则可以获得这种竞争优势；

▲现有的采购组织结构不能应对迅速的变化；

▲现有的组织和程序不能使采购战略更高效。

2. 虚拟采购组织

▲一个具有中心紧密、外围松散特征的结构，能够提高企业经营层面上的集中度和灵活性；

▲中心为采购专家组成的紧密核心，外围是流动的企业经营方面的专家。核心层负责采购流程、采购战略、职业发展以及采购过程中的员工招聘、培训和发展。

五、采购组织的合理设计

采购组织的合理设计是指将采购组织内部的部门专业化、具体化，也就是将采购部门应负责的各项功能组织起来，并以分工方式建立不同的部门来加以执行。采购组织的设计涉及很多活动，但首要的工作还是明确战略、组织和职责之间的关系。战略一旦制定好，就必然要借助于一定的组织框架才能得以正常实施，而且无论采用哪种组织形式，其内部各组成部分必然要各司其职。

（一）按采购地区设计

如图1-10，这种采购部门的划分主要是由于国内外采购手续及交易对象有显著的差异，因而对采购人员的工作要求也不尽相同，所以应该分别设立部门加以管理。如果物品在国内外都可以采购，那么采购人员需进行优劣势比较，判定物品采购应由哪个部门办理。

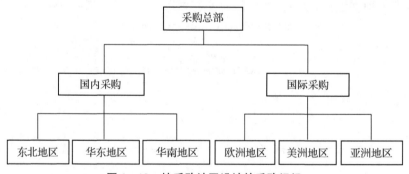

图1-10 按采购地区设计的采购组织

（二）按物品类别设计

如图1-11，按主原料、一般物料、零部件、机器设备、维护和保养等类别，将采购工作分由不同单位的人员办理。此种组织方式的优点是可使采购人员对经办的物品项目相当熟悉，能做到熟能生巧。对于物品种类繁多的企业，此种采购组织方式较为适用。

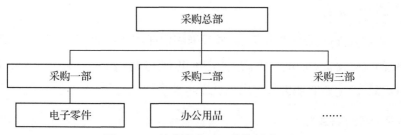

图1-11 按物品类别设计的采购组织

(三) 按采购物品价值和重要性设计

一般情况下,习惯上用ABC管理方法,如表1-14所示。

表1-14 按采购物品价值和重要性设计的采购组织

物品	价值	次数	承办人
A	70%	10%	经理
B	20%	20%	科长
C	10%	70%	科员

(四) 混合式设计

不同企业有不同的特点,一般企业以物品、地区、价值、业务等为基础,可以形成不同的混合式组织形式,也就是综合运用上面各种采购组织的设计方法(图1-12)。

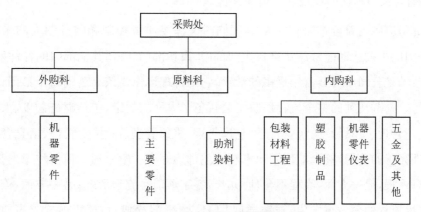

图1-12 混合式设计的采购组织

不同企业要充分分析自身的特点,考虑企业内外部的影响因素,建立适合本企业的采购组织结构。还应注意采购组织结构建立后不是一成不变的,随着企业所面临的内外部环境的变化,需要不断调整,以便更好地适应环境,完成采购任务,最终实现企业目标。

六、采购管理部门的职能

要想发挥采购管理部门的作用,就要坚持采购职能的中心化。"中心化"意味着采购部是所有供应商的唯一窗口,是对公司客户能产生极大作用的组织,是连接客户和供应商的纽带。采购管理部门的主要职能表现为以下几个方面。

(一)选择和评价供应商

这一任务包括供应商的筛选、鉴别、评价、认证、培养、审核、考察、资料备案等具体工作。选择和评价供应商是采购工作的起点和重点。没有对供应商的了解和管理,没有对行业的了解,供应商的产品和服务就很难满足企业的需要。对供应商做的工作越多,采购工作就越有效率,管理问题就会越少。

(二)保证公司在采购价格上的优势

采购部门应对市场(国际、国内)行情有及时的了解,保证公司在采购价格上的优势,在市场行情发生明显变化时能够妥善利用供应商的资源,采取适当的战略降低风险和取得竞争优势。

价格的高低是始终困扰企业的大问题。企业采购员的责任就是在市场价格下降时重新与供应商谈判,保持价格的走势跟上价格的变化;在市场价格上升时,保证自己的价格上升幅度小于市场整体的上升幅度,甚至不升反降。这样一来就达到了"价格竞争优势"。同时,采购部门能够站在全球供应链的角度,及时根据价格的变动趋势,调整自己的供应战略,使整体供应成本有效地得到控制。

(三)制定采购制度和设计合理的采购流程

采购部门应制定符合本公司规章制度同时又满足质量控制和财务制度的采购控制流程,确保公司的采购活动能够满足来自生产部门、市场部门、公司其他部门的各种采购要求。

采购活动是公司中资金占用最多的活动,它的合理运作要依靠公司每个部门、每个员工的大力支持。采购活动的整个流程反映了公司各个方面的规定,包括财务制度、人力资源管理制度、生产管理、工具管理、设备管理、仓库管理、维修管理、IT技术管理、信息管理等诸多方面。管理完善的公司,资金的使用效率和效益都远好于一般公司。值得注意的是,尽管很多公司都有流程,但一方面,流程不合理、冗长,签字烦琐且流于形式;另一方面,流程没有发挥效力,违反流程的事一再发生,被领导们"下不为例"轻松放过,流程就成了表面文章。坚守流程,树立流程的威信是采购能够充分发挥作用的关键。

(四)提高采购效率

采购部门应通过不懈的努力,降低采购运作的成本,提高采购效率,提高内外部客户的满意度。

（五）控制采购风险

采购部门应通过人员培训和组织调整，控制采购的合同风险和法律风险，杜绝公司内外对采购流程的侵犯，提高采购部门的纯洁性。

◆ **任务小结**

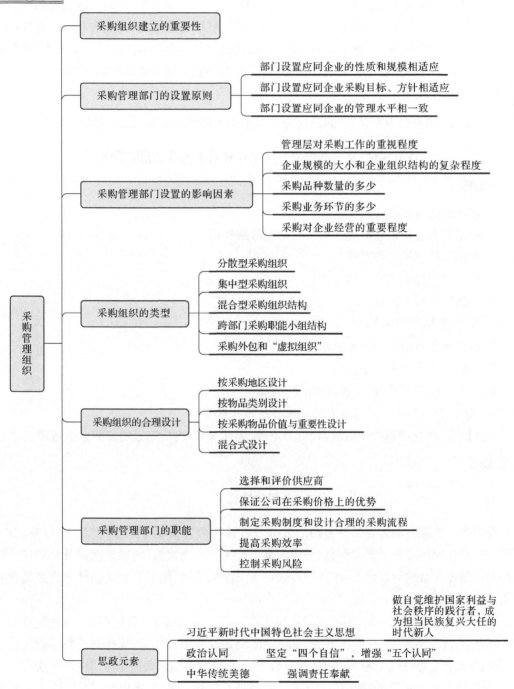

任务二　采购人员素质要求及职责

◈ **学习任务描述**

确定部门及其人员职责是企业管理的一个重要环节,对于采购部门来说,同样如此。采购部门及其人员职责的不明确常常会造成企业管理混乱、资源浪费,因此有必要对其部门人员的职责进行明确划分。一般来讲,采购部门的职责与其在企业中的隶属关系有关,采购部门人员的职责与其在企业中所处的岗位必然相关,不同职位层次具有不同的职责。

◈ **思政园地**

思政元素:感受企业文化,了解现代企业对采购人员的职责要求,制定职业规划

情境创设:双选会调研——企业对采购人员的招聘要求

问题思考:
1. 你对采购管理有什么了解?
2. 你是否有过在供应链或者相关行业实习的经历?
3. 你如何处理供应商关系?
4. 你如何制定采购策略和计划?
5. 你如何进行采购谈判?
6. 你如何降低采购成本?
7. 你如何了解市场动态和价格变化?
8. 你在团队中的角色是什么?
9. 你在时间管理、项目管理方面的能力如何?
10. 你认为一个优秀的采购人员应该具备哪些素质?

内化提升:树立明确的知识学习、能力培养、素质养成方向,形成良好职业道德观。

◈ **任务书**

李四的选择

安吉智行物流有限公司某分公司品管部最近需要两台新设备,李四收到《设备需求单》后第一时间在媒体发布了求购信息,很快收集了数家供应商报价,各供应商也及时提供了相关报告。通过几番比价议价后,李四初步选定了三家供应商,接下来就是去供应商那里进行现场评估。

这天,李四和品管部王经理带上"设备评估表"一大早就出发了,首先评估的A供应商是一家民营企业,规模不算大,价格还不错,现场评估设备性能也都达标,彼此交谈都感觉比较愉快,李四个人感觉可以优先考虑。评估结束后,A供应商主动邀请共进午餐,但李四拒绝了。

从A供应商出来后,临近中午,李四和王经理吃完快餐就直奔B供应商。这是一家台

资企业,实力不错,设备的材质都很好,通过现场评估性能全部达标。虽然价格贵了点,但是感觉物有所值,售后服务也信得过,可以算是理想的供应商。

从B供应商出来后,已经快四点了,虽然有点累,但工作得继续。很快就来到了C供应商所在地,这是王经理介绍的,是某公司的代理商,价格比A供应商高不少比B供应商便宜一点点,销售经理是一位年轻漂亮的李小姐。因为工厂不在当地,所以只能参观样机,李小姐只是在现场演示了一下就说一起去吃饭吧。李四马上回答说:"不用了,我们回去吃,而且很晚了,下次吧!"李小姐说:"没关系,吃饭用不了多久,一会我叫车送你们回去!"这时王经理也说:"没关系的,我跟李小姐很熟的,认识几年了,算是老朋友了,我以前的公司就用他们的产品!"

后来李四和王经理在李小姐的带领下一起去湘菜馆吃了一顿丰富的晚餐,然后还去包厢唱歌到深夜12点,回公司当然也是李小姐叫车送的,而且还说成交后会给李四和王经理一定的辛苦费,回去的路上王经理还一直替李小姐说好话。

回到家里,李四想:做生意都是一回生二回熟,李小姐是王经理推荐的,两人很熟,公司应该也采购过他们的设备。这次虽然只是样机现场演示,但没啥问题。如果选择与其他供应商合作,品管部后面说不定会为难自己,选择李小姐的公司会皆大欢喜。

◇ **准备工作**

组织一个辩论会,掌握合格采购人员德与才的要求。

同学们自行分组,每组3~4人。

◇ **任务实施**

以辩论会的形式引导学生进行扩展性思考,经过同学间的正反方的相互自由辩论,掌握合格采购人员德与才的要求。

正方观点:(李四行为是对的,要注意厂部关系)

反方观点:(李四行为是错的,要坚持采购人员工作原则)

辩论规则:

1. 小组抽签决定正反与反方,每组推选一位主辩,陈述本小组观点,每组5分钟。
2. 各小组10分钟自由辩论。
3. 小组成员总结观点1分钟。

评委打分,选出获胜方,计入小组考核成绩。

◇ **学习任务相关知识点**

一、采购人员应具备的素养与能力要求

(一) 采购人员素养

1. 采购人员思想品德素质

(1) 胸怀坦荡,大公无私;

(2) 有很强的工作责任心和敬业精神;

(3) 树立良好的职业道德,把企业的利益放在首位,严格把好进货关;

(4) 承受训练的毅力。

2. 采购人员知识素质

(1) 市场学知识；

(2) 业务基础知识；

(3) 社会心理知识；

(4) 自然科学知识；

(5) 文化基础知识。

(二) 采购人员具备的能力

1. 成本意识与价值分析能力

采购支出是构成销货成本的主要部分，因此采购人员必须具有成本意识，会精打细算，锱铢必较，不可大而化之。此外，必须具有"成本效益原则(cost-benefit principle)"的观念。对于报价单的内容，应有分析的技巧，不可与"总价"比较，必须在总价相同的基础上，对原料、人工、工具、税款、利润、交货时间、付款条件等，逐项加以剖析评判。

2. 预测能力

采购人员必须扩充见闻，具备"察言观色"的能力，才能对物品未来的供应趋势未雨绸缪。

3. 表达能力

采购人员无论是用语言或文字与供应商沟通，必须能正确、清晰地表达所欲采购的各种条件。对于忙碌的采购工作而言，采购人员必须具备长语短话、言简意赅的表达能力，以免浪费时间，而以"说之以理，动之以情"来获取优惠的采购条件，更是采购人员必须锻炼的表达能力。

4. 良好的人际沟通与协调能力

(1) 与销售部门

销售部门应提供正确的销售预测及销售目标等资料给采购部门，以使采购计划有效执行。采购部门也应将从供应商处所获得的有关竞争者的用料需求信息，以及其他产品的销售数量、品质、价格等信息，提供给销售部门，以协助做好竞争策略的拟定工作。

(2) 与生管部门

生管部门应尽早通知采购部门有关产品的生产计划与物料的需求计划，使采购部门有充足的时间寻求货源，并与供应商议价。采购部门也必须通知生管部门其所需要的购运时间及订购后可能发生的变化。

(3) 与质检部门

质检知识：采购人员应随时向质检部门学习质检的知识，以便与供应商接触时能了解物料品质，以期采购适当的物料以供生产。

品质标准：采购部门应与质检部门保持密切联系，以便质检部门随时提供必要的协助，使请购规格与验收标准相吻合。

物料验收：质检部门发现厂商交来的物料不符合要求而拒收时，应立即通知采购部门，以便采取必要的措施。

开发供应厂商：采购部门与质检部门应共同开发供应厂商，以确认厂商是否具备供应所需品质及数量的产品的能力。

（4）与生产现场

采购部门提供生产现场所需物料，两者关系密切，但是两者却有不同的立场。通常，生产现场希望物料能快速供应，以免发生断料停工；而采购部门则希望能有充足时间进行议价，以降低采购成本。因此，在采购的购运时间方面，彼此需互相尊重、充分协调，切勿意气用事。另外，对于"自制"或"外包"的决定，生产现场与采购部门彼此立场与见解也可能不同，此时应根据成本分析结果，以客观的态度共商办法。

（5）与财务部门

每一项采购交易，从订购开始到交货、请款、付款为止，都需要做财务处理。财务部门还可为采购部门提供各项有关的计算资料。

（6）与技术部门

技术部门在设计物料规格时，不可过分强调追求品质，而忽略价格和市场因素；而采购部门也不可太强调价格因素而忽略品质要求。因此，技术部门应征询采购部门的意见，而采购部门也应根据市场信息，建议适当的规格标准。总之，两部门必须密切协调，才能顺利进行采购。

◇ 小看板：采购人员的核心素质要求（表 1-15）

表 1-15 采购人员素质 SAK 原则

Skill（能力）	Attitude（态度）	Knowledge（知识）
专业形象；应变能力；表达能力；时间管理；观察力；亲和力	诚实；乐观；自信；勤奋；耐心；积极；坚强；毅力	对供应商产品了解；对技术了解；对市场了解；知识面广

二、采购部门岗位设置与职责

根据《采购师国家职业标准》的相关内容，采购人员的基本职业能力如表 1-16 所示。

表 1-16 采购人员职业能力

职业能力	工作要求	备注
1. 需求分析	1. 市场调查	
	2. 需求确定	
2. 采购计划制定	1. 采购计划编制	
	2. 采购计划分解	
3. 采购洽商	1. 供应商选择	
	2. 商务洽谈	
	3. 采购合同签订	

续表

职业能力	工作要求	备注
4. 采购合同履行	1. 订单管理	
	2. 货款支付	
	3. 进货与验收	
	4. 商品质量管理	
	5. 退货换货	
5. 供应管理	1. 供应商关系管理	
	2. 供应商绩效评估	
6. 采购绩效管理	1. 制定采购绩效评估方案	
	2. 实施采购绩效考核	

涉及具体企业时,由于企业规模、采购物品的种类等情况各不相同,企业会根据自身需求分层设置采购岗位。一般情况下,采购部门应设置采购主管、采购文员、采购工程师和采购员等岗位。

(一)采购部门人员配置(表1-17)

表1-17 采购部门人员配置标准

序号	职务	人数	具体工作内容
1	首席采购官	1	负责采购规划
2	采购文员	1	负责采购部门的日常工作,供应商档案的管理,采购计划、采购物料退还登记情况
3	采购工程师	1	供应商的管理,采购物料的价格、品质等管理
4	采购员	若干	采购物料的跟催、供应商关系的维护、物料的价格谈判等

(二)采购人员职责配置标准

1. 必备职位

采购官、采购文员、采购员。

2. 可备职位

采购工程师可以单独设立岗位,也可以由采购员或采购官兼任。

3. 必须采购官兼任的职位

采购规划、劳资纠纷处理等。

(三)首席采购官的职责

1. 主持采购部全面工作,提出物资采购计划,确保各项采购任务完成。

2. 调查研究各部门物资需求及消耗情况,熟悉各种物资的供应渠道和市场变化情况,做到供需心中有数。指导并监督下属开展业务,不断提高业务技能,确保公司物资的正常采购量。

3. 审核年度各部呈报的采购计划,统筹策划和确定采购内容。减少不必要的开支,以有效的资金,保证最大的物资供应。

4. 要熟悉和掌握公司所需各类物资的名称、型号、规格、单价、用途和产地。检查购进物资是否符合质量要求,对公司的物资采购和质量要求负有领导责任。

5. 监督参与大批量商品订货的业务洽谈,检查合同的执行和落实情况。

6. 按计划完成各类物资的采购任务,并在预算内尽量减少开支。

7. 认真监督检查各采购员的采购进程及价格控制。

8. 在部门经理例会上,定期汇报采购落实结果。

9. 每月初将上月的全部采购任务完成及未完成情况逐项列出报表,以便于上级领导掌握全公司的采购项目。

10. 督导采购人员在从事采购业务活动中,要遵纪守法、讲信誉、不索贿、不受贿,与供货单位建立良好的关系,在平等互利的原则下开展业务往来。

(四)采购文员的职责

1. 请购单、验收单的登记;
2. 订购单与合约的登记;
3. 交货记录及跟踪;
4. 供应商来访的安排与接待;
5. 采购费用的统一申请与报支;
6. 进出口商品文件及手续之申请;
7. 电脑作业与档案管理;
8. 承办保险、公证事宜。

(五)采购工程师的职责

1. 调查、分析和评估市场,以确定公司的需要和采购时机;
2. 编制采购计划并实施;
3. 改进采购工作流程和标准;
4. 实时掌控市场价格、技术信息,收集已使用的产品性能和质量信息;
5. 签订和送审采购合同,完成采购订单的制作、确认、安排发货及跟踪到货日期;
6. 与技术、品质部门就有关技术、品质问题进行沟通和协调;
7. 向管理层提供采购报告。

(六)采购员的职责

1. 主动与申购部门联系,核实所购物资的规格、型号、数量、验货时间等,避免差错,按需进货,及时采办,保证按时到货。

2. 熟悉市场行情及进货渠道,坚持"货比三家,比质比价,择优选购"的采购原则,努力降低进货成本,严把质量关,杜绝假冒伪劣商品的流入。

3. 了解各部门的物资需求及市场供应情况,掌握公司有关财务规定以及对物资采购成本、费用资金控制的要求,熟悉各种物资采购计划。

4. 熟悉和掌握本人分管的各种物料的名称、型号、规格、产地、单价、品质及供应商品的厂家、供应商,要准确了解、掌握市场供求即时行情,适时组织采购。

5. 按"谁经手谁负责"的原则,对本人分管的采购业务的质量、数量、成本负责,要尽可能多渠道采购,降低采购成本,提高采购质量。

6. 及时完成部门下达的各项采购任务,保障公司的正常经营活动,严格执行公司采购管理制度,采购均以物资申购单为依据。

7. 严格执行公司各项财务制度及规定,并坚持"凭单采购"的原则,购进的一切物资要及时通知收货员及用货部门负责人,按规定办理验收入库手续,与其他相关部门员工一起共同把好质量、数量关。

8. 服从公司财务监督,遵守公司有关规章制度及员工守则。

◇ 小游戏:你是否具备应变能力?

(1) 你非常忙碌之时,有人来找你,你会   (   )
    A. 表现得很讨厌　　　B. 如常地打招呼　　　C. 告诉他你很忙

(2) 你在家请客,食物已准备好了,但客人还未来,你会想   (   )
    A. 多等一会儿　　　　B. 他是否发生什么事　C. 他也许不来

(3) 某日约好喝茶,但朋友临时打电话推辞了,你会想   (   )
    A. 早知不约他,浪费了我宝贵的一天　　　B. 要自己找节目了
    C. 真倒霉

(4) 你的工作很顺利地进行,但忽然因事延误了,你会   (   )
    A. 停下来不再继续　　B. 想个办法　　　　　C. 觉得困难重重

(5) 你不喜欢一个人,但又必须跟他共同工作,你会认为   (   )
    A. 他要依靠你　　　　B. 要尽量友善地对他　C. 他会在背后说你坏话

(6) 当别人对你怀有敌意时,你的反应是   (   )
    A. 不理会　　　　　　B. 控制自己
    C. 如常对待,日久见人心,希望改变对方想法

结果:答案是 B 的得 1 分,A 与 C 得 0 分

解析:

得 5~6 分者,你很懂得处理各种困难,有应变能力。

得 3~4 分者,你的克制能力还不错,但仍有需改进之处。

得 1~2 分者,你经常感到有挫败感,应变能力差。

◆ 任务小结

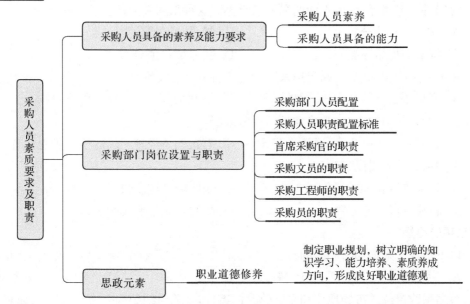

◆ 归纳与提高

通过本项目的学习,了解采购组织的重要性及设置原则,掌握企业采购管理组织的设置和人员配置办法。熟悉采购管理组织各部门和各个岗位的职责,了解采购人员素质要求和采购人员专业培养与提升的重要性。

◆ 项目综合测试

一、思政题

某地暴发公共卫生事件,感染住院人数剧增,医院呼吸机出现严重短缺。经市政府同意,市卫生局紧急组织采购一批呼吸机用于临床治疗。对于本次采购,以下说法正确的是
（　　）

A. 应当实行政府集中采购　　　　B. 应当实行分散采购
C. 应当进行单一来源采购　　　　D. 可以不适用政府采购法

二、单项选择题

1. 下列属于采购部门本身质量管理的是（　　）
   A. 供应商评估、认证和监督　　　B. 物料采购的组织、协调和控制工作
   C. 采购质量管理体系的建立和运转　D. 产品检验

2. 采购部门从属于其他部门时,主要可从属于（　　）
   A. 生产部门　　　　　　　　　　B. 行政部
   C. 资财部　　　　　　　　　　　D. 物流部

3. 混合制采购是将集中与分散采购组合成的采购制度,适用于什么样的企业（　　）
   A. 总公司与分公司分层管理　　　B. 采购部门与使用部门分地经营
   C. 采购物品种类多,数量大　　　D. 大型流通型

4. 某企业采购部按原料、燃料、设备、办公用品等将采购分为不同的五组,原料又细分为铅、铜、电器等,交由不同的采购员承办。这种采购部门建立的方法属于（　　）
   A. 按采购过程分类　　　　　　　B. 按采购区域分类
   C. 按采购物品分类　　　　　　　D. 按采购价值分类

5. 在下列采购类别中,不属于按采购制度进行分类的类别是（　　）
   A. 政府采购　　B. 集中采购　　C. 分散采购　　D. 混合采购

6. 在生产性导向的企业中,采购部门通常隶属（　　）
   A. 总经理　　B. 行政副总经理　　C. 营销副总经理　　D. 生产副总经理

7. 集中采购的主要优点为（　　）
   A. 采购方谈价能力增强　　　　　B. 采购响应速度快
   C. 容易应对紧急需要　　　　　　D. 能更好地了解用户需求

三、不定项选择题

1. 以下不属于采购部门职能的是（　　）
   A. 库存管理　　B. 采购计划管理　　C. 产品成本　　D. 采购监控与评价

2. 根据采购单位的市场地位和采购物品的特性,采购组织结构分为（　　）
   A. 集中化采购　　B. 分散化采购　　C. 混合化采购　　D. JIT 采购

3. 不是采购员的职责的是（　　）
   A. 寻找供应商　　B. 签订采购合同　　C. 上下传达信息　　D. 商务谈判

四、简答题

1. 假如让你设计一个企业的采购组织,你会从哪几个方面考虑?

2. 假如你是一个企业的采购人员,你觉得你应该具备哪些基本素质才能更好地适合你的工作?

3. 总结一下采购组织常见的类型包括哪几种。

五、实操题

上网收集两份著名企业采购管理方面的资料,比较其采购组织类型及对采购人员的职责要求,并将相关内容填入表格。

企业名称		企业名称	
采购组织类型		采购组织类型	
企业对采购人员的职责要求		企业对采购人员的职责要求	

六、案例分析题

张三的困惑

张三是一名采购员,五年前进入某公司,该公司规模不大,但是研发、生产(部分发外加工)、销售、安装、服务一条龙,涉及设备包括:电脑、音响、光纤传输及转换、监控、配电等等,年营业额也有好几千万,采购部除了一个主管(兼任副总经理)和一名采购文员,只有张三一个人。

由于公司产品带有工程,所以几乎每个项目都不可能是一模一样,产品型号非常繁杂,所需要电子器件(包括研发用料)、设备等材料不是一个笼统的概念就可以描述清楚,采购的工作量相对来说会比较大,经常要晚上加班事情才做得完,而且没有加班费。虽然在公司同等级的职位中,采购的工资是比较低的,但是张三依然以诚恳的态度来工作,认真做好每一件事,五年来一直是清清白白。张三是从农村出来的,从小受的教育告诉他要做一个诚恳、踏实、正直的人,他知道有一份工作、有一份收入毕竟是要有所付出的。

虽然张三一直任劳任怨地努力工作,但也希望公司能感受到自己的付出,让上司觉得自己的付出对公司很重要,适当给自己加一点工资,因为来公司五年了,公司的营业额一直在增加,自己的工资却没有较大变动,而且,一起毕业的同学的工资都是自己的两倍了。

前不久,张三以公司最近公司订单多、自己太忙为由,想通过向上级提出增加人手的方式让公司给自己涨工资,老总竟然说采购不是公司的主要环节来推却,说采购部不是重要部门,不需要太多人,还说公司可以没有采购,照样也能做生意赚钱等等。

张三郁闷了,难道小公司的采购真的可有可无?难道采购的工资一定要用回扣来填补?自己的采购出路到底在哪里?如果你是张三,面对这种情况,你该如何处理?

请同学讨论,言之有物。

习题答案请扫二维码获取

情景二

02

采购准备

◎ 学习目标

【知识目标】

1. 理解采购计划工作的重要性；
2. 了解采购预算编制的常用方法；
3. 理解采购预算编制的一些要点；
4. 了解供应商调查与选择的基本内容和方法；
5. 了解供应商评价的工作内容和标准。

【能力目标】

1. 熟悉影响采购计划的主要因素；
2. 熟悉采购计划编制的主要环节，树立学习和应用数字化技术的思维；
3. 掌握采购预算编制的程序和步骤，树立法律与风险意识，做到坚守职业操守、遵纪守法；
4. 能编制供应商调查问卷；
5. 具有评价供应商的能力；
6. 具有分析判断供应商合作关系的能力，培养双赢与竞合思维，有发展理念与创新理念。

【素质目标】

1. 会正确编制采购计划；
2. 会正确编制采购预算；
3. 能对供应商组织实施调查；
4. 能按要求完成供应商的选择；
5. 能制定供应商评价指标体系；
6. 能运用评价合理发展与供应商的关系。

项目一 采购计划编制

◇ 引入案例

凡事预则立——采购计划

2021年,齐鲁石化物资装备中心通过健全工作机制、优选绿色产品、推行绿色包装,扎实做好绿色采购工作,持续提升清洁生产水平,全面确保绿色产品和服务有效供给,实现企业发展与生态文明建设和谐共融。

健全工作机制,夯实管理基础

"今年编制的物资采购策略,对绿色资源管理、绿色采购实施、绿色物流、废旧处置方面提出了具体的要求,将绿色采购理念贯穿于产品的全生命周期,为打造绿色供应链奠定了强有力的基础。"该中心经理李聿营介绍。

今年,为强化绿色采购管理,该中心按照总部相关标准要求,结合齐鲁石化物资采购工作实际,制定齐鲁石化物资采购策略,编制绿色采购目录,下发关于进一步加强物资采购管理的通知,要求各单位在固定资产投资项目立项和提报物资需求计划环节,主动优选节能、环保、低碳的绿色产品,在采购预案、招标评标办法和采购合同条款中明确绿色采购条件。

7月底,该中心逐一检查框架协议、招标方案、会审单,逐项追溯绿色采购流程等,确认100%符合总部绿色采购标准。

优选节能设备,落实集约化采购

主动寻找和引进绿色、节能、环保物资和设备,并将其应用于生产、节能减碳、提升能效,是该中心绿色采购工作的重要一环。

炼油厂装洗车间油气回收处理系统是环境保护专用设备。该中心设备科张金声和同事接到需求计划后,立即开展市场资源调研,与物资使用单位、工艺设计人员进行技术对接交流。

在完善招标文件相关技术条款、制定公开招标采购实施方案时,他们将净化率指标等绿色采购要求列入招标资格评审条件。7月底,油气回收系统完成现场安装。

这样的绿色采购行动,在该中心屡见不鲜。6月底,物装中心完成科鲁尔二期项目6台国家一级能效标准电力变压器采购;在炼油厂低效率机泵转子改造项目中,所采购的11台离心泵配套的电机均达到一级能效标准,实现节能环保。

同时,该中心瞄准集约化采购这一绿色采购关键要素,攻关发力,进一步创新和完善绿色采购服务,助力节能减碳。

推行绿色包装,减少固废产生

7月16日,一辆载有10吨桶柴油抗磨剂的货车驶入炼油厂三油品车间,现场没有卸车人员、没有叉车,迎接它的只有一名生产操作人员。

确认收货后,操作人员用软管把吨桶底部出料口与三油品车间物料储罐连接到一起,启动泵,打开进料阀。

"把小钢桶换成大容量吨桶后,不再需要人工卸车、运送物料,同时因吨桶能重复使用,减少了固废危废物的产生。"化工科计划员张希忠说。

这是该中心大力推行绿色包装的一个缩影。

自2019年起,该中心一方面全面系统摸排291种包装,并与9家物资使用单位对接,助力物资使用单位在装置内增设接卸设施。另一方面与供应商探讨物资配送、包装方式,制定出使用槽车或可循环使用的吨桶替换小包装方案,逐步将脱丙烷塔阻聚剂、压缩机阻聚剂等20个品种包装"改绿""变大",每年减少废桶4.8万个。

(资料来源:赵颖慧、曹萍,http://qlsh.sinopec.com/qlsh/media/front_page/20210517/news_20210517_355786112759.shtml,2021年5月17日)

任务一 采购计划

◇ **学习任务描述**

俗话说:"好的开始是成功的一半",采购计划作为采购管理进行运作的第一步,是启动整个采购管理的开关,采购计划制定得是否合理、完善,直接关系到整个采购运作的成败。众所周知,采购节约1%的成本接近于销售产品增加5%所带来的效果。有效的采购计划可以使企业资金得到有效利用。采购计划制订得好,首先不仅能减少企业资金的流出,而且可以有效地控制库存,要知道库存也是花费很多资金的地方;其次,对于市场来说也很有帮助,至少不会出现断货的现象;最后,对于生产车间来说也不会出现停产的现象。因此,衡量企业采购工作的绩效水平,在很大程度上取决于我们所编制的采购计划是否科学、合理。

◇ **思政园地**

思政元素:以人为本、实事求是、科学预判、细致严谨的工作态度

昌河天海:从采购开始

原料成本占总成本80%以上,而采购数量却永远算不准,原材料在库还是在途也只有"天"知道,产品质量出了问题想查哪批原料有毛病更是没门……这样的企业能不让人捏把汗?

制定计划

手工制定采购计划曾让昌河天海付出过高昂的代价!一位采购人员,因为在做采购计划时出现差错,导致采购回来的价值50多万元的原材料只能堆积仓库,无法转换成产品。而这种损失,只要是人工制定采购计划,就永远不能避免。昌河天海物流部部长王红亮对此感慨万千:"面对近3000种的原材料采购,再熟练的采购人员也不能保证不出错。"

系统生成计划

针对这一情况,用友U860在基于标准的基础上,结合制造业行业特点,为昌河天海提供了具有汽配行业针对性的ERP产品。2005年底正式上线后,该系统让昌河天海的计划人员与采购人员感触很深。昌河天海不仅实现了从生产计划到采购计划的系统自动生成,甚

至连主机厂的订单到生产计划的生成都无需生产计划部门手工完成。

以前,一张主机厂的订单流转到昌河天海,昌河天海最少也需要2~3天的时间才能完成将订单消化成生产计划,再由生产计划转变为采购计划这两个流程。应用U860之后,这一消化时间缩短为系统MRP运算的两个小时。与此同时,从2005年底至今,U860正式上线以来,还未发生过一起因为采购计划出错而导致的企业经济损失事件。以往手工制定生产计划与采购计划的同时,不断通过电话与主机厂协调订单的日子也一去不复返。而面对临时性订单越来越多的情况,昌河天海利用U860提升了对采购计划、库存调拨、生产优先级等方面的管理能力,促使其对临时性订单的掌控能力也越来越强。

动态掌控库存

以往,昌河天海手工做的采购计划,一般都是一个采购人员对应一个生产计划,采购人员直接根据生产部门给出的生产计划来制定对应采购计划。这就导致企业无法从整体上来控制采购。

采购人员一般根据在库原材料的有无,直接下达采购指令。但是仓库内没有原材料不代表企业真的没有这部分原材料。因为有许多原材料可能已经在采购途中,或在生产车间的生产途中。无法有效掌控在途原材料情况,将导致无法规避错误的采购指令,企业因此承担大量非有效成本的库存压力。

使用U860后,昌河天海实现了对在库与在途原材料的统一管理,当系统生成生产计划与采购计划时,系统直接过滤在库、在途两种原材料拥有状况,制定出符合实际需求的采购计划,为企业有效降低库存压力,提升库存运转效率。

内化提升: 信息化素养与应用能力,树立学习和应用新技术的思维。

(资料来源:节选自 https://wenku.so.com/d/bd2693077fd922e48143b63603d006dc?src=www_rec)

◇ 任务书

编写采购计划书

安吉智行物流有限公司与家乐福合作,帮助家乐福管理鄂州仓储业务,负责仓库所有设施设备与货物的整体管理。

家乐福集团是大卖场的首创者,欧洲第一大零售商,世界第二大国际化零售连锁集团。公司的成功主要源于其对客户需求的及时响应以及注重服务质量。每位大客户都有一名客户经理专门负责,客户反馈显示,他们能得到高度个性化的服务。公司在对员工的支持与关怀方面享有良好声誉。

中国、法国和巴西是家乐福最重要的三个市场。家乐福中国区总裁唐嘉年表示,随着中国"一带一路"、长江经济带等战略的实施,家乐福非常看好湖北市场的潜力,将其列为重点发展区域。近年来,家乐福中国区进行了组织构架改革,在湖北设立了华中大区,同时将与中部物流中心配套的华中区采购中心落在武汉,辐射湖北、湖南、安徽、江西和河南五省市场,并将优先采购湖北本土商品,保持采购运营本土化。家乐福公司这一布局,有利于公司发展华中地区O2O业务和便利店等新型业态,为其在国内中部地区中小城市增加布点打下基础。

目前,家乐福鄂州仓库正在为华中地区O2O业务的开展着手进行准备。请同学们开展调查,将本月内所有采购需求用请购单明确,根据填写好的请购单,汇总到采购计划书,并将上月采购到货量与仓库部门进行盘点核对。

◇ **准备工作**

  1. 学生自行组成小组,每组 4 人;

  2. 教师讲解资料收集方法与途径,参观调研企业的安全问题与注意事项,实训要求与实训报告撰写要求;

  3. 结合项目背景资料,小组成员通过互联网调查采购物品的名称、种类、规格、型号、单价、技术参数等有关资料,结合实地调研、走访等形式收集相关企业资料和数据,进行分析与交流;

  4. 小组成员讨论总结出采购计划与预算的一般流程,并撰写采购计划书和总结报告。

◇ **任务实施**

  编制采购计划是一项复杂而又细致的工作,一个好的采购计划,一定是能对已经发生或将要发生的变化因素进行深入的分析和预测,这样才能有效地规避投资风险,最大限度地降低物流成本,对企业的物流管理活动起到积极的作用。

  1. 根据填写好的请购单,汇总到采购计划书。

  2. 通过角色扮演,完成采购计划书的审批。

  3. 描述所调查企业采购计划与预算编制的流程。

  4. 分析存在的问题,提出相应改进意见,上交资料。

可以将评价分为个人评价和小组评价两个层面。对小组结论进行展示、点评,选取优质方案给予表彰和推广,对存在的问题提出改进意见。

(1) 自评、小组互评、教师评价表

团队名称	自评(10%)	小组互评(30%)	教师评价(60%)	合计

(2) 实训工作评价表

考核项目名称	编制采购计划书			
考核指标	工作态度 (20分)	团队合作 (20分)	实训任务完成度 (20分)	成果展示与汇报 (40分)
团队总分				

◇ **学习任务相关知识点**

一、采购计划

(一) 采购计划的概念

  采购计划,是指企业管理人员在了解市场供求情况、认识企业生产经营活动过程和掌物料消耗规律的基础上对计划期内物料采购管理活动所做的预见性安排和部署。

采购计划包括采购计划的制定和采购订单的制定。

采购计划又有广义和狭义之分：

▲广义的采购计划：是指为保证供应各项生产经营活动所需的物料而编制的各种采购计划的总称。

▲狭义的采购计划：即年度计划，是对企业计划年度内生产经营活动所需采购的各种物料的数量和时间等做的安排和部署。

（二）采购计划的分类

1. 按计划期的长短分类

按计划期的长短，可将采购计划分为年度物品采购计划、季度物品采购计划和月份物品采购计划等。

2. 按物品的自然属性分类

按物品的自然属性，可将采购计划分为金属材料采购计划、机电产品采购计划和非金属材料采购计划等。

3. 按物品的使用方向分类

按物品的使用方向，可将采购计划分为生产用物品采购计划、维修用物品采购计划、基本建设用物品采购计划、技术改造措施用物品采购计划和科研用物品采购计划等。

4. 按采购层次分类

按采购层次，可将采购计划分为战略采购计划、业务采购计划和部门采购计划等。

5. 按采购计划程序分类

按采购计划程序，可将采购计划分为采购认证计划和采购订单计划。

常见的采购计划表如表2-1所示。

表2-1　某公司采购计划表

编号：		填表单位（公章）							年　月	
序号	材料名称	规格/型号	单位	采购量	单价	到货日期	结算方式	供应商	备注	
	合计				￥：					
填表人：		日期：			审核人：			日期：		

采购计划除了按照一定的表式，用数据反映计划的实际安排情况外，必要时还需要附加文字说明，以使表格看上去更加明晰，如表2-2所示。

表 2-2 某公司月度采购计划表

使用部门（盖章）			主管部门			
序号	项目名称	项目预算	采购月份	资金来源	项目负责人	备注

备注：
(1) 各项目中需附项目情况介绍和建设目标、项目采购明细清单、相关技术参数和图纸及供应商调研基本情况。
(2) 本表仅作为采购办初审和安排采购计划之用，不作为委托采购所用。委托采购时需填写采购委托单。

部门负责人： 填表人： 填表日期：

（三）影响采购计划的因素

制定采购计划和预算的第一步是确定并分析影响采购计划编制的主要因素，而影响采购计划编制的因素很多，具体包含以下几个方面。

1. 采购环境

这里的采购环境主要是指广义上的较为间接的环境，它包括内部的不可控因素，如企业的声誉、技术水准、人力资源、财务状况、厂房设备、原料零件供应情况等；以及外界的不可控因素，如国内外经济发展状况、社会环境、政治体制、文化、人口增长、技术发展、法律法规、竞争者状况等。这些因素的变化都会对企业的采购计划和预算产生影响。所以采购经理要能够意识到采购环境的变化，并能很好地利用这些变化。

2. 年度销售计划

除非市场出现供不应求的状况，否则企业年度的经营计划多以销售计划为起点。而销售计划的拟订，又受到销售预测的影响。销售预测的决定因素，包括外界的不可控因素，如国内外经济发展情况（GDP、失业率、物价、利率等）、人口增长、政治体制、文化及社会环境、技术发展、竞争者状况等；以及内部的不可控因素，如财务状况、技术水准、厂房设备、原料零件供应情况、人力资源及企业声誉等。

3. 年度生产计划

一般而言，生产计划根源于销售计划，若销售计划过于乐观，则将使产量变成存货，造成企业的财务负债；反之，过度保守的销售计划，将使产量不足以满足客户所需，丧失了创造利润的机会。因此，生产计划常常因销售人员对市场的需求量估算失当而造成生产计划朝令夕改，也使得采购计划与预算常常调整修正，物料供需长久处于失衡状况。

4. 用料清单

企业中,特别是在高科技行业中,产品工程变更层出不穷,致使用料清单难以做出及时的反应与修订,以致根据产量所计算出来的物料需求数量与实际的使用量或规格不尽相符,造成采购数量过多或不及,材料规格过时或不易购得。因此采购计划的准确性,必须依赖维持最新、最准确的用料清单(表2-3)。

表2-3 用料清单

工程编号				字第 号		
用料单位		年 月		工程名称		
物料名称	规格	单位	数量	单价	金额	备注
负责人(签章)		复核(签章)		填表(签章)		

5. 存量管理卡

由于采购数量必须扣除库存数量,因此,存量管理卡记载是否正确,是影响采购计划准确性的因素之一。这包括实际物料与账目是否一致,以及物料存量是否全为优良品。若账目上数量与仓库架台上的数量不符,或存量中并非全部为规格正确的物料,则将使仓储的数量低于实际可取用的数量,所以采购计划中的应该采购数量将会偏低。表2-4为存量管理卡示例。

表2-4 存量管理卡

料号		请购点				安全库存					
存放		一次请购量				采购提前期					
凭证号码	摘要	入库		出库		库存	订购量				
		收	欠收	发	欠发		订购量	订购单号	订购日	交货日	交货量	备注

6. 物料标准成本

在编定采购预算时,因对将来拟采购物料的价格预测不易,故多以标准成本替代。若此标准成本的设定,缺乏过去的采购资料作为依据,也没有工程人员严密精确地计算其原料、人工及制造费用等组合或生产的总成本,则其正确性不无疑问。因此,标准成本与实际购入价格的差额,即是采购预算正确性的评估指标。

7. 生产效率

生产效率的高低将使预计的物料需求量与实际的耗用量产生误差。产品的生产效率降低,会导致原物料的单位耗用量提高,而使采购计划中的数量不能满足生产所需。过低的产出率,也会导致经常需要修改作业,从而使得零组件的损耗超出正常需用量。所以,当生产效率有降低趋势时,采购计划必须将此额外的耗用率计算进去,才不会发生原物料短缺的现象。

由于影响采购计划的因素很多,因此采购计划拟订之后,必须与企业各部门保持密切的联系,并针对现实情况做出必要的调整与修订,才能维持企业的正常运转,并协助财务部门妥善规划资金来源。

(四) 采购数量确定的方法

采购数量的确定是做好采购计划的关键,采购数量应与实际生产需求相符合,不能过多或过少。采购数量过多,就会造成物料积压,占用大量资金;而采购数量过少,又会使物料不能满足生产所需,影响生产活动的正常进行。因此,在编制采购计划时,计划人员一定要认真研究企业的生产计划、分析市场情况,选择科学的计算方法,确定合理的采购数量。

1. 定期订购法

所谓定期订购法就是指按预先确定的订购间隔期间(例如每季、每月或每周)进行订购补充库存的一种采购方法。企业根据过去的经验或经营目标预先确定一个订购间隔期间,每经过一个订购间隔期间就进行订购,每次订购数量都不同。

定期订购中订购量的确定方法如下:

订购量=订购周期需要量+备运天数需要量+保险储备量-现有库存量-已订未交量

或订购量=平均一日销售量×(订购周期天数+备运天数+保险天数)-现有库存量-已订未交量

备运天数是指从提出订货到货入库能用的天数。

现有库存量是指在下期能够投入使用的库存量,如果由于各种原因在下期不能够投入使用,应在现有库存量中将这部分数量减掉。

已订未交量是指在下期能够到货的量,如果在下期到不了,这部分数量也不能算。

定期订购法是从时间上控制订购周期,达到控制库存量目的的方法,只要订购周期控制得当,既可以不造成缺货,又可以控制最高库存量,从而达到控制采购成本的目的。

2. 定量订购法

所谓定量订购法是指当物料存量下降到预定的最低存量(订购点)时,按规定数量进行订购补充的一种采购方法。当物料存量下降到订购点时,按预先确定的订购数量发出物料订购单采购,经过订购间隔期(备运时间),收到订货,库存水平上升。采用定量订购法的关键是确定订购点库存量。

订购点库存量的公式为：

订购点库存量＝平均一日销售量×备运天数＋保险储备量

或订购点库存量＝平均一日销售量×（备运天数＋保险天数）

例：某生产企业一个月需要消耗某种物料 1 350 件，从提出订货到货入库能用的天数为 2 天，保险天数为 3 天，问订购点库存量是多少？

解：直接代入公式得：

$$订购点库存量 = \frac{1\,350}{30} \times (2+3) = 225(件)$$

答：订购点库存量是 225 件。

3. 经济订货批量

经济订货批量指通过平衡采购进货成本和保管仓储成本核算，以实现总库存成本最低的最佳订货量。经济订货批量是固定订货批量模型的一种，可以用来确定企业一次订货（外购或自制）的数量。当企业按照经济订货批量来订货时，可实现订货成本和储存成本之和最小化。

经济订货批量是目前大多数企业最常采用的货物定购方式。其公式如下：

$$Q = \sqrt{\frac{2DS}{IC}}$$

式中：Q 为经济订货批量；

D 为年总订货量；

S 为每次订货成本；

I 为单位存储成本占商品成本的百分比；

C 为商品单位成本。

例：某公司的年需求量为 2 400 单位，每次订购费用为 400 元，每月每单位的储存成本为 10%，物料的单位成本为 10 元，求经济订货批量。

解：由于储存成本按月计算，因此每月平均需求量为 200 个单位（2 400÷12＝200），因此

$$Q = \sqrt{\frac{2 \times 200 \times 400}{10 \times 10\%}} = 400(单位)$$

答：该公司经济订货批量是 400 单位。

经济订货批量是存货维持与订货处理相结合使成本最低的补给订货批量，这种批量的确定，是假设全年的需求和成本相对较稳定，既然是根据单一产品进行计算，那么基本公式中不考虑产品联合订货的影响。计算经济订货批量最有效的方法是数学方法，虽然模型可以确定最佳的补给数量，但它需要某些相当严格的假设才能直接应用。

在简单的 EOQ 模型中需要做出的主要假设有：

① 已知全部需求的满足数；

② 已知连续不变的需求速率；

③ 已知不变的补给完成周期时间；

④ 与订货数量和时间保持独立的产品的价格不变(即购买数量或运输价格不存在折扣)；

⑤ 不限制计划制订范围；

⑥ 多种存货项目之间不存在交互作用；

⑦ 没有在途存货；

⑧ 不限制可得资本等。

在以上假设前提下，简单模型只考虑两类成本，即库存持有成本与采购订货成本。其中，总库存成本与订货批量的关系如图 2-1 所示。

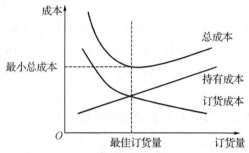

图 2-1 总库存成本与订货批量的关系

基于以上假设，年总库存成本公式可表示为：

$$T_c = DC + \frac{D}{Q} \times S + \frac{Q}{2} \times K$$

式中：T_c 为年总库存成本；

D 为年总订货量；

C 为单位产品价格；

S 为每次订货成本；

Q 为经济订货批量；

K 为单位产品持有成本。

◇ 学以致用

例1：某企业每年需要 A 原材料 3 600 吨，A 原材料单价为 250 元/吨，单位商品年储存费率为 16%，每次订购费用为 500 元，安全库存为 100 吨，订货提前期为 10 天。请计算：

(1) A 原材料的最佳采购批量。

(2) 何时去采购。

(3) A 原材料的年总库存成本。

解:由题意知:$D=3\,600$ 吨,$C=250$ 元/吨,$S=500$ 元,$K=IC=16\%\times250=40$(元/吨),

则(1) $Q=\sqrt{\dfrac{2DS}{IC}}=\sqrt{\dfrac{2\times3\,600\times500}{40}}=300$(吨)

(2) 订货点 $=\dfrac{3\,600}{360}\times10+100=200$(吨)

(3) $T_c=DC+\dfrac{D}{Q}\times S+\dfrac{Q}{2}\times K=3\,600\times250+\dfrac{3\,600}{300}\times500+\dfrac{300}{2}\times40=912\,000$(元)

根据计算得出,A 原材料的最佳采购批量为 300 吨,当库存下降为 200 吨时去采购,年总库存成本为 912 000 元。

因为定量订货法的特点是订货点、订购批量不变,而订货间隔期不定,所以在具有管理方便、便于采用经济订货批量进行订货等优点的同时也具有不便于严格管理、事前计划比较复杂等缺点,所以有一定的适用范围,通常在以下几种情况下采用定量订货法比较适合:

(1) 单价比较便宜,不便于少量订货的产品,如螺栓、螺母等。
(2) 需求预测比较困难的维修材料。
(3) 品种数量繁多、库房管理事务量大的物品。
(4) 消费量计算复杂的产品。
(5) 通用性强、需求总量比较稳定的产品。
(6) 一般认为,库存管理 ABC 分类法中 B 类、C 类适合采用定量订货法。

二、制定采购计划

(一) 编制采购计划的目的和内容

1. 编制采购计划的目的

采购计划是为维持正常的产销活动,安排在某一特定的期间内在何时购入何种物料以及订购的数量是多少的估计作业。

采购计划对企业生产经营活动具有重要作用,具体体现在:

一是可以有效地规避风险,减少损失。采购计划是面向未来的,企业在做采购计划时,已对未来因素进行了深入分析与预测,做到有备无患,既能保证企业经营所需的物料,又能降低库存水平,减少风险。

二是为企业组织采购提供了依据。采购计划具体安排了采购物料的活动,企业管理者照此组织安排采购就有了依据。

三是有利于资源的合理配置,取得最佳的经济效益。采购计划选择最优化的采购决策和实施计划,对未来物料进行科学筹划,利于合理利用资金,最大限度地发挥各种资源的作用,获得最佳效益。

企业的采购计划要发挥上述作用,以达到表 2-5 中的目的。

表 2-5 编制采购计划的目的

编制采购计划的目的	1. 预估材料需用数量与时间，防止供应中断，影响产销活动 2. 避免材料储存过多、积压资金及占用堆积的空间 3. 配合公司生产计划与资金调度 4. 使采购部门可以事先准备，选择有利时机购入材料 5. 确立材料耗用标准，以便管制材料采购数量及成本

2. 采购计划的内容

采购计划是根据市场需求、企业生产能力和采购环境容量等确定的，它的制定需要具有丰富采购计划经验、采购经验、开发经验、生产经验等复合知识的人才，并且要和认证等部门协作进行。

采购计划包括采购认证计划和采购订单计划两部分。

(1) 采购认证计划是指企业采购人员对采购环境进行考察并建立采购环境的过程。对于需要与供应商合作开发项目的采购方来说，就有必要进行采购认证。采购认证根据项目的大小、期限的长短等采取不同的认证方法。

(2) 采购订单计划是采购计划的实施阶段。订单制定要充分考虑市场需求和企业自身情况，还需要有时间观念。

(二) 采购计划主要环节

在编制采购计划之前，采购部门要先进行自制采购分析，之后就可以编制采购计划了。

目前，采购计划的编制有以下主要环节：准备认证计划、评估认证需求、计算认证容量、制定认证计划、准备订单计划、评估订单需求、计算订单容量、制定订单计划（表 2-6、表 2-7）。

表 2-6 认证计划的编制

| (1) 准备认证计划 |
| (2) 评估认证需求 |
| (3) 计算认证容量 |
| (4) 制定认证计划 |

表 2-7 订单计划的编制

| (5) 准备订单计划 |
| (6) 评估订单需求 |
| (7) 计算订单容量 |
| (8) 制定订单计划 |

(1) 准备认证计划

准备认证计划是采购计划的第一步，也是做好采购计划的基础。准备认证计划主要包括以下四个步骤（图 2-2 表示准备认证计划的过程）。

第一步，接收开发批量需求。

开发批量需求是能够启动整个供应程序流动的牵引项，采购部门要想制定比较准确的认证计划，首先要做的就是熟悉开发需求计划。目前开发批量需求通常有两种情形：一种是在以前或者是目前的采购环境中就能够发掘到的物料供应；另一种情形是企业需要采购的是新物料，需要寻找新物料的供应商。

第二步，接收余量需求。

随着市场需求变得越来越大，企业规模也逐渐扩大，旧的采购环境容量不足以支持企业的物料需求；或者是由于采购环境萎缩导致物料的采购环境容量逐渐缩小，这样就无法满足采购的需求。以上这两种情况会产生余量需求，这就产生了对采购环境进行扩容的要求。采购环境容量的信息一般是由认证人员和订单人员来提供的。

第三步，准备认证环境资料。

通常来讲采购环境的内容包括认证环境和订单环境两个部分。有些供应商的认证容量比较大，但是其订单容量比较小；有些供应商的情况恰恰相反，其认证容量比较小，但是订单容量比较大。认证容量和订单容量是两个完全不同的概念。

第四步，制定认证计划说明书。

制定认证计划说明书也就是把认证计划所需要的材料准备好，这些材料包括认证计划说明书（物料项目名称、需求数量、认证周期等）、开发需求计划、余量需求计划、认证环境资料等。

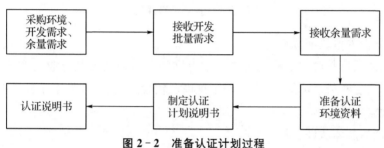

图 2-2 准备认证计划过程

（2）评估认证需求

评估认证需求包括分析开发批量需求、分析余量需求、确定认证需求。

第一步，分析开发批量需求。

开发批量需求的分析包括数量上的需求、物料的技术特征等信息。开发批量需求的样式是各种各样的，按照需求的环节可以分为研发物料开发认证需求和生产批量物料开发认证需求；按照采购环境可以分为环境内物料需求和环境外物料需求等。计划人员应该对开发物料需求做详细的分析，有必要时还应该与开发人员、认证人员一起研究开发物料的技术特征，按照已有的采购环境及认证计划经验进行分类。

第二步，分析余量需求。

分析余量需求首先要对余量需求进行分类，余量认证的产生来源有市场销售需求的扩大、采购环境订单容量的萎缩。对于因市场需求原因造成的，可以通过市场及生产需求计划得到各种物料的需求量及时间；对于因供应商萎缩造成的，可以通过分析现实采购环境的总体订单容量与原定容量之间的差别得到。这两种情况的余量相加即可得到总的需求容量。

第三步，确定认证需求。

认证需求是指通过认证手段，获得具有一定订单容量的采购环境。要确定认证需求，可以根据开发批量需求和余量需求的分析结果来确定。

（3）计算认证容量

在采购环境中，供应商订单容量与认证容量是两个不同的概念，有时可以相互借用，但不是等量的。一般在确定供应商时,要求供应商提供一定的资源用于支持认证操作。有的供应商只做认证项目而不做订单项目,使供应商的认证容量与订单容量分开。计算认证容量主要包括分析项目认证资料、计算总体认证容量、计算承接认证量、确定剩余认证容量(图2-3)。

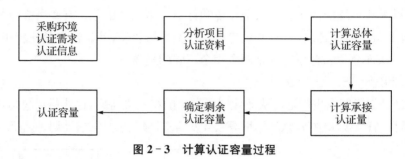

图2-3 计算认证容量过程

第一步,分析项目认证资料。

不同的认证项目其过程及周期也是千差万别的。作为从事某行业的实体来说,熟练分析几种物料的认证资料是可能的,但是对于规模比较大的企业,分析上千种甚至上万种物料其难度则要大得多。

第二步,计算总体认证容量。

在供应商认证合同中,应说明认证容量与订单容量的比例,防止供应商只做批量订单,不愿意做样件认证。计算采购环境的总体认证容量的方法是把采购环境中所有供应商的认证容量叠加即可,对有些供应商的认证容量需要适当加以系数。

第三步,计算承接认证量。

供应商的承接认证量等于当前供应商正在履行认证的合同量,一般是计算要求的某一时间段的承接认证量。最恰当、最及时的处理方法是借助电子信息系统,模拟显示供应商已承接认证量,以便认证计划决策使用。

第四步,确定剩余认证容量。

认证容量是指某一物料所有供应商群体的剩余认证容量的总和。

▲物料认证容量=物料供应商群体总体认证容量-承接认证量

> ◇ 学以致用
>
> 例2:某电视机厂去年生产的某型号电视机销量达到10万台,根据市场反映情况,预计今年的销量会比去年增长30%(为生产10万台电视机,公司需采购某零件40万件),公司供应某种零件的供应商主要有两家,A的年生产能力是50万件,已有25万件的订单,B的年生产能力是40万件,已有20万件的订单,求出认证过程。
>
> 解:第一步,分析认证需求
>
> 今年销售预测:$10 \times (1 + 30\%) = 13$(万台)
>
> 该种零件的需求量是:$13 \times (40 \div 10) = 52$(万件)

第二步,计算认证容量

A 与 B 的供应量是:(50－25)＋(40－20)＝45(万件)

52－45＝7(万件)

答:公司再采购 7 万件才能满足需要。

(4) 制定认证计划

在以上步骤的基础上制定认证计划,如图 2-4 所示。

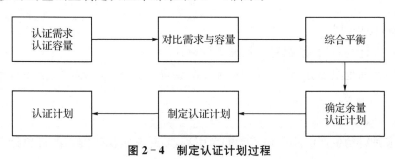

图 2-4 制定认证计划过程

制定认证计划包括对比需求与容量、综合平衡、确定余量认证计划、制定认证计划四个步骤。

第一步,对比需求与容量。

由于认证需求与供应商对应的认证容量之间一般都会存在差异,如果认证需求小于认证容量,那么没有必要进行综合平衡,直接按照认证需求制定认证计划;如果认证需求大大超出供应商对应的认证容量,那么就要进行认证综合平衡,对于剩余认证需求需要制定采购环境之外的认证计划。

第二步,综合平衡。

采购部门应从全局出发,综合考虑生产、认证容量、物料生命周期等要素,判断认证需求的可行性,通过调节认证计划来尽可能地满足认证需求,并计算认证容量不能满足的剩余认证需求。

第三步,确定余量认证计划。

对于采购环境不能满足的剩余认证需求,应提交采购认证人员分析并提出对策,与之一起确认采购环境之外的供应商认证计划。采购环境之外的社会供应群体如果没有与企业签订合同,那么制定认证计划时要特别小心,并由具有丰富经验的认证计划人员和认证人员联合实施。

第四步,制定认证计划。

制定认证计划主要是指确定认证物料数量和开始认证时间。其确定方法如下:

▲认证物料数量＝开发样件需求数量＋检验测试需求数量＋样品数量＋机动数量

▲开始认证时间＝要求认证结束时间－认证周期－缓冲时间

◇ 学以致用

例 3：在例 2 中求出需求量是 7 万件，根据经验，检验测试需求数量为此批样件数量的 0.1%，样品数量和机动数量分别为此批样件数量的 0.05%，要求 1 个月时间准备，并在 10 月 1 日前完成认证。认证周期为 10 天，缓冲时间为 10 天，则

认证零件数量 = 7 + 7 × 0.1% + 7 × 0.05% + 7 × 0.05% = 7.014（万件）

开发认证时间 = 30 − 10 − 10 = 10（天）

（5）准备订单计划

在制定认证计划之后，紧跟着就是准备订单计划。

准备订单计划也主要分为四个步骤：接收市场需求、接收生产需求、准备订单环境资料、制定订单计划说明书。

第一步，接收市场需求。

市场需求是启动生产供应程序流动的牵引项，要想制定比较准确的订单计划，首先必须熟知市场需求计划，或者是市场销售计划。市场需求的进一步分解便得到生产需求计划。

第二步，接收生产需求。

生产需求对采购来说可以称之为生产物料需求。生产物料需求的时间是根据生产计划而产生的，通常生产物料需求计划是订单计划的主要来源。为了便于理解生产物料需求，采购计划人员需要深入熟知生产计划以及工艺常识。编制物料需求计划主要包括：

▲ 确定毛需求；

▲ 确定净需求；

▲ 计划订单下达日期；

▲ 计划订单数量。

第三步，准备订单环境资料。

订单环境资料主要包括订单物料的供应商消息、订单比例信息、最小包装信息、订单周期。

订单周期是指从下单到交货的时间间隔，一般是以天为单位的。

订单环境一般使用信息系统管理。

第四步，制定订单计划说明书。

制定订单计划说明书也就是准备好订单计划所需要的资料，其主要内容包括订单计划说明书（物料名称、需求数量、到货日期等）、市场需求计划、生产需求计划、订单环境资料等。

准备订单计划过程如图 2-5 所示。

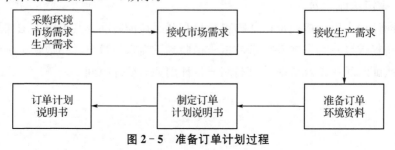

图 2-5　准备订单计划过程

(6) 评估订单需求

评估订单需求极其重要,只有准确地评估订单需求,才能为计算订单容量提供参考依据,以便制定出合理的订单计划。它主要包括分析市场需求、分析生产需求、确定订单需求三个步骤。

第一步,分析市场需求。

市场需求和生产需求是评估订单需求的两个重要方面。采购部门必须仔细分析市场签订合同的数量、还没有签订合同的数量(包括没有及时交货的合同)等一系列数据,同时还要研究其变化趋势,全面考虑要货计划的规范性和严谨性,参照相关的历史要货数据,找出问题所在。

第二步,分析生产需求。

分析生产需求,首先就需要研究生产需求的产生过程,其次再分析生产需求量和要货时间。对企业不同时期产生的不同生产需求进行分析是很有必要的。

第三步,确定订单需求。

可根据市场需求和生产需求的分析结果来确定订单需求。通常来讲,订单需求是指在未来指定的时间内,通过订单操作手段将指定数量的合格物料采购入库。

(7) 计算订单容量

准确地计算出订单容量,就能对比需求和容量,经过综合平衡,最后制定出正确的订单计划,如图 2-6 所示。

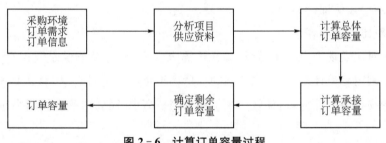

图 2-6 计算订单容量过程

第一步,分析项目供应资料。

在采购过程中,物料和项目都是整个采购工作的操作对象。对于采购工作来说,在目前的采购环境中,所要采购物料的供应商信息是非常重要的一项信息资料。如果没有供应商供应物料,那么无论是生产需求还是紧急的市场需求,都无从谈起。企业的采购人员应充分收集相关信息,在下达订单计划时就能有的放矢。

第二步,计算总体订单容量。

总体订单容量是多方面内容的组合,一般包括两方面内容:

▲可供给的物料数量;

▲可供给物料的交货时间。

> ◇ 学以致用
>
> **例4:** 甲供应商在3月15日之前可供应4万个开关(A型1万个、B型2万个、C型1万个),乙供应商在3月15日之前可供应5万个开关(A型1.5万个、B型1.5万个、C型2万个),那么在3月15日前A、B、C三种开关的总体订单容量为9万个,其中A型2.5万个,B型3.5万个,C型3万个。

第三步,计算承接订单容量。

承接订单容量是指某供应商在指定的时间内已经签下的订单量。

接上例:若甲供应商已经承接A型8 000个,B型1.5万个,C型9 000个。乙供应商已经承接A型1.3万个,B型1.2万个,C型2万个。那么在3月15日前,开关的总体承接订单量为7.7万个(A型2.1万个,B型2.7万个,C型2.9万个)。

第四步,确定剩余订单容量。

剩余订单容量是指某物料所有供应商群体的剩余订单容量的总和。

▲剩余订单容量=物料供应商群体总体订单容量-已承接订单容量

如上例,开关剩余订单容量=9-7.7=1.3(万个)

(8) 制定订单计划

制定订单计划是采购计划的最后一个且最重要的环节。它主要包括对比需求与容量、综合平衡、确定余量认证计划、制定订单计划。

第一步,对比需求与容量。

如果经过对比发现需求小于容量,即无论需求多大,容量总能满足需求,那么企业要根据物料需求来制定订单计划;如果供应商的容量小于企业的物料需求,那么要求企业根据容量制定合适的物料需求计划,这样就产生了剩余物料需求,需要对剩余物料需求重新制定认证计划。

第二步,综合平衡。

综合考虑市场、生产、订单容量等要素,分析物料订单需求的可行性,必要时调整订单计划,计算容量不能满足的剩余订单需求。

第三步,确定余量认证计划。

为了保证物料及时供应,此过程可以通过简化认证程序,并由具有丰富经验的认证计划人员进行操作。

第四步,制定订单计划。

一份订单包含的内容有下单数量和下单时间两个方面。

▲下单数量=生产需求量-计划入库量-现有库存量+安全库存量

▲下单时间=要求到货时间-认证周期-订单周期-缓冲时间

制定订单计划过程如图2-7所示。

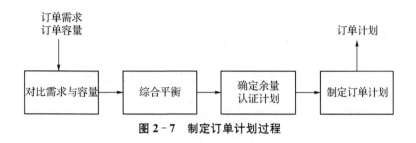

图 2-7 制定订单计划过程

◇ **任务小结**

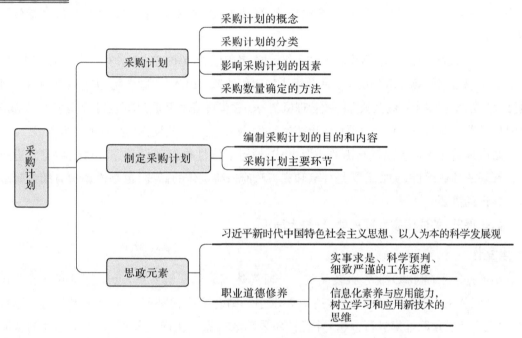

任务二 采购预算

◇ **学习任务描述**

企业所能获得的可分配的资金在一定程度上是有限的,企业的管理者必须通过科学分配有限的资源来提高效率,以获得最大收益。一个良好的企业不仅要赚得合理的利润,而且要保证企业有良好的资金流,因而,好的预算既要注重工作实践,还要强调财务业绩。预算的时间范围要与企业计划保持一致,不能过长或过短。长于计划期预算没有实际意义,会浪费人力、财力和物力,而过短又不能保证计划的顺利进行。

◇ **思政园地**

思政元素：培养学生法治思维、强化法治意识

强化法律治国——《预算法》中的绩效评价

党的十九大报告提出，深化财税体制改革的核心工作之一是要"建立全面规范透明、标准科学、约束有力的预算制度，全面实施绩效管理"。2018年，《关于全面实施预算绩效管理的意见》明确提出"创新预算管理方式，更加注重结果导向、强调成本效益、硬化责任约束，力争用3～5年时间基本建成全方位、全过程、全覆盖的预算绩效管理体系，实现预算和绩效管理一体化"。

《中华人民共和国预算法》明确规定"各级政府、各部门、各单位应当对预算支出情况开展绩效评价"。这标志着预算支出绩效评价从此进入法制化轨道。2014年，国务院《关于深化预算管理制度改革的决定》要求："健全预算绩效管理机制……逐步将绩效管理范围覆盖各级预算单位和所有财政资金，将绩效评价重点由项目支出拓展到部门整体支出和政策、制度、管理等方面。"

政府采购作为财政预算支出的主要方式，通过系统性指标和科学方法对该项支出进行公正客观的绩效评价，实质上既是规范和完善政府采购工作的需要，也是推动预算绩效管理体系建设的需要。

内化提升：关注国家发展战略、培养大局观。

◇ **任务书**

小苏是家乐福O2O业务服装品类——时尚休闲装的采购专员，近期公司调整运营策略，因其服装商品库存在鄂州仓库，所以要求小苏结合家乐福鄂州仓时尚休闲装的仓库数据，对上一年度采购计划进行分析，并且针对采购数据做一次详细分析，为下一年度的采购计划做准备，实现营收目标与采购目标的协调统一。

◇ **准备工作**

采购需求计划分析是基于实际销售的数据，对未来的销售预测进行评估，通常分为如下几个步骤：

（1）对过去的销量进行数据统计，得出以SKU（Stock Keeping Unit，库存量单位）为单位的销量统计表；

（2）分别对日常销量和活动销量进行预判，得出需求预测；

（3）基于时间维度进行需求预测汇总；

（4）结合市场和销售策略，定期对所有需求进行符合事实的更新。

◇ **任务实施**

采购预算是采购部门为了配合年度销售计划和生产计划，对需求的原料、物料、零件等的数量及成本进行的预估。采购预算涉及单位的方方面面，如果单独编制，那么不但缺乏实际应用价值,而且失去了其他部门的配合。所以采购预算的编制,必须以单位整体预算制度为依据。

步骤1:销量数据统计预测

已知家乐福网上商城2022年上半年短袖T恤的日常需求预测和活动需求预测分别如表2-8、表2-9所示。

表2-8 短袖T恤日常需求预测

月份	汇总数量/件	S码/件	M码/件	L码/件
1	200	68	72	60
2	253	78	95	80
3	263	82	96	85
4	356	110	130	116
5	8 640	2 960	3 000	2 680
6	11 020	3 940	3 720	3 360

表2-9 短袖T恤活动需求预测

月份	汇总数量/件	S码/件	M码/件	L码/件
1	—	—	—	—
2	—	—	—	—
3	950	320	360	270
4	1 826	586	638	602
5	4 615	1 627	1 560	1 428
6	7 184	2 907	2 493	1 784

根据计算公式:需求总预测=日常需求预测+活动需求预测,对表2-8、表2-9进行汇总,得到表2-10中的数据。

表2-10 短袖T恤需求预测汇总

月份	汇总数量/件	S码/件	M码/件	L码/件
1	200	68	72	60
2	253	78	95	80
3	1 213	402	456	355
4	2 182	696	768	718
5	13 255	4 587	4 560	4 108
6	18 204	6 847	6 213	5 144

步骤2：图表可视化操作

在此基础之上，为了显示出需求变化规律以规划其他运营资源，可以将表2-10中的数据结果转化为如图2-8所示的折线图和如图2-9所示的柱状图。

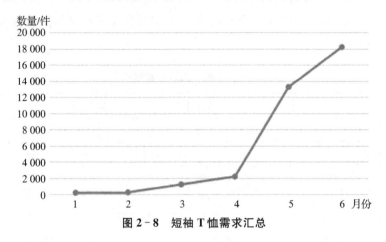

图2-8　短袖T恤需求汇总

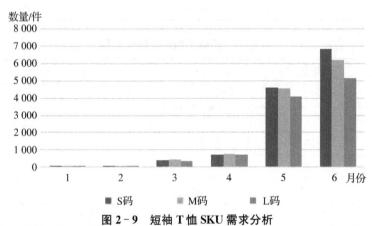

图2-9　短袖T恤SKU需求分析

步骤3：图表可视化分析

由图2-8可以看出，短袖T恤在1～4月因为季节原因需求量是非常少的，虽然可以进行反季节的促销活动，但需求量仍然乏力，所以采购量不宜过大，要根据当年的气温情况及时调整。5～6月数据直线上升，说明要在这两个月增加备货量并做好促销活动的备货。

由图2-9可以清楚地看到，S、M、L三个码数需求在1～4月较为平均，但在5～6月S、M码需求较为旺盛，6月S码需求更多，所以在销售旺季S、M码要有充足备货。

可预测的需求波动下应及时修改采购需求计划，避免产品需求的变化给供应链带来一系列的连锁问题，如需求旺季大量缺货供不应求，需求淡季库存过多造成产品积压及库存成本上升。

◆ 学习任务相关知识点

一、采购预算概述

（一）采购预算的概念

采购预算就是一种用数量来表示的计划，它是指在计划初期，根据企业整体的目标要求，对实现某一计划目标或任务所需的物料数量及全部活动成本所做的详细估算，是企业经营决策具体化、数量化的表现。

（二）采购预算的作用

一般说来，采购预算主要有以下作用：
1. 促进企业计划工作的开展与完善，减小企业的经营风险与财务风险。
2. 协调企业各部门之间的合作经营。
3. 在企业各部门之间合理安排有限资金，保证资金分配的效率。
4. 对成本进行控制，通过加快物资和资金周转，降低成本，实现企业可持续发展。

（三）采购预算的种类

不同种类的预算所起的作用也不同。

1. 根据时间的长短，可以将预算分为长期预算和短期预算

长期预算是时间跨度超过一年以上的预算，主要涉及固定资产的投资问题，是一种规划性质的资本支出预算。长期预算对企业战略计划的执行有着重要意义，其编制质量的好坏将直接影响到企业的长期目标是否能够实现，影响到企业今后较长时间内的发展。

短期预算是企业一年内对经营财务等方面所进行的总体规划的说明。短期预算是一种执行预算，对业务计划的实现影响很大。

2. 根据预算所涉及的范围，可以将预算分为全面预算和分类预算

全面预算又称为总预算，是短期预算的一种，涉及企业的产品或服务的现金收支等各方面的问题。总预算由分类预算综合而成。分类预算多种多样，有基于具体活动的过程预算，有各分部门的预算（对于分部门来说，这一预算又是总预算，因此分类预算与总预算的划分是相对的）。

3. 根据其内容的不同可以分为财务预算、专门决策预算和业务预算三类

财务预算是指企业在计划期内有关现金收支、经营成果以及财务状况的预算，主要包括现金预算、预计损益表、预计资产负债表等。

专门决策预算是指企业为特定投资决策项目或一次性业务所编制的专门预算，其目的是帮助管理者做出决策。

业务预算则是指计划期间日常发生的各种经营性活动的预算，包括销售预算、成本预算、管理费用预算等。采购预算就是业务预算的一种，其编制将直接影响到企业的直接材料预算、制造费用预算等。

(四)编制采购预算的影响因素

1. 物料标准成本的设定

在编制采购预算时,因为将来拟购物料的价格不容易预测,所以多以标准成本替代。如果标准成本的设定缺乏过去的采购资料为依据,也无工程人员严密精确地计算其原料、人工及制造费用等组合生产成本,那么标准成本的设定就会有一定的困难。因此,标准成本与实际购入价格的差额会影响采购预算的准确性。

2. 生产效率

生产效率的高低将使预计的物料需求量与实际的耗用量产生误差。产品的生产效率降低,会导致原物料的单位耗用量增加,而使采购预算中的预计数量不能满足生产所需。过余的产出率则会导致经常进行业务更改,而使零部件的损耗超出正常水平。所以,当生产效率降低时,采购预算必须将这部分额外的耗用率计算进去,才不会发生原材料预算资金短缺的现象。

3. 预期价格

在编制采购预算时,需要经常对物料价格涨跌幅度、市场景气与否、汇率变动等加以预测,因为个人主观判断与事实的变化常有差距,就可能会造成采购预算的偏差。此外,供应的季节性、最低订购量等因素将使采购数量超过正常的需求数量,而且企业财务状况的好坏也将影响采购数量(安全库存量)的多少及采购预算(付款时间)的准确性。

由于影响采购预算的因素很多,因此采购预算拟订好之后,必须与产、销部门保持密切联系,并针对实际状况做必要的调整与修订,才能达到维持正常产销活动的目标,并协助财务部门妥善规划资金的使用。

◇ **小看板**:编制采购预算的要点和应避免的问题

◆ 编制采购预算的要点

1. 编制预算之前,要进行市场调研;
2. 编制预算时,为保证实现企业的总目标,应制订切实可行的编制程序、修改预算的方法及预算执行情况的分析等;
3. 确立恰当的假定;
4. 每项预算应尽量做到具体化、数量化;
5. 应强调预算的广泛参与性。

◆ 编制采购预算时应避免的问题

1. 避免预算过繁过细;
2. 避免预算目标与企业目标相背离;
3. 避免一成不变。

二、采购预算编制流程及方法

(一)采购预算编制流程

采购人员的职责就是从优秀的供应商那里采购符合企业要求的高品质产品和服务,并在适当的时间,将其运送到适当的地点。采购预算作为一种控制工具,是采购部门为配合年度销售预测或生产数量,对所需原料等的数量及成本进行的翔实估算,以期能实现企业预期目标。图2-10为采购预算的编制流程图。

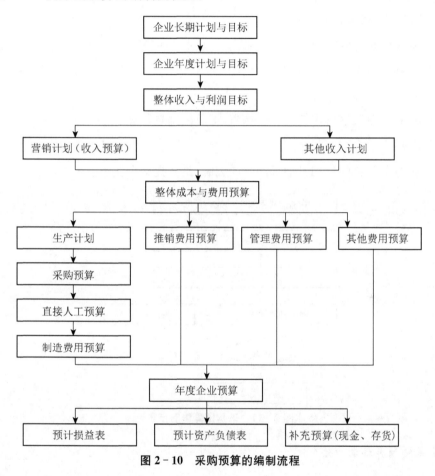

图2-10 采购预算的编制流程

(二)采购预算编制步骤

预算过程应从采购目标审查开始,然后是预测满足这些目标的行动或资源,再制定相应计划或预算。采购预算编制步骤如图2-11所示。

1. 审查企业和部门的战略目标

预算的最终目的是保证企业目标的实现,企业在编制预算前首先应审视本部门和企业的目标,以确保它们之间的相互协调。

2. 制定明确的工作计划

管理者需要了解本部门业务活动,弄清它的特性与范围,制定出详细的计划表,从而确定本部门实施这些活动所带来的产出。

3. 确定所需的资源

有了详细的计划表,管理者可以对支出做出切实的估计,确定为实现目标所需的人力、财力和物力资源。

4. 提出准确的预算数字

这是企业编制预算的难点之一。企业可以通过以往经验做出判断,也可以借助数学工具和统计资料通过科学分析提出准确方案。

5. 汇总

对各部门预算草案进行审核、归集、调整,汇总编制总预算。

6. 提交预算

通常由采购部门会同公司其他部门共同编制,最后提交企业负责人批准。

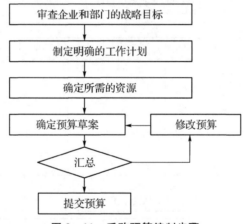

图 2-11 采购预算编制步骤

(三)采购预算编制方法

1. 弹性预算法

弹性预算是固定预算的对称,又称变动预算,是指在成本按其性态分类的基础上,以业务量、成本和利润之间的依存关系为依据,按照预算期可预见的各种业务量水平,编制能够适应不同业务量预算的方法。

▲计算公式

成本的弹性预算 = 固定成本预算数 + $\sum$(单位变动成本预算数 × 预计业务量)

▲编制弹性预算步骤

(1)选择和确定各种经营活动的计量单位消耗量、人工小时、机器工时等。

(2) 预测和确定可能达到的各种经营活动业务量。

(3) 根据成本性态和业务量之间的依存关系,将企业生产成本划分为变动和固定两个类别,并逐项确定各项费用与业务量之间的关系。

(4) 计算各种业务量水平下的预测数据,并用一定的方式表示,形成某一项的弹性预算。

2. 概率预算法

在编制预算过程中,涉及的变量较多,如业务量、价格、成本等。企业管理者不可能在编制预算时就十分精确地预见到这些因素在将来会发生何种变化,以及变化到何种程度,而只能从大体上估计它们发生变化的可能性,从而近似地判断出各种因素的变化趋势、范围和结果,然后对各种变量进行调整,计算其可能值的大小。这种利用概率来编制的预算,即为概率预算。

概率预算必须根据不同的情况来编制,大体上可分为以下两种情况:

(1) 销售量的变动与成本的变动没有直接关系,这时,只要利用各自的概率分别计算销售收入、变动成本、固定成本的期望值,然后即可直接计算利润的期望值。

(2) 销售量的变动与成本的变动有直接关系,这时,需要用计算联合概率的方法来计算利润的期望值。

3. 零基预算法

零基预算法是指在编制预算时,对于所有的预算项目均以零为起点,不考虑以往的实际情况,而完全根据未来一定时期生产经营活动的需要和每项业务的轻重缓急,从根本上来研究、分析每项预算是否有支出的必要和支出数额的大小的一种预算编制方法。

▲编制步骤

(1) 划分和确定基层预算单位;

(2) 编制本单位的费用预算方案;

(3) 进行成本－效益分析;

(4) 审核分配资金;

(5) 编制并执行预算。

▲零基预算法的优点

(1) 有利于提高员工的"投入－产出"意识;

(2) 有利于合理分配资金;

(3) 有利于发挥基层单位参与预算编制的创造性;

(4) 有利于提高预算管理水平。

▲零基预算法的缺点

(1) 由于一切工作从"零"做起,因此采用零基预算法编制工作量大、费用相对较高;

(2) 分层、排序和资金分配时,可能有主观影响,容易引起部门之间的矛盾;

(3) 任何单位工作项目的"轻重缓急"都是相对的,过分强调当前的项目,会使有关人员只注重短期利益,忽视本单位作为一个整体的长远利益。

4. 滚动预算

滚动预算法又称连续预算法或永续预算法,它是指预算在执行过程中自动延伸,使预算期间永远保持12个月。每过一个季度(或一个月)立即在期末增列一个季度(或一个月)的预算,逐期向后滚动。

▲理论依据

(1) 根据企业会计持续经营假设,企业的生产经营活动是连续不断的,因此企业的预算也应该全面反映这一连续不断的过程,使预算与生产经营过程相适应;

(2) 企业的生产经营活动随着时间的变迁很可能会发生各种难以预料的变化;

(3) 人们对未来客观事物的认识也是由粗到细、由简单到具体的过程。

▲滚动预算法的具体做法

滚动预算的编制一般采用长计划、短安排的方式进行。在编制预算时先将年度分季,并将其中的第一季度按月划分,建立各月的明细预算数。至于其他三个季度的预算数可以粗一些,只列各季总数。到第一季度结束前,再将第二季度的预算数按月细分,予以具体化,同时立即增补下一年度的第一季度预算数,依此类推。其基本程序如图2-12所示。

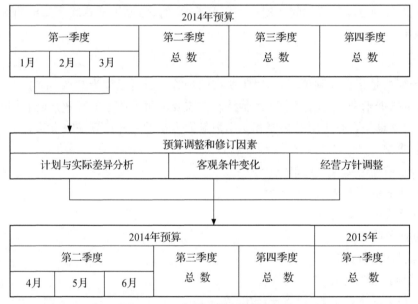

图2-12 滚动预算法的基本程序

▲滚动预算法的优点

(1) 可以保持预算的完整性与连续性,使有关人员从动态预算中把握企业的未来,了解企业的总体规划和近期目标;

(2) 能使各级管理人员始终保持对未来12个月时间的考虑和规划,确保各项工作有条不紊地进行;

(3) 可以根据前期预算的执行结果,结合各种新的变化,不断调整和修订预算,从而使预算与实际情况更相适应,有利于充分发挥预算的指导和控制作用。

采用滚动预算法的不足之处是不仅编制预算的工作量较大,而且容易造成预算年度与会计年度在时间上的不一致。

◇ **小看板**:常用的采购预算编制方法比较(表2-11)

表2-11 常用的采购预算方法比较

方法	优缺点	适用范围
弹性预算法	优点:预算的适用范围广泛,有利于客观地对预算执行情况进行控制、考核、评价,避免由于业务量发生变化而对预算的频繁修订 缺点:操作复杂,工作量大	适用于采购数量随着业务量变化而变化的采购或市场价格及市场份额不确定的企业
概率预算法	优点:方法简便、容易操作 缺点:受主观因素影响,使预算中的某些不合理因素被长期沿袭	适用于为实现某些缺乏相关数据的采购计划、采购费用的采购项目
零基预算法	优点:确保重点采购项目的实现,利于合理配置资源,切实提高企业采购资金的使用效益 缺点:预算工作量大,需要投入大量的人力资源	适用于各种采购预算
滚动预算法	优点:有助于保证采购支出的连续性和完整性,利于根据前期预算的执行情况及时调整和修订近期预算 缺点:滚动频率越高,工作量越大;过高的滚动频率容易增加管理层的不稳定感	适用于规模较大、时间较长的工程类或大型设备采购项目的预算

熟悉各种预算方法的特点及适用条件,可以帮助企业选择适合自身条件的预算方法,使其既可简化预算程序,又可保证预算计划的准确性。

◇ **任务小结**

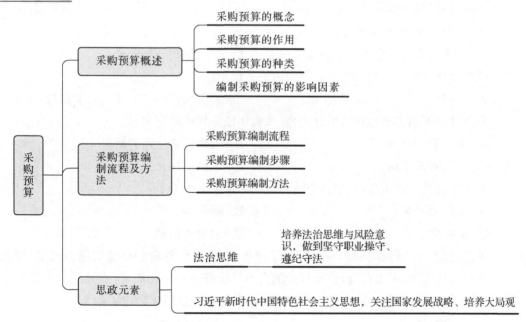

◇ 归纳与提高

通过本项目的学习,同学们应该掌握采购计划编制的基础、目的和程序,掌握采购数量确定的依据和方法,熟悉采购预算编制的步骤,了解采购预算编制的方法和流程。

◇ 项目综合测试

一、思政题

1. 在采购计划的制定过程中,我们应当　　　　　　　　　　　　　　　(　　)
   A. 完全依赖市场调查,忽略其他信息来源
   B. 仅凭个人经验,不需要参考任何数据或市场调查
   C. 综合考虑市场调查、企业需求等多方面因素,制定科学合理的采购计划
   D. 忽视市场变化,坚持原有的采购计划不变
2. 请简述制定采购计划的重要性和意义。

3. 判断:组织各级预算单位采购脱贫地区农副产品,通过稳定的采购需求持续激发脱贫地区发展生产的内生动力,促进乡村产业振兴,是政府采购政策功能的重要实践。
   (　　)

二、单项选择题

1. 认证计划的余量需求导致　　　　　　　　　　　　　　　　　　　　(　　)
   A. 原有采购环境容量缩小　　　　　B. 采购容量暂时没有对应供应
   C. 采购环境容量小于供给总量　　　D. 扩大采购环境容量
2. 采购计划受销售计划和生产计划的影响。这句话　　　　　　　　　　(　　)
   A. 正确　　　　B. 不正确　　　　C. 无法确定　　　　D. 以上都对
3. 采购计划编制主要包括两部分内容:采购认证计划的制定和　　　　　(　　)
   A. 采购物料计划　　　　　　　　　B. 采购订单计划的制定
   C. 采购需求计划　　　　　　　　　D. 采购工作计划
4. 采购申请单一式多联,其中由申请采购部门留存的称为　　　　　　　(　　)
   A. 采购通知单　　　　　　　　　　B. 验收单
   C. 准购单　　　　　　　　　　　　D. 采购申请单
5. 预先确定一个订货周期和一个最高库存水准,然后以规定的订货周期为周期,周期性地检查库存,发出订货,订货批量的大小每次都不一定相同,订货量的大小都等于当时的实际库存量与规定的最高库存水准的差额。这种采购模式称为　(　　)
   A. 定期订货法　　　　　　　　　　B. 定量订货法
   C. MRP 采购模式　　　　　　　　　D. JIT 采购模式

6. 应用于生产企业,是由企业采购人员采用应用软件,制订采购计划而进行采购的模式,称为 （   ）
   A. 定期订货法　　　　　　　　　B. 定量订货法
   C. MRP 采购模式　　　　　　　　D. JIT 采购模式

7. 一种完全以满足需求为依据,遵循 5R 原则的采购模式,称为 （   ）
   A. 定期订货法　　　　　　　　　B. 定量订货法
   C. MRP 采购模式　　　　　　　　D. JIT 采购模式

8. 预先确定一个订货点和一个订货批量,然后随时检查库存,当库存下降到订货点时,就发出订货,订货批量的大小每次都相同。这种采购模式称为 （   ）
   A. 定期订货法　　　　　　　　　B. 定量订货法
   C. MRP 采购模式　　　　　　　　D. JIT 采购模式

9. 认证容量需要 （   ）
   A. 采购方的确认需求　　　　　　B. 市场供应与需求的均衡
   C. 供应商的市场份额　　　　　　D. 供应商技术力量支持

三、不定项选择题

1. 采购计划编制的依据包括 （   ）
   A. 产品说明　　B. 约束条件　　C. 采购文档
   D. 合格卖方清单　　E. 合同

2. 采购认证计划的程序为 （   ）
   A. 准备认证计划　　　　　　　　B. 评估认证需求
   C. 计算认证容量　　　　　　　　D. 制定认证计划

3. 处于采购认证中心地位的评估认证需求内容包括 （   ）
   A. 评估市场总需求　　　　　　　B. 分析开发批量需求
   C. 分析余量需求　　　　　　　　D. 确定认证需求

4. 根据其内容的不同,预算可以分为哪三类 （   ）
   A. 财务预算　　　　　　　　　　B. 决策预算
   C. 采购预算　　　　　　　　　　D. 业务预算

5. 采购计划按物料的使用方向分,可以分为 （   ）
   A. 生产产品用物料采购计划　　　B. 基本建设用物料采购计划
   C. 科研用物料采购计划　　　　　D. 企业管理用物料采购计划
   E. 金属物料采购计划

6. 零基预算的编制方法大致上可以分为哪三步 （   ）
   A. 提出预算的目标　　　　　　　B. 确定预算的计划
   C. 开展成本—收益分析　　　　　D. 确定业务量的变化范围
   E. 分配资金,落实预算

四、简答题

1. 审批采购计划的内容有哪些？

2. 通过采购需要量的确定应达到什么目的？

3. 采购计划编制步骤有哪些？

4. 编制预算的原则是什么？

五、实操题

编写个人采购计划

要求：

1. 每个人将自己本月内的所有采购需求，用请购单明确（注意：每样采购物品数量至少为2）。

2. 个人通过互联网调查采购物品的名称、种类、规格、型号、单价、技术参数等。

3. 根据填写好的请购单，汇总到采购计划书。

4. 通过角色扮演，完成采购计划书的审批。

习题答案请扫二维码获取

项目二　供应市场分析

◇ 引入案例

上海通用汽车"16 步原则"严选供应商

　　上海通用汽车对供应商的选择、能力开发和质量管理有一整套严密的体系,严格遵循通用全球供应商开发的"16 步原则",覆盖从新品立项时的潜在供应商评审到整个生产周期中对供应商实施质量管理的全部流程。一家新供应商必须通过上海通用汽车采购部、工程部(泛亚汽车技术中心)、物流部三大部门,Q(质量)、S(服务)、T(技术)、P(价格)四大功能板块近10 次专业评审,才能进入采购体系。

　　越来越多的全球车型项目带来了大量新供应商,以新君威为例,有 92 家供应商通过全球供货或在中国建新厂进入上海通用汽车的供应链。一方面,上海通用汽车严把供应商质量关;另一方面,积极帮助新供应商做改进工作,供应商质量工程师主动跟踪新供应商的基础建设和生产线建设,帮助其理解中国市场、协调全球资源、培训管理团队。稳定的、高品质的供应商团队,为产品品质带来了保障。上海通用汽车的长期合作供应商数量迅速增长,目前与之保持业务往来 3 年以上的供应商已占其国内供应商总数的 80％以上,保持 5 年以上的供应商已占其总数的 60％以上。

　　采购人员应具备敏锐的市场观察力和谦虚谨慎的学习态度。市场是复杂多变的,物料的价格也经常波动。作为采购人员,应具备敏锐的观察力,及时抓住市场机会,防范市场风险,提高采购的成功率。

　　(资料来源:盖世汽车,https://auto.gasgoo.com/News/2014/09/18110729729603115 63915.shtml,2014-09)

任务一　开发、选择与评价供应商

◇ 学习任务描述

　　采购是一项系统的工作,选好供应商是采购中最基本的话题,无论你是公司高层、技术经理还是采购经理都会或多或少地涉及这一领域的工作,而且随着技术和供应环境的变化,供应商选择和管理的好坏将直接影响公司在市场的总体竞争力。

◇ **思政园地**

思政元素：平等协作、合作互惠、共建共享的科学发展观

新龟兔赛跑故事

龟兔比赛，第一次兔子输了，兔子不服，要求赛第二次。第二次龟兔赛跑，兔子吸取经验，不睡觉了，一口气跑到终点，所以第二次龟兔赛跑是兔子赢了，乌龟输了。乌龟不服气，要求再赛第三次，兔子说"那就赛吧"，乌龟说"前两次都是你指定路线跑的，现在得由我指定路线跑"。兔子想反正我跑得比你快，就说"好"。龟兔按指定路线跑了，结果兔子又跑到前面，快到终点了，一条河把路挡住了，兔子过不去了。乌龟慢慢爬到了，并且游过了河，第三次龟兔赛跑是乌龟赢了，于是它们就想要赛第四次。这时候兔子说："咱们老比赛干嘛，与其竞争，不如合作吧，咱们优势互补吧。"于是它们优势互补，在陆地上兔子驮着乌龟跑，过河的时候乌龟驮着兔子游，最后它们同时到达终点。

讨论分析：

1. 龟兔四次赛跑分别告诉我们哪些道理？
2. 你从这个故事中得到的启示是（　　）
   ① 竞争时要发挥自己的特长，尽量避免自己的缺点
   ② 生活中不要竞争，只要合作
   ③ 竞争时别忘记合作，竞争最理想的结果是双赢
   ④ 生活中要敢于竞争，善于合作
   A. ①③　　　B. ②③④　　　C. ①③④　　　D. ①②③

（资料来源：改编自 https://wenda.so.com/q/1450428485725345）

答案：

1. 这四次赛跑告诉我们不同的道理。第一次赛跑的启示：当你处于劣势的时候，不要气馁，也不要松懈，坚持等待对手犯错误；第二次告诉我们，不要局限于自己的潜在优势，要把潜在优势转变为现实优势；第三次告诉我们，如果老策略不灵了，要及时调整策略；第四次告诉我们，共赢的基础是互相信任和互助。

2. C

◇ **任务书**

安吉智行物流有限公司隶属于上汽集团，是国内汽车物流业首家经国家交通运输部、外经贸部正式批准的汽车物流中外合资企业。公司注册资本为3 000万美元，中外双方各占50%的股份。公司主要从事与汽车零部件相关的物流和与汽车相关的国内货运代理服务，物流技术咨询、规划、管理、培训等服务以及国际货运代理，汽车零部件批发、进出口及相关配套服务。是一家专业化运作，能为客户提供一体化、技术化、网络化、可靠的、独特解决方案的第三方物流供应商。

该公司是目前国内处于领先地位的汽车零部件物流公司，也是国内一家具备整车入物流项目操作能力的公司。目前，公司其中一项重要业务是负责上汽通用汽车武汉分公司Ⅱ期新项目的入厂汽车零部件物流及整车组装，以及华中区域售后零部件物流配送服务。

上汽通用汽车武汉分公司Ⅱ期新项目组装车辆需要采购特殊型号的零部件轴承,图2-13为该轴承结构树。

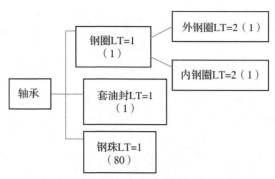

图2-13 零部件轴承产品结构树

通用汽车公司新项目生产对该部件的需求量比较大,安吉智行物流有限公司为做好整车组装工作,应如何展开供应商调研和供应商初步调查呢?通过询价,安吉智行物流有限公司初步挑选了5家能够生产该轴承的供应商。本着精益管理的原则,采购时公司如何客观、科学、合理地评价供应商,最终确定合作对象呢?

◇ **准备工作**

供应市场分析是采购的前期工作,也是采购方式选择,供应商审核、选择与确定的基础。掌握供应市场的调研方法与过程,了解供应市场结构特点是采购人员开拓供应市场必备的条件。

1. 描述供应商选择和调查的基本方法流程;
2. 编制企业供应商调查问卷;
3. 访问供应商并进行现场审核;
4. 进行产品质量认证准备。

◇ **任务实施**

随着全球化经济的发展,企业间的竞争也日趋激烈。决定企业竞争实力的也不仅限于企业本身,其供应商群在其中扮演着很重要的角色。如何通过构建完善的供应商考核评估体系,来甄别合格供应商,发展优秀供应商,淘汰不合格供应商,最终提升供应商群的整体水平,建立长效的供应商管理系统,以此增强企业的综合竞争力,使企业在纷繁复杂的商业社会中立于不败之地显得十分重要。

采购方管理部门要与供应商进行详细的交流,获得供应商真实的供货实力信息,使采购方评价工作顺利开展,给各供应商出具科学客观的分数。如可以成立供应商专家评价小组,各专家先提出各自部门主要关心的指标,然后依据各指标的重要程度对其权重进行打分。依据精益化的管理目标,生产设计能力、质量、供货及时性、供货柔性等指标应给予较高的权重。使用层次分析法得出各指标的权重,就为采购方建立了适合自己的供应商评价指标体系。

本任务中,通用汽车公司根据轴承零部件的实际需求,结合调研的数据,建立如表2-12所示的供应商评价指标体系,主要针对质量管理、设计能力、生产管理、分供方控制、成本管理、其他等 6 个一级指标进行评价。这 6 个一级指标又细化为若干个二级指标,括号里的数字是各指标的权重。

表 2-12 通用汽车供应商评价指标体系

一级指标	二级指标	得分
质量管理(0.2)	供应商是否有适应于该企业的质量目标?质量目标是否可以量化监测?(0.2)	
	供应商的质量管理体系是否对质量系统有不断提高的要求,对其有持续的改进措施?(0.1)	
	供应商是否有质量手册?(0.1)	
	供应商是否对员工有培训意识?是否有正式记录?(0.2)	
	供应商是否对产成品进行发货检验?(0.2)	
	供应商是否定期进行质量审核?(0.2)	
设计能力(0.2)	供应商是否有产成品的设计能力?是否有产成品设计实验室和人员?能否使用计算机辅助设施(CAD)?(0.3)	
	供应商是否有电子数据转化能力?(0.1)	
	在执行设计变更时,供应商是否有程序来控制产成品变更?是否有正规的、获得客户批准的程序?(0.1)	
	供应商是否有样品、小批量、批量的生产计划?(0.3)	
	供应商是否有首件检验和生产件批准程序?(0.2)	
生产管理(0.2)	供应商是否有文件化的产成品和工艺流程持续改进计划?(0.1)	
	供应商是否有能够避免生产中出现异常和不合格品的计划?(0.1)	
	供应商是否运用精益生产的工具?(0.1)	
	从收货到发货,供应商是否对每一个生产工位都有操作指导书?(0.1)	
	供应商是否在生产过程中使用看板等目视化管理?(0.1)	
	供应商是否具有供货柔性?(0.1)	
	供应商是否有系统或流程控制量具和检具的校验?(0.1)	
	供应商是否有一个有效的检测系统来防止缺陷再次发生并流向客户或下一个工位?是否有文件化的程序定义返工和返修?(0.1)	
	供应商是否对客户的退品进行原因分析并采取纠正措施?(0.1)	
	对于不合格或者可疑物料,供应商是否有安全存放区域?(0.05)	
	在整个生产过程中供应商是否遵循"先进先出"的原则?(0.05)	

续表

一级指标	二级指标	得分
分供方控制(0.1)	供应商是否有书面程序来评估和选择分供方？(0.2)	
	供应商是否有定期评审分供方的程序？(0.2)	
	供应商是否有分供方的合同发展计划？(0.2)	
	供应商是否有能力对分供方进行批次跟踪？(0.3)	
	供应商是否有书面的控制程序来控制分供方控制过程及材料发生变化？(0.2)	
成本管理(0.2)	供应商是否能够提供有竞争优势的价格？(0.5)	
	供应商能否提供降价计划？(0.1)	
	供应商管理层是否定期分析不良成本？(0.1)	
	供应商是否有程序分析及避免过剩原材料/成品/半成品？(0.1)	
	供应商目前产能如何？在满足现有客户需求的情况下，是否还有足够的产能？(0.1)	
	不增加投资，供应商利用现有设备及过程能否满足采购方所需产成品生产的要求？(0.1)	
其他(0.1)	供应商是否有战略性计划？(0.05)	
	供应商是否有文件化的程序定义产成品的包装？(0.05)	
	供应商是否追踪产成品的运输情况？如果送货不能100%满足客户要求，是否主动与客户沟通并提供改进措施？(0.25)	
	供应商是否有对订单反应时间、供货周期的承诺？(0.3)	
	供应商是否有对售后服务反应时间的承诺？(0.3)	
	供应商是否有合理的环境政策？是否有计划和方案来减少对环境的影响？(0.05)	

公司采购人员在对供应商进行评价时，可以根据表2-12对各供应商进行打分，最终挑选出综合得分最高的供应商。

可以看到，通用汽车公司对质量管理、生产设计能力要求比较高，在指标选取和权重方面较为侧重。在建立不同企业进行供应商选择的评价指标体系时，要根据企业实际情况采取符合企业目标的指标，并赋予相应的权重。

◇ 学习任务相关知识点

一、供应环境分析

供应环境因素一方面是供应商因素，包括供应商的组织结构、财务状况、产品开发能力、生产能力、工艺水平、质量体系、交货周期及准时率、成本结构与价格等；另一方面是供应商所处的行业环境因素，包括该行业的供求状况、行业效率、行业增长率、行业生产与库存量、行业集中度、供应商的数量与分布等。供应市场分析又称供应环境分析。

1. 影响供应市场分析的主要因素

供应市场分析是指为了满足企业目前及未来发展的需要，针对所采购的商品，系统地进行供应商、供应价格、供应量、供应风险等基础数据的收集、整理和分析,为企业的采购决策提供依据。供应市场分析可以分为对供应商所在国家或地区的宏观经济分析、供应行业及其市场的中观经济分析和供应商的微观经济分析三个层次。影响采购方进行主动的供应市场分析的主要因素有以下几个方面:

(1) 技术的不断创新。无论是生产企业还是商业贸易,为保持竞争力必须致力于产品的创新和质量的改善。当出现新技术时,企业在制定自制、外购决策时就需要对最终供应商的选择进行大量的研究。

(2) 供应市场的不断变化。国际供应市场处在不断变化之中,国家间的政治协定会突然限制一些出口贸易,供应商会因为突然破产而消失,或被其竞争对手收购,价格水平和供应的持续性都会因此受到影响。需求也会出现同样变化,企业可能会对某一产品的需求急剧上升(如2020年开始的"缺芯潮"),从而导致紧缺状况的发生。企业必须预计某产品供需状况的可能变化,并由此获得对自己的商品价格动态的更好理解。

(3) 社会环境的变化。欧洲相对较高的工资水平已经造成了供应市场的变化。由于发展中国家工资水平较低,有许多欧洲零售商的纺织品供应发生了变化,他们已将自己的供应基地从欧洲转移到了亚洲。

(4) 汇率的变动。许多主要币种汇率的不断变化给国际化经营的企业带来新的挑战。许多国家的高通货膨胀、巨额政府预算赤字、汇率的迅速变化都要求企业对其原料需求的重新分配做出快速反应。

(5) 产品的生命周期及其产业转移。产业转移、技术进步不仅改变了供应市场的分布格局,整体上降低了制造成本,而且给采购的战略制定、策略实施及采购管理提出了新的要求,带来了新的变化,主要体现在:一是在自制、外购的决策中,外购的份额在增加;二是采购呈现向购买组件、成品的方向发展;三是采购的全球化趋势日益增强,同时采购的本地化趋势也伴随着生产本地化的要求得以加强;四是供应市场及供应商的信息更加透明化;五是技术发展使得许多企业必须完全依赖于与供应商的伙伴关系。

2. 供应市场分析的意义

市场由商品的购买者(采购商)以及这些商品的供应者(供应商)构成。从采购商的角度来看,供应市场是潜在的提供企业所需资源的场所,尽管它只是企业外部环境的一部分,但它对企业采购职能的履行,对企业的生存具有直接的影响。供应市场是采购商制定企业供应战略和进行供应商管理的起点,并对采购商内部生产、经营等产生重要影响。

在科技发达的现代社会,唯一不变的就是变化。产业转移、技术更新、产品生命周期缩短等,一方面改变了供应市场的分布格局,整体上降低了产品的制造成本;另一方面也对采购商的采购战略的制定、采购策略的实施以及采购管理提出了新的要求。

如果企业未能适时对其供应市场进行跟踪和分析,将可能在采购活动中遇到生产中折、供应延迟、产品质量下降以及采购成本超支等问题。而这很可能是因为采购活动遇到了供应提前期拉长、物料短缺、物流瓶颈等一系列本可事先预料的问题。

供应市场分析是采购企业的一项重要活动。一般来说,供应市场分析有以下一些意义:

降低企业的采购风险、了解供应商的成本模型、确保供应商供应的持续性、寻求资源的替代品、为企业战略计划服务、利用供应商创新、改进采购流程、降低成本或增加价值。

3. 供应市场分析的内容

供应市场分析的内容包括供应市场研究和供应市场风险分析两部分。

(1) 供应市场研究。供应市场研究主要包括三部分内容：一是供应市场研究过程；二是供应市场结构分析；三是宏观、中观、微观供应市场分析。

① 供应市场研究过程：这个过程的主要工作包括确定目标、成效分析、可行性分析、制定研究方案与方案实施、总结报告。

② 供应市场结构分析：主要研究的是市场竞争的类型。

③ 宏观、中观、微观供应市场分析：在进行供应市场分析时，可遵循由大到小、由粗到精的思路。

(2) 供应市场风险分析。如果供应市场风险能够降低的话，将给成本的降低带来很大的空间。因此，它是采购决策必须重点考虑与分析的内容。一般应该在新供应商评价、选择、认可之前就要做这件事情；对现有的供应商也可以定期进行分析。供应市场风险分析包括四个阶段：准备阶段、分析评价阶段、行动改进阶段、总结提高阶段。

① 准备阶段

这一阶段包括供应市场风险分析评价之前的所有准备工作：

a. 明确潜在的风险性和是否需要做风险分析；

b. 确定风险分析的理由，制定风险分析的准则、方法，界定风险分析所涉及的供应商和采购物品范围；

c. 明确参与风险分析的人员，提出进一步的工作计划。

② 分析评价阶段

这一阶段可以采用检查表作为指导，由评价队伍通过对供应商进行提问、现场考察等方式进行。

评价内容主要包括总体情况、管理对策与措施、质量保证体系、设计与工程能力、企划与供应商管理、市场与顾客服务及环境管理。

依据上述评价内容的检查要素，可以划分为四种状态：不适用(指该要素对于供应商来说不适用，实际评价时可跳过不管)；红(指供应商在发现该要素对于本企业来说存在较严重的潜在风险，不符合本企业的要求时，必须立即采取纠正行动)；黄(指该要素的状态不是太好，不能完全满足本企业的评价要求，需要进一步改进)；绿(指该要素的状态良好或超过本企业的要求)。

③ 行动改进阶段

这一阶段主要根据评价分析调查结果，研究人员和评价小组应在企业采购人员的协调下，就供应商中存在的红色状态要素和黄色状态要素向供应商提出纠正及改进、提高的建议。

④ 总结提高阶段

这一阶段与前一阶段紧密相关。如果供应商乐于改进并有能力改进,那么总结提高就有了基础。

二、供应市场结构的分析方法

通常认为,市场结构可以根据市场中买卖双方数量的多少分为卖方垄断市场、卖方寡头垄断市场、有限卖方垄断市场、完全竞争市场、买方寡头垄断市场、有限买方垄断市场、买方垄断市场等(表 2-13)。

表 2-13 按买卖双方数量细分的供应市场结构表

卖方	买方		
	一个	少量	很多
一个	双边垄断市场	有限卖方垄断市场	卖方垄断市场
少量	有限买方垄断市场	双边寡头垄断市场	卖方寡头垄断市场
很多	买方垄断市场	买方寡头垄断市场	完全竞争市场

这里,我们着重分析卖方垄断市场、买方垄断市场、卖方寡头垄断市场、买方寡头垄断市场和完全竞争市场。

1. 卖方垄断市场

是指由一个供应商和多个采购企业构成的市场。该供应商是供应市场中某类产品的唯一销售者,且不存在直接的替代产品。该供应商同时决定了其产品的生产数量和销售价格,基本上不用考虑竞争因素。卖方垄断可以分为自然垄断、政府垄断和控制垄断三类。自然垄断往往来自显著的规模经济,如供电企业;政府垄断则是基于政府给予的特许经营,如奥运标志、铁路、邮政及其他公用设施;控制垄断包括专利拥有、某种产品所需的自然资源等。

面对卖方垄断市场,采购企业基本上没有任何的讨价还价能力,只能接受供应商的报价。但是,采购企业可以在产品设计时,尽量避免使用某些被垄断的产品或原材料。

2. 买方垄断市场

是指由单一的采购企业和多个供应商构成的市场。在这种市场中,采购企业成为产品的唯一购买者,因而控制了产品的价格。这可能是由于该产品没有其他的用途,或者是由于其他的用途并不经济。这里的采购企业成为买方垄断者,从另一方面看,它也是垄断型的供应商,因为没有任何其他企业能提供用其采购的产品所生产的产品。如烟叶收购、铁路专用的机车和车辆的采购。

面对买方垄断市场,采购企业拥有绝对的话语权,能够主动掌握采购的价格,但是一般也受到政府的管制。这类采购企业同时也将成为其他企业的独家供应商。

3. 卖方寡头垄断市场

是指少数供应商和大量采购企业所构成的市场。少数供应商提供相同或类似的产品,行业里存在明显的规模经济,市场进入壁垒明显。价格由行业领导者或行业联盟控制,同时也受到政府的管制和行业内部竞争状况的影响。卖方寡头垄断企业的数量越多,决策越独立,寡头垄断就越容易向完全竞争的市场转变。

当前的家电市场和汽车市场,以及中东的石油市场就是较为典型的卖方寡头垄断市场。这类市场对于采购企业来说其实并没有很多选择,各供应商所提供的产品之间并没有特别明显的差别,要想选择到合适的供应商,必须对此类市场进行长期的跟踪和观察,把握其市场规律,被选中的供应商将成为企业的战略供应商。

4. 买方寡头垄断市场

是指少数采购企业和大量供应商所构成的市场。在这种市场里,买方对于产品的定价有很大的影响,因为所有的卖方都为了能接到某项供应业务而展开激烈的竞争。采购企业也非常明了自己所处的位置,通常还能够主动利用这种位置在采购中获得好处。医药供应市场、汽车工业中零部件的供应市场就是这样的例子。

5. 完全竞争市场

是指由大量的采购企业和大量的供应商所构成的市场。这种市场具有一些明显的特征:

(1) 市场中采购企业和供应商的数量都很多,并且规模都不是很大,没有任何一家企业能通过购买或供应行为影响市场上的供求关系,产品的市场价格受该市场里所有的采购企业和供应商的共同影响,可以说每家企业都是市场价格的被动接受者。

(2) 市场上的产品是同质的,即任何一个供应商提供的产品都是无差别的,这也决定了没有哪个供应商能够控制产品的供应价格。

(3) 各种资源可以完全自由流动而不受任何限制,这包括:

① 劳动力可以毫无障碍地在不同地区、不同部门、不同行业、不同企业之间流动;

② 任何一个生产要素的所有者都不能垄断要素的投入;

③ 新资本可以毫无障碍地进入,老资本可以毫无障碍地退出,这也决定了整个市场里可以有很多的供应商和采购企业;

④ 市场信息是完全的和对称的,采购企业与供应商都可以获得完备的市场信息,双方不存在相互的欺骗。

这些条件是非常苛刻的,所以,现实中的完全竞争市场是罕见的,比较接近的是农产品市场、专业产品市场和期货市场。现实中是否存在真正意义上的完全竞争市场并不重要,重要的是在这种市场里,采购企业和供应商如何不受干扰真正地进行交易。

在当今的经济环境下,无论是卖方还是买方,寡头垄断是最为常见的市场状况,完全的垄断非常少见,完全的竞争也是不存在的。

不同的供应市场决定了采购企业在市场交易中的不同地位,相应地,企业也要采取不同的采购策略和方法。从产品设计的角度出发,企业应尽量避免选择卖方完全垄断市场中的产品,如不得已,就应该与该供应商结成合作伙伴的关系;对于卖方垄断市场中的产品,应尽可能地优化已有的供应商并发展成为伙伴型的供应商;对于卖方寡头垄断市场中的产品,应尽最大可能与供应商结成伙伴型的互利合作关系;在完全竞争市场中,应把供应商看成商业型的供应业务合作伙伴。典型市场结构的主要特点如表 2-14 所示。

表 2-14 典型市场结构的主要特点

市场类型	完全竞争	买方寡头垄断	卖方寡头垄断	卖方垄断
市场结构的特点	大量供应商,大量采购企业,采购企业选择的余地很大,市场透明	少量采购企业,大量供应商,采购企业可以控制价格	少量供应商,供应商控制价格的能力较强	只有单一的供应商,供应商完全控制价格
供应商定价策略	供应商按市场价格供应品	供应商试图使产品的价格差异化	供应商跟随供应市场的领导者定价	供应商制定价格使其自身利润最大化,同时不诱使产生替代产品
产品类型和实例	农产品(初级产品)、标准件(纽扣等)	部分印刷品、某些专业产品	钢材、铜、胶合板、汽车、计算机设备	专利所有者(药品)、版权所有者(软件)
可参考的采购对策	期货或者其他远期交易	分析产品成本,了解供应商的生产流程	分析供应商的成本,必要时可以向较弱的竞争者采购,以获得价格折扣	尽可能发现替代品、重新设计品

三、供应市场调研内容

除了了解供应市场的供求关系外,还应对供应市场进行精益化的调研。

1. 需调研的基本情况

(1) 供应市场的规模、容量、性质。

(2) 供应市场的环境,如市场的管理制度、法治建设、市场的规范化程度、市场的经济环境、政治环境、市场的发展前景。

(3) 供应市场中供应商的情况,将众多供应商的基本情况进行简单分析,就可以得出供应市场自身的基本情况,如供应市场的结构、生产能力、技术水平、管理水平、可供资源量、质量水平、价格水平、需求状况以及竞争性质等。

2. 调研的要点

调研后能够回答以下问题,并采取相应策略。

(1) 确定供应市场是紧缺型市场还是富余型市场,是垄断性市场还是竞争性市场。对于垄断性市场,企业应当采取垄断性采购策略;对于竞争性市场,企业应当采取竞争性采购策略,如采用招标采购等。

(2) 确定供应市场是成长型市场还是没落型市场。如果是没落型市场,企业则要趁早准备替换物料,不要等到物料被淘汰了再去开发新的供应商。

(3) 确定供应市场总体水平,并根据整个市场水平来选择合适的供应商。企业应选择在资源市场中拥有先进水平的供应商、物料质量优而价格低的供应商。

四、供应商分析

(一) 供应商的概念

供应商是指向买方提供产品或服务,为企业生产提供原材料、设备等资源并收取报酬的企业。

供应商又可称为"厂商",即供应商品的个人或法人。一个门店的供应商以500~700家为宜。供应商过少则供应链受垄断,容易产生弊端,不利于采购方进行选择;但供应商过多则采购量分散,采购价格没有优势,且订单处理程序复杂,流通费用过高,同样不利于采购方。供应商可以是农民、生产基地、制造商、代理商、批发商(限一级)、进口商等,应避免过多中间环节的供应商,如二级批发商、经销商、皮包公司、亲友所开的公司等。

(二) 供应商的基本信息

1. 企业基本信息

(1) 公司名称、地址、电话、传真、E-mail、网址、负责人、联系人。主要是公司名全称、公司注册地址名称、24小时服务热线电话和电子邮件地址、分公司、关系企业、分厂名字和地址。还应该包括公司类型(民营、国企、有限责任公司、合伙公司等)、注册所在地、注册资本额、员工总数、成立日期、公司关键人员列表(供应商应提交其关键人员的姓名、职务、服务年资、电话和代理人员名字及其电话号码)。

(2) 公司概况,如资本额、成立日期、占地面积、营业额、银行信息等。

(3) 设备状况。

(4) 人力资源状况。

(5) 主要产品及原材料。

(6) 主要客户。

(7) 其他必要事项。

通过对上面基本信息的调查,可以了解该供应商的大致规模、公司性质,以便对未来合作的前景做出预测。一般认为,产品的生产应该在被认证的公司生产,如果该公司有其他生产地点,应提出确认;需大致了解公司的成长情况,也可以评估公司的业务发展方向和水平;在紧急情况下,与关键人员取得联系有助于业务开展。供应商是否认识关键人员也是评估的一个因素。通常业务经理、工程/产品经理、质量经理以及副总以上人员应该是关键人员。

2. 产品相关信息

(1) 产品介绍

供应商的现有主要产品有哪些,分别提供给哪些客户,或者现有的加工工艺是什么,应用于哪些行业和产品。

(2) 设备介绍

主要包括供应商现有的生产设备清单、测试设备清单、公司组织构架图、质量保证流程图、公司人力资源状况、公司工作现场平面示意图以及生产班次设置及产能。

(3) 主要制造工艺及其工艺流程图

主要工艺介绍和工艺流程图是新产品生产管制计划书制定的基础，也是过程控制的起点。工艺介绍包括工艺原理、工艺要素与参数集合和工艺结果；工艺流程图包括输入要素、中间过程和辅助作业以及检查控制点和输出结果。

(4) 供应商情况

该公司现有主要供应商名称及其所提供物料。了解供应商，有助于评估供应物料来源的质量、时间等。

通过以上的调查，对产品和加工工艺、制造设备的了解，有助于加速评估自己产品将来的生产情况和产品的质量水平。通过供应商公司的组织构架图，品质经理直接对总经理负责的组织构架显然更令人满意。品质保证图能让客户对生产作业和生产管理的全过程有清晰的了解。

3. 其他相关信息

(1) 公司认证情况

供应商应提供其所获得的有关国际认证书的复印件，如ISO9000/QS9000、ISO14000国际质量保证体系，客户对供应商的认证等。

(2) 质量工作运作情况

如要求提供以下资料的复印件：质量书册、文件控制手册、工程变更程序、过程控制程序、出货检验程序、不合格品控制程序、客户投诉处理程序、现行作业规范或工作指导书样本、一份客户投诉记录的样本、出货标签等。

通过这类调查，并重点通过资料评估供应商质量体系运行的现状，发现不足和漏洞，并了解到公司参与国际体系认证、标准认证并取得资格的情况，进而了解供应商公司的综合实力。

五、供应商调查的类别

供应商调查，在不同的阶段有不同的要求。供应商调查可以分为三种：第一种是初步供应商调查；第二种是资源市场调查；第三种是深入供应商调查。

1. 初步供应商调查

初步供应商调查，是对供应商的基本情况的调查。主要是了解供应商的名称、地址、生产能力、能提供什么产品、能提供多少、价格如何、质量如何、市场份额有多大、运输进货条件如何等。

初步供应商调查的特点：一是调查内容浅，只要了解一些简单的、基本的情况；二是调查面广，最好能够对资源市场中所有的供应商都有所调查和了解，从而能够掌握资源市场的基本状况。

初步供应商调查在实际操作中，一般可以采用访问调查法，通过访问有关人员而获得信息。例如，可以访问供应商市场部有关人员，或者访问有关用户，或有关市场主管人员，或者其他的知情人士。通过访问建立起供应商卡片，如表2-15所示。

表2-15 供应商卡片

公司基本情况	名称				
	地址				
	营业执照号		注册资本		
	联系人		部门、职务		
	电话		传真		
	E-mail		信用度		
产品情况	产品名	规格	价格	质量	可供量	市场份额
运输方式		运输时间		运输费用		
备注						

表2-15也可作为调查表的形式，由供应商填写。

供应商卡片是采购管理的基础工具。在采购工作中，经常要选择供应商，就可以利用供应商卡片来进行选择。当然，供应商卡片也要根据情况的变化，经常进行维护、修改和更新。

在初步供应商调查的基础上，要利用初步供应商调查的资料进行供应商分析，比较各个供应商的优劣，以便于企业选择适合自身实际情况的供应商。供应商分析通常应包括以下几项内容：

(1) 产品的品种、规格、质量以及价格；

(2) 企业的实力、规模、生产能力和技术水平；

(3) 企业的信用度以及管理水平；

(4) 产品是竞争性的还是垄断性的；

(5) 供应商相对于本企业的地理位置、交通状况等。

2. 资源市场调查

(1) 基本内容

资源市场调查至少应该包括以下基本内容：

① 资源市场的规模、容量、性质；

② 资源市场的环境如何，市场发展前景如何；

③ 资源市场中各个供应商的情况如何。

(2) 调查目的及要求

资源市场的调查目的，就是要进行资源分析，以帮助企业制定采购策略、产品策略和生

产策略等。在实际操作中,至少应落实以下问题:

① 确定资源市场是紧缺型市场还是富余型市场,是垄断性市场还是竞争性市场;
② 确定资源市场是成长型市场还是没落型市场;
③ 确定资源市场总体水平,并根据整个市场水平来选择合适的供应商。

3. 深入供应商调查

深入供应商调查,是指对经过初步调查后,准备发展为自己的供应商的企业进行的更加深入仔细的考察活动。这种考察,是深入供应商企业的生产线、各个生产工艺、质量检验环节甚至管理部门,对现有的设备工艺、生产技术、管理技术等进行考察,看看所采购的产品能不能满足本企业所应具备的生产工艺条件、质量保证体系和管理规范要求。调查内容包括质量保证能力、产品开发能力、供货能力、价格水平、服务水平和管理水平等几大模块。

深入调查人员一般应包括采购人员、财务人员、品质管理人员、工程技术人员等。不同企业的审核人员的构成情况各不相同,但他们的审核内容相差无几。一般来说,采购人员主要对供应商的交货能力、生产能力等进行审核;财务人员对供应商的营收、支出等财务信息进行审核;品质管理人员对品质系统、供应商的质检能力及检测器具进行审核;工程技术人员对供应商的设备情况、加工精度、研发能力进行现场审核。审核的方式一般包括记录、现场查看、提问等。在审核过程中,应坚持严格把关、实事求是、抓大放小等原则。

只有这样对照供应商提交的调查表格进行深入的检查,才能判断供应商提供的信息是否准确、是否存在夸大的现象,发现可靠的供应商,建立起比较稳定的物资采购供需关系。表 2-16 是某企业的供应商调查表。

表 2-16 某企业的供应商调查表

合格供应商调查表					
概况	员工总数		技术人员数		
	年销售额		年利润额		
	固定资产		总资产		
	年正常生产天数	是□ 否□	贷款、债务情况说明		有□ 无□
	近三年业绩	市场占有率:			
		行业排名:			
		获得荣誉:			
	主要顾客及他们的评价意见				

续表

合格供应商调查表			
质保能力	通过国内安全或质量认证情况	证书名称	
		特种设备设计、制造许可证	
		证书编号与认证时间	
	通过国际安全或质量认证情况	证书名称	
		特种设备设计、制造许可证	
		证书编号与认证时间	
	公司质量体系	GMP(Good Manufacturing Practice,产品生产质量管理规范)质量体系	
		ISO9000 质量体系	
		其他	
技术能力	资质类型及级别		
	主要生产设备、设施情况		
	主要检验设备和仪器情况		
	开发、科研、设计能力和技术储备情况		
	关键工艺和技术难点的解决能力(工艺试验和评定)		
	贮存、搬运能力(厂房、库房和车辆)		
	类似产品业绩		
	维修保障能力		
	有关符合国家环境、安全、卫生标准的说明		
产品或服务能力	可提供的产品及生产能力		
	产品功能、性能指标及使用说明等		
	执行的技术标准和规范的情况		
	产品或服务在同行业中的水平		
	产品或服务的性价比在同行业中的水平		
	售后服务措施		
	交付、售后服务的水平		

续表

合格供应商调查表		
财务能力	近三年资产负债、利润、审计情况简要说明	
	完税情况	
	今后三年经营状况和财务状况简要分析	
	资信等级、履行合同的信誉	
供应商承诺书	×××公司承诺书 我代表××,在此做出如下承诺: 　1. 完全理解和接受贵方对我方进行评价的相关规定和要求。 　2. 我方对《合格供应商调查表》中的有关内容给予填写,并提供相关资料。 　3. 我方对《合格供应商调查表》中填写的内容和所提供资料的真实性、有效性负责。若有虚假,由此产生的一切后果由我方自负。 　4. 我方将对贵方后续的评价活动积极配合。 　5. 我方对贵方评价活动中所涉及的信息和内容应予以保密,不得向第三方泄露。 　6. 根据有关廉政规定,业务活动必须坚持公开、公平、公正、诚信、透明的原则(法律法规另有规定的除外),不得损害国家利益和对方利益,不得获取不正当利益,双方单位有义务监督本单位工作人员的廉洁行为,双方应严格遵守。 　　　　　　　　　　　　　　　　　　　　　　　　负责人签名(盖章):		

有的时候还需要按照所采购产品的生产要求,进行资源重组,并进行样品试制,试制成功以后,才算考察合格。这就是对供应商产品进行质量认证。

产品质量认证是供应商评估的关键环节,其包括样品试制认证、中试认证和批量认证三个环节。

(1) 样品试制认证。样品试制认证的目的是验证系统设计方案的可行性,同时达成企业的要求,形成企业与该供应商之间的技术折中方案。其内容主要包括供应商审核、签订样品试制认证合同、向初选供应商提供认证项目试制资料、供应商准备样件、认证人员对过程进行协调监控、调整技术方案、供应商提供样件、样件评估、确定物料项目样件供应商。样品试制认证程序如图2-14所示。

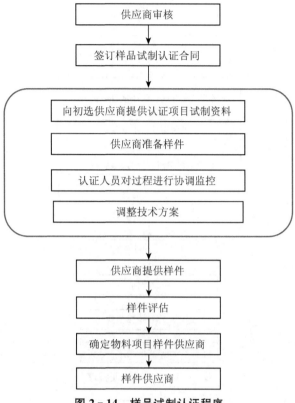

图 2-14 样品试制认证程序

(2) 中试认证。经过样品试制认证之后,接着就要进行中试认证,它一般包括八个环节:签订中试认证合同、向样件供应商提供认证项目中试资料、供应商准备小批件、认证人员对过程进行协调监控、调整技术方案、供应商提供小批件、中试评估、确定物料项目中试供应商。中试认证程序如图 2-15 所示。

(3) 批量认证。批量认证一般包括八个环节:签订批量认证合同、向中试供应商提供批量生产技术资料、供应商准备批量件、认证人员对过程进行协调监控、调整技术方案、供应商提供批量件、批量评估、确定物料项目批量供应商。批量认证程序如图 2-16 所示。

进行深入的供应商调查,需要花费较多的时间和精力,调查的成本非常高,因此并不是所有的供应商都必需的,它只有在以下两种情况下才需要:

(1) 准备发展成为紧密关系的供应商;

(2) 寻找关键零部件的供应商。

六、寻求供应商的主要资讯来源

寻求供应商的主要资讯来源于以下几个方面(表 2-17):

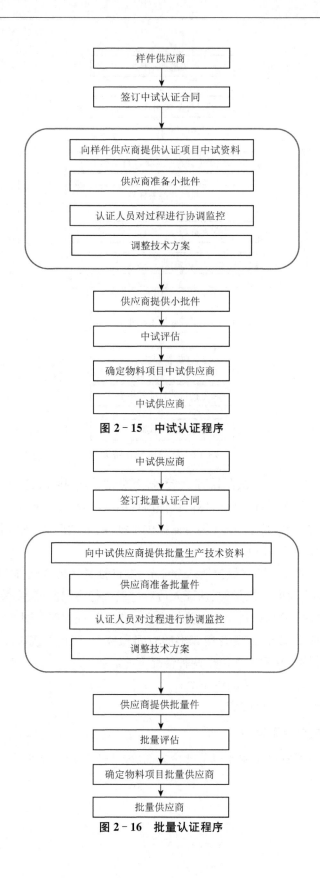

图 2‑15　中试认证程序

图 2‑16　批量认证程序

表 2–17 供应商信息来源

供应商信息来源	
国内外采购指南； 国内外产品发布会、展销会； 国内外新闻传播媒体； 政府组织的各类商品订货会； 国内外行业协会、企业协会	利用专业顾问公司； 媒体广告； 同行市场调查； 厂商介绍； 供应商自行找上门

广泛的信息来源是提高采购效率的主要方法。潜在供应商识别方面的信息来源有很多，下面给出了一些可能的来源渠道。

1. 采购员指南

采购员指南即制造商目录。这种指南提供了供应商的相关信息，如地址、电话号码和主要产品。这种目录可以按照商品名称、公司名称、地理分区或者商标进行索引。

2. 行业企业名录和电话号码簿

行业企业名录是在一定的地理区域或特定的行业内的企业目录，这种目录通常是由本地的商业或经济发展机构出版的。电话号码簿的黄页是供应商的可能来源信息。它们只提供了关于公司的少量信息，但是可以作为一个起点，因为它们通常是按产品或服务做了很好的索引，同样还有某些按地域索引的黄页。一般情况下，采购方需要去图书馆寻找其他地区的黄页。现在许多黄页或类似的内容可以在因特网上查到。

3. 贸易协会和贸易展览

贸易协会和贸易展览是通过参考资料、贸易出版物上的广告和协会主办的贸易展览会来提供可能的信息源。行业展览或者由协会主办的展览是收集大量潜在供应信息和相关信息的有效方式。

4. 联盟

联盟网络的建立可以通过专业协会，比如美国采购供应专业协会(ISM)、美国生产和库存控制协会(APICS)、美国国家政府采购学会(NIGP)和美国国家合同管理学会(NCMA)，也可以通过自己的熟人。有时同事的经验对采购人员寻求建议和进一步获得供应商的信息也是非常重要的。

5. 邮件

通过邮件收到的广告材料可以用来识别潜在的供应商。困难之处在于把这些信息进行合理化的归类存储以备将来使用。

6. 销售人员

除提供企业的产品或服务的信息外,当销售人员不能解决采购人员所关心的有关产品的问题时,就可能会透露其他客户甚至竞争对手的信息。

7. 政府

政府可通过外交部、领事馆、贸易代表和商务专员提供国际来源的信息。

8. 小规模的供应商

有关小规模供应商的信息来源包括小企业管理局、小企业名录和小规模采购委员会。

9. 因特网

因特网上有大量关于供应商的信息,不但有许多公司的具体网址,还有大量的新供应商的检索目录。例如,Thomas Register of American Manufacturers 提供贸易和产业信息。

随着信息时代的发展,网上供应商平台越来越完善、便捷。在企业(尤其是小微企业)没有资源、渠道进行供应市场调研时,可以通过网上供应商平台的方式了解供应商,如图 2-17 至图 2-19 所示分别为阿里巴巴、环球资源网、敦煌网的网站页面。

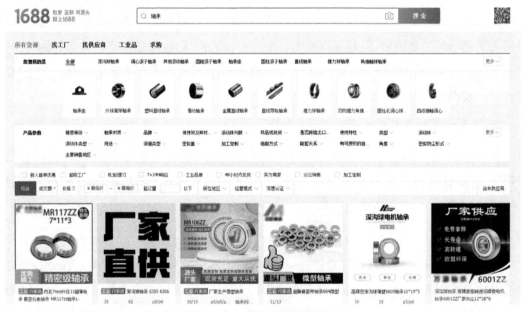

图 2-17 阿里巴巴网站页面

情景二　采购准备

图 2-18　环球资源网网站页面

图 2-19　敦煌网网站页面

七、供应商选择

（一）企业选择供应商的指标体系

采购人员在供应商开发过程中，往往会寻找 3～5 家供应商作为备选，然后根据企业的需求与选择标准，从中确定最终供应商。这个过程也是企业选择供应商的过程。供应商选择的重点是要做好选择标准的建立、选择方法的使用等工作。

企业选择供应商的指标体系的具体指标如表 2-18 所示。

表 2-18 企业选择供应商的指标体系

企业选择供应商的指标体系	宏观环境	政治与法律环境	
		经济和技术环境	
		自然地理环境	
		社会文化环境	
	信誉与素质	供应商的基本素质	供应商信用等级
			供应商的知名度
			经营层的信誉
		供应商最高领导的信誉与素质	法律意识
			工作业绩和经营思想
			个人信誉
			销售团队信誉
	财务状况	经济实力	
		资金结构	资产负债率
			现金比率
		运营状况	应收账款周转率
			存货周转率
		盈利能力	净资产收益率
			销售利润率
		发展状况	销售收入增长率
			利润增长率
	生产经营能力	基础设施	
		产品生产开发能力	产品开发能力
			生产效率
		技术评价	技术水平
			技术合作
		质量控制	质量体系
			过程质量
		经营能力	转换成本
			前向一体化能力
	产品质量及售后服务	产品质量	交货期保证
			产品本身质量
		售后服务	问题解决的及时性
			合作和沟通

1. 宏观环境评价指标

供应商作为整个社会经济系统中的一个子系统,它的资源和产销活动每时每刻都与外界的宏观环境发生各种各样的联系,任何供应商的生存和发展都离不开宏观环境,都要受其影响。一个成功的企业应该能正确认识宏观环境的变化趋势,从而预测、预防供应商因为宏观环境的变化而出现的问题,与供应商建立密切的供应联盟,提高供应链整体抵抗宏观环境的变化所带来的风险的能力,迎接环境变化的挑战。供应商宏观环境包括政治与法律环境、经济与技术环境、自然地理环境、社会文化环境。

供应商宏观环境评价指标如表2-19所示。

表2-19 供应商宏观环境评价指标

政治与法律环境	包括政治体制、政治稳定性、政府对外资的态度、法律制度等因素
经济与技术环境	包括经济体制及经济政策、经济发展水平及其发展前景、市场规模及开放程度、科技发展水平等因素
自然地理环境	包括地理位置和地形条件、气候和自然风光条件、自然资源禀赋和分布情况、人口和城市分布情况等因素
社会文化环境	包括宗教制度、语言文化传统、教育水平和人口素质、社会心理等因素

2. 信誉与素质评价指标

供应商的信誉与素质在经济交往中非常重要,良好的信誉与素质本身是一笔无形财富。而供应商的信誉与素质与其领导、销售部门的负责人有很大的关系,因而可以从供应商的基本素质、供应商最高领导的信誉与素质、供应商销售部门的信誉与素质三个方面来评价供应商信誉与素质。

3. 财务状况评价指标

供应商财务状况直接反映资金信用情况,供应商财务状况的综合评估可以十分直接地反映出供应商的经营业绩、实力以及发展状况。如果企业的供应商财务状况不好,那么合作是有风险的。财务指标本身容易量化,因而在各类评估中处于最为重要的位置,对于企业选择供应商非常重要。

(1) 供应商经济实力

供应商经济实力包括净资产(也就是所有者权益的总数)和总资产,供应商的资产规模从理论上来说,与供应商的抗风险能力成正比。供应商的净资产规模也是衡量银行贷款额度的重要标志,有的行业可能净资产不多,但总资产却很多,以此来弥补净资产指标的不足。此指标是以上二者的平均值。

(2) 供应商资金结构

本项主要衡量供应商资金结构,反映供应商的偿债能力。具体的评价指标可以分为两个:一个是长期偿债能力指标——资产负债率;另一个是短期偿债能力指标——现金比率。

① 资产负债率

本指标以总资产中有多大比例是通过借债来筹资,即债务在总资产中的比例,反映供应商的长期偿债能力。本指标广泛应用于供应商资金结构的评估中,对于供应商而言,本指标越小,安全性越大,从而供货的保证越高。其计算公式如下:

$$资产负债率＝负债总额÷资产总额\times 100\%$$

② 现金比率

本指标用来衡量企业最保守的短期偿债能力,反映企业的即刻变现能力,使用现金比率比使用速动比率、流动比率更加精确。对于企业而言,使用本指标更能衡量供应商的安全性。其计算公式如下:

$$现金比率＝(现金＋短期有价证券)÷流动负债\times 100\%$$

(3) 供应商运营状况

本项用来衡量供应商资产的利用、经营、管理状况,反映供应商资金的利用效率和管理水平,具体评价通过以下两个指标进行:

① 应收账款周转率

本指标表明在一定时期内应收账款转变为现金的次数,反映供应商应收账款的管理水平、流动性及回收速度。其中,销售收入是指扣除折让和折扣后的销售净额;平均应收账款是指未扣除坏账准备的应收账款毛额,它是资产负债表中"年初应收账款余额"与"年末应收账款余额"的平均数。理论上严格地说,应收账款周转率应按赊销收入净额计算较为准确。即:应收账款周转率＝赊销收入净额÷平均应收账款$\times 100\%$。这样就可以保持分母和分子口径的一致性。但是,财务报表的外部使用人员无法取得这项数据,因而采用销售收入总额来计算。只要保持历史的一贯性,使用销售收入来计算该指标一般不会影响其分析和利用价值。因此,在实务上采用"销售收入总额"来计算应收账款周转率。其计算公式如下:

$$应收账款周转率＝年度销售收入÷平均应收账款\times 100\%$$

② 存货周转率

存货周转率是衡量和评价供应商购入存货、投入生产、销售收回等各环节管理状况的综合性指标,它是销售成本被平均存货所除而得到的比率。其中,销售成本数据来自损益表,平均存货来自资产负债表的"期初存货"与"期末存货"的平均数。存货在供应商流动资产中所占比重较大,存货的流动性将直接影响供应商的流动比率,影响着供应商的短期偿债能力。因而存货的管理水平十分重要。一般来说,存货周转速度越快,存货的占用水平越低,流动性越强,存货管理水平越高。其计算公式如下:

$$存货周转率＝销售成本÷平均存货\times 100\%$$

(4) 供应商盈利能力

本项用来衡量供应商赚取利润的能力,这也是供应商经营实力的具体体现。若企业的盈利能力下降或是为负,则将影响供应商的安全,从而影响其供货。本项可以用以下指标来衡量:

① 净资产收益率

本指标用来衡量供应商运用投资者投入企业的资本获得收益的能力。其中,净利润来自损益表,平均所有者权益来自资产负债表(等于资产总额减负债总额后的净资产的期初、期末平均数)。其计算公式如下:

净资产收益率＝净利润÷平均所有者权益×100％

② 销售净利润率

本指标反映供应商销售收入的水平,是每一元销售收入带来的税后净利润,即销售收入中的净利润比例。其中,净利润总额和产品销售收入均来自损益表。本指标以产品销售收入中有多大比例为供应商经营所取得的净利润,来衡量供应商的收入盈利能力。其计算公式如下:

销售净利润率＝净利润总额÷产品销售收入×100％

(5) 供应商发展状况

本项用来衡量供应商的发展情况,反映供应商在行业中是处于上升状态还是下降状态,具体有以下几个指标:

① 销售收入增长率

本指标用来衡量供应商销售收入的发展变化情况,它以两个相邻年度的销售收入的比率来反映。其计算公式如下:

销售收入增长率＝(本年度的销售收入－上年度的销售收入)÷上年度的销售收入×100％

以上数据均来自损益表。

② 利润增长率

本指标用来衡量供应商所获利润的增长幅度,以两个相邻年度利润的比率来反映。其计算公式如下:

利润增长率＝(本年度的净利润－上年度的净利润)÷上年度的净利润×100％

以上数据均来自损益表。

4. 生产经营能力评价指标

(1) 基础设施

主要用来衡量供应商的生产设备及基础设施的适应性,包括硬件和软件。硬件指生产机器设备和基础设施满足情况:生产线中机器的数量、型号、利用率是否满足生产所需,辅助设施是否配套,基础的厂房和设施是否满足生产所需;软件指供应商利用先进生产管理思想和计算机能力,如 JIT(准时制)、MRP(物料需求计划)等思想的应用,以及计算机软、硬件的可靠性和利用率。

(2) 产品生产开发能力

① 产品开发能力:主要表现在对新产品的应变能力、研究开发新产品的能力、应用先进技术的能力,包括标准化的难易度、外协加工的难易度、设备要求、工艺的适应程度、批量生产的可能性,以及供应商各部门的配合。如果企业的产品需求一发生变化,供应商就能开发出所需的产品,那么这样的供应联盟才是有效的。

② 生产效率:包括生产计划系统、提前期、物流(运输、包装、库存)职能效率和劳动生产率,在尽可能短的时间里,生产出企业所需的产品。

(3) 技术评价

① 技术水平:包括技术的先进性、可靠性和兼容性。供应商主要技术的先进程度、在产

业化中所处的地位及成熟度、产业化的可靠程度、技术被掌握的难度,以及技术的兼容性都将影响供应商的供货能力。

② 技术合作:供应商和企业技术合作开发的程度及主动性,若企业和供应商的技术标准不一样,则会影响企业对供应商的选择。

(4) 质量控制

① 质量体系:包括质量规划、体系文件、质量信息系统、内部审核、质量管理的组织结构等要素。若供应商没有质量体系,则供货的能力和质量将受到很大的影响。

② 过程质量:供应商在产品开发、制造、包装、运输中的质量保证,包括在制品、成品的检验和可靠性测试,以及对质量问题的处理;供应商是否对质量问题有严肃负责的态度、处理问题的速度,都将影响企业对供应商的选择。

(5) 经营能力

① 转换成本:供应商的转换成本指其从原买方转换到另一买方时遇到的一次性成本,包括雇员重新培训成本、新的辅助设备成本、考核新的买方所需的时间和成本,供应商的转换成本越大,对本企业就越有利。

② 前向一体化能力:供应商前向一体化的能力的大小会对企业产生不同程度的威胁,这有助于提高供应商的地位,因而,前向一体化的能力越大,对企业的影响越大,企业越应选择其他的供应商。

5. 产品质量及售后服务评价指标

(1) 产品质量

① 交货期保证:反映供应商的交货速度,是企业产品生产周期的组成部分,越短越好。不稳定的交货期会引起采购企业的计划混乱,从而造成企业制造部门的低效率;不合格的交货更影响企业。当宏观环境、行业环境发生变化,或不定事件突发时,供应商对变化的应变力和柔性,可以确保按时、按量、按质交货。

② 产品本身质量:企业最终要求供应商提供合格的产品,若产品不合格,则企业是不会和供应商合作的。

(2) 售后服务

① 问题解决的及时性:能良好地解决问题的供应商会减少合作双方交易过程中的麻烦,并能减少由此带来的损失,良好的售后服务和及时的顾客投诉响应率将会促使企业与供应商的关系更紧密。

② 合作和沟通:指供应商接受企业参与其生产过程及进行各方合作的愿望,只有供应商和企业有良好的合作意愿,才能建立友好的伙伴关系,良好的交流、反馈必不可少。

(二) 优质供应商应具备的条件

一个好的供应商应具备以下几个方面的条件:

1. 企业生产能力强。主要表现在企业产量高、规模大、生产历史长、经验丰富、生产设备完好。

2. 企业技术水平高。主要表现在企业生产技术水平先进、设计能力和开发能力较强、生产设备先进、产品的技术含量高。

3. 企业管理水平高。主要表现在企业拥有强有力的领导班子、高水平的生产管理系统、能具体落实的质量管理保障体系,以及严肃认真、一丝不苟的工作作风。

4. 企业服务水平高。主要表现在企业能对顾客高度负责、主动热忱、认真服务,并且具有完备的售后服务制度。

> ◇ **小看板**:选择供应商的十个原则
>
> 1. 全面、具体、客观原则(总原则):建立和使用一个全面的供应商综合评价体系,对供应商做出全面、具体、客观的评价。综合考虑供应商的业绩、设备管理、质量控制、成本控制、技术开发、用户满意度、交货协议等可能影响供应链合作关系的方面。
> 2. 系统全面性原则:全面系统评价体系的建立和使用。
> 3. 简明科学性原则:供应商评价和选择步骤、选择过程透明化、制度化和科学化。
> 4. 稳定可比性原则:评估体系应该稳定运作,标准统一,减少主观因素。
> 5. 灵活可操作性原则:不同环境、行业、企业、产品需求下的供应商评价应有所区别,保持一定的灵活操作性。
> 6. 门当户对原则:供应商规模、层次应与采购企业相当。
> 7. 半数比例原则:购买数量不得超过供应商产能的 50%,反对全额供货的供应商。如果仅由一家供应商负责 100% 的供货和 100% 的成本分摊,那么采购企业风险较大,因为一旦供应商出现问题,按照"蝴蝶效应"的发展,势必影响整个供应链的正常运行。不仅如此,采购企业在对某些供应材料或产品有依赖性时,还要考虑地域风险。
> 8. 供应源数量控制原则:同类物料的供应商数量约 2~3 家,有主次供应商之分。这样可以降低管理成本和提高管理效果,保证供应的稳定性。
> 9. 供应链战略原则:与重要供应商发展供应链战略合作关系。
> 10. 学习更新原则:评估的指针、标杆对比的对象以及评估的工具与技术都需要不断地更新。

(三)供应商选择的方法

采购企业要选择合乎要求的供应商,需要采用一些科学严谨的方法,常用的方法主要有三类:一是定性选择法;二是定量选择法;三是定性与定量相结合的方法。

1. 定性选择法

定性选择法主要是根据以往的经验,凭借以往的关系来选择供应商,这种方法考虑问题比较全面,但由于人为主观因素占很大的比重,应用的广泛性受到限制。常见的定性选择法有直观判断法、招标法、协商法。

(1)直观判断法

直观判断法是根据征询和调查所得的资料并结合个人的分析判断,对供应商进行分析、评价的一种方法。这种方法主要是倾听和采纳有经验的采购人员的意见,或者直接由采购人员凭经验做出判断。

(2) 招标法

招标法是由企业提出招标条件,各投标供应商进行竞标,然后由企业决标,并与提出最有利条件的供应商签订合同或协议的一种方法。当定购数量较大时,采购企业可以通过招标的方式吸引多个有实力的供应商来投标竞争,然后经过评标小组分析评比选出最优秀的供应商。招标法竞争性强,企业可在更大范围内选择适当的供应商,以获得供应条件有利的、便宜而实用的物资。但招标法手续复杂、时间长,不能适应紧急订货的需要,订货机动性较差。有时订货者对投标人了解不够,双方又未能充分沟通和协商,可能会造成供货质量不能保证、供货不及时等问题。

(3) 协商法

企业在供应商较多难以选择时,也可以采用协商选择的方法。协商法是指由企业先选择供应条件比较有利的几个供应商,分别同他们进行协商,再确定最佳的合作伙伴的一种方法。与招标法相比,协商法由于采供双方能充分沟通,在物资质量、交货日期和售后服务等方面较有保证。但由于选择范围有限,企业不一定能得到价格最合理、供应条件最有利的供应来源。当采购时间紧迫、投标单位少、竞争程度小、定购物品的规格和技术条件较复杂时,协商法比招标法更为合适。

2. 定量选择法

由于企业的性质不同,在选择供应商时企业要根据其自身的情况和外部环境的不同选择相应的方法进行评价。定量选择法主要包括线性权重法、采购成本法与作业成本法。

(1) 线性权重法

线性权重法的基本原理是给每一个指标分配一个权重,每个供应商的定量评价结果是该供应商各项准则的得分与相应准则权重的乘积的总和。这是目前定量选择供应商最常用的方法。首先确定衡量供应商的各种重要指标的加权分数,然后根据历史统计资料,分别计算出各个供应商的得分,选择其中得分最高者为中选供应商。

◆ 学以致用

例1:某公司按照如下分配比例来评价本地各供应商:交货合格率30%,价格状况40%,管理体系30%(各项指标所占比重,以百分制计算)。各供应商的各项指标得分情况如表2-20所示。

表2-20 供应商的各项指标得分情况

供应商	价格	提供的原材料数量/件	符合标准的原材料数量/件	管理体系得分
甲	85	100	97	83
乙	90	100	91	92
丙	75	100	86	75
丁	95	100	99	100

问题:请从中选出最合适的供应商。

解:甲的综合得分:85×40%+97×30%+83×30%=88

乙的综合得分:90×40%+91×30%+92×30%=90.9

丙的综合得分:75×40%+86×30%+75×30%=78.3

丁的综合得分:95×40%+99×30%+100×30%=97.7

答:应选择丁供应商。

(2) 采购成本法

对质量和交货期都能够满足要求的供应商,则需要通过计算采购成本来进行比较分析。采购成本一般包括售价、采购费用、运输费用等各项支出的总和。采购成本法主要是通过分析和比较供应商的售价、采购费用及运输费用等各项成本支出,从而选择成本低的供应商的方法。

(3) ABC成本法(作业成本法)

作业成本法又称ABC成本法,是先将采购流程分解成作业,通过对各项作业的分析,计算出各项作业活动的成本,从而确定最优的供应商的一种方法。通过计算供应商的总成本来进行选择,总成本包括因采购活动而产生的直接和间接的成本总和。

3. 定性与定量相结合的方法

常见的定性与定量相结合的方法主要有神经网络算法、层次分析法与数据包络分析法。神经网络算法是利用人工神经网络建立接近于人类思维模式的综合选择评价模型,从而选择供应商的一种方法。这种方法算法复杂,不易掌握,且需要大量的数据支撑。层次分析法是将思维过程层次化,然后将各层两两比较并检验,从而选择供应商的一种方法。数据包络分析法实际上是线性规模模型的一种应用,解决多输入、多输出问题。

表2-21对常用的供应商选择方法进行了比较,能更直观地体现各种方法的优势与劣势,在采购人员选择供应商时能找到更贴合自身实际的科学合理的方法。

表2-21 常用的供应商选择方法

方法名称	评价方法描述	优点	缺点
采购成本法	在质量和供货期相同的情况下,选择采购成本低的供应商	能够降低采购成本,计算简单	没有考虑其他因素的影响
招标法	在采购量较大、供应商竞争激烈时企业提出招标条件,由各投标供应商进行竞标,企业最终选出符合企业条件的供应商	企业可以在较大范围内选择供应商	招标程序烦琐,延续时间较长,对紧急采购订单不适应
协商法	在企业认为较为有利的供应商中分别进行协商,最后做出决定	方便易行,对紧急采购订单适应	主观性强,选择范围有限
专家评价法	专家通过"分数""序数""评语"等评价标准,对评价对象进行打分	评价结果汇集了专家的经验意见,有参考价值,且方法简单,操作容易	主观性较强,专家意见难统一

续表

方法名称	评价方法描述	优点	缺点
因子分析法	从研究指标相关矩阵内部的依赖关系出发,把一些信息重叠、具有错综复杂关系的变量归结为少数几个不相关的综合因子的一种多元统计分析方法	最大优势在于各综合因子的权重是根据各自的方差贡献率大小来确定的,具有客观性,且操作简单	对基础数据的准确度要求很高,在分析中若数据出现错误,不易被发现
层次分析法	把复杂问题分解成阶梯层次的问题来研究。每层因素之间通过两两比较的方式确定相对重要性,通过单排序和总排序最终确定因素的重要程度	整个过程体现了人们分解、判断、综合的思维过程	在多层次评价过程中,各评价值易于均化,造成方案排序不明显,给决策带来了难度
模糊综合评价法	该综合评价法根据模糊数学的隶属度理论把定性评价转化为定量评价,即用模糊数学对多因素、多层次较难把控和制约的事物或对象做出一个总体的评价	数学模型简单,容易掌握,对多因素、多层次的复杂问题评判效果比较好	需要指标权重作为支撑,指标权重较难把握
人工神经法	是在人类对其大脑神经网络认识理解的基础上人工构建能够实现某种功能的神经网络	处理信息的能力强,数据可以并行处理,而且自身还具有学习、联想和记忆的能力	要求样本数据充足,并具有典型性、准确性,给数据的收集和整理带来了一定的难度
TOPSIS法 (Technique for Order Preference by Similarity to an Ideal Solution,优劣解距离法)	一种适用于多项指标,对多个方案进行比较选择的分析方法。这种方法的中心思想在于首先确定各项指标的正、负理想值,然后求出各个方案与正、负理想值之间的加权欧氏距离,由此得出各方案与最优方案的接近程度,并将其作为评价方案优劣的标准	真实、直观、可靠,而且对样本资料无特殊要求	由于权重信息是事先给定的,因此结果具有一定的主观性
遗传算法	是模拟达尔文生物进化论的自然选择和遗传学机理的生物进化过程的计算模型,是建立在自然选择和自然遗传学机理基础上的迭代自适应概率性搜索算法	可同时对群体中的多个个体进行评估,减少了陷入局部最优解的风险,同时算法本身易于实现并优化	算法编程困难,算法搜索速度慢,要得到精确解需要较长的训练时间
数据包络法	一个线性规划模型,表示为产出对投入的比率,能够用来比较提供相似服务的多个服务单位之间的效率	不需要对输出量、输入量的信息结构进行深入了解,能尽量避免分析者主观意志的影响	指标选择不当可能导致无解或精度不高等缺陷,数学意义过于高深,难以理解

(四) 选择供应商的具体程序

1. 开展市场调研与分析

市场调研与分析主要是对客户市场与采购市场的调研。当前的顾客需求是一种个性化需求,多品种、小批量是其主要特征,因此,企业首先要通过客户市场的调研来确定企业自身的需求。在此基础上,通过对采购市场的调研,找出针对哪些产品市场开发供应链合作关系才有效,确定是否有建立供应链合作关系的必要,从而确认供应商选择的必要性。

2. 确定供应商选择的目标

供应商的合理选择是为了更好地实现企业目标,但在不同情况下其选择目标是不一样的。因此,必须建立起实质性的、实际的目标。大多数情况下,降低采购成本是供应商选择的主要目标。但是在不同的情况下,优质的服务、优质的产品质量以及快速的交货期也有可能成为供应商选择的目标。总之,确立供应商选择的目标是选择供应商的依据。

3. 建立供应商评价指标体系

供应商评价指标体系是选择供应商的具体标准与依据,是供应商选择的关键。根据供应商选择目标的不同,以及具体的市场环境的不同,其指标体系也不尽相同。但一般情况下,产品价格、供应能力及质量是供应商选择的主要指标。产品价格并不意味着是最低的价格,而是具有竞争力的价格,是在综合考虑供货时间、数量、质量及售后服务的基础上确定的具有竞争力的价格。供应能力是指供应商是否能够保证供应所需数量的产品。产品质量则以适中为宜,过高的质量要求更高的价格,而过低的质量会影响企业的信誉。

4. 供应商的初选

确认目标供应商的产品、地址、规模等基本情况;由采购部门相关人员向目标供应商公布本公司需要的产品和数量情况,并协商是否合作,可以采取招标或考核的形式。

5. 供应商的申请登录

确定供应商之后,由采购部门制作供应商申请书。供应商申请登录需要以下内容:申请书、供应商营业执照的复印件、法人履历、厂房以及建筑物的房产登记证或租用合同书。

6. 与供应商的谈判

由管理供应商的负责人与资料审核合格的供应商进行谈判。谈判过程中,审核供应商的经营理念、公司发展历史、发展方向以及品质方针。

7. 成立供应商选择评估小组

供应商选择涉及企业的生产、销售、技术、服务、财务、物流等部门。因此,供应商的选择不仅仅是采购部门的事,而是采购部门、财务部门、生产部门、销售部门等共同参与讨论、共同决定的事,是一个集体决策。

8. 审核资料

评估小组根据评价基准对申请书和供应商的相关资料进行审核,对于资料审核合格的供应商进行访问并确认和评价其生产能力,主要包括供应商拥有的设备、设备管理能力、技术能力、业务流程、员工士气、供应商生产流程控制、质量控制以及供应商生产技术等。

9. 最终判定

通过资料审核和实地调查结果最终判定是否和该供应商合作。具体根据对供应商的评价分数选定供应商,分数最高的供应商判定为合格的供应商。对最终选定的合格供应商进行文件制作,具体包括供应商申请书以及相关资料、供应商审核评价表、供应商实地调查评价表;被淘汰的其他供应商,资料另外管理。

供应商确定文件审批后,由供应商管理部门决定试产量,并给供应商提供资料、交货期和入库相关情报,同时生产技术部门给供应商提供试产所需的工具、设备和测量仪等,并进行相关的技术指导,分析工程问题。试产完毕后,由技术部门制作供应商试产结果报告书并通报供应商管理部门。

(五)选择供应商的一般步骤

1. 成立供应商评价和选择小组

供应商的选择涉及企业的生产、技术、计划、财务、物流、市场等部门。对于技术要求高、重要的采购项目来说,特别需要设立跨职能部门的供应商选择工作小组。供应商选择小组应由各部门有关人员组成,包括研究与开发部、技术支持部、采购部、物流管理部、市场部、计划部等。

2. 确定全部的供应商名单

通过前期对供应商的调查,建立供应商信息数据库,以及通过采购人员、销售人员或行业杂志、网站等媒介渠道了解市场上能提供所需物品的供应商。

3. 列出考核指标并确定权重

确定代表供应商服务水平的有关因素,据此提出考核指标。考核指标和权重对于不同行业和产品的供应商是不尽相同的。

4. 逐项评估每个供应商的履行能力

在对供应商调查时,一方面听取供应商提供的情况,另一方面要尽量对供应商进行实地考察。涉及采购方各个部门对供应商的情况进行考核。

技术部门进行技术考察,对企业的设备、技术人员进行分析,考虑是否具备质量保证的条件,以及是否能够跟上企业所需技术的发展、满足企业变动的要求。

生产部门考查生产制造系统,了解人员素质、设备配置水平、生产能力、生产稳定性等。

财务部门进行财务考核,了解供应商的历史背景和发展前景,审计供应商并购、被收购的可能,了解供应商经营状况、信用状况,分析价格是否合理,以及能否获得优先权。

5. 综合评分并确定供应商

综合多方面的重要因素给每个供应商打出综合评分,以便选择合格的供应商。

八、供应商评价的内容

供应商的评价要按照统一的评价标准和一定的程序,结合定性分析与定量分析,对供应商在一定时间内做出的效益和成绩以及未来潜能做出综合评判。供应商评价包括两方面的内容:对于潜在供应商来说,供应商评价是对其全面的资格认定评价;对于现有供应商来说,是基于合作记录的对业绩表现进行的评价。

供应商评价主要考察以下几个方面的内容:

1. 供应商是否遵守企业行规准则

供应商是否遵守企业行规准则彰显了其素养,如供应商不可以将采购方核心机密协议、品牌设计机密、重要的文档资料等核心技术对外公布;供应商如果想与采购方达成合作目标,就一定要通过正当合规的手段参与供货订单竞争,供需物料要前后保持品质相同,不得弄虚作假,偷工减料。供应商的职业道德是双方合作的前提。

2. 供应商的业务

供应商的业务范围越大,它的成本也越低,越需要仔细考评。

对供应商的业务考评具体包括对供应商的成本进行分析,对交货的质量、速度、安全性、及时性,对企业的信誉、整个业务发展的前景、有多少供应销售网络等各方面内容进行综合考评。

3. 供应商的生产能力

有些供应商虽然业务量很多,但是生产设备、生产人员很缺乏,即缺乏生产能力。

对供应商生产能力的考评具体是指考评供应商的技术合作能力、财务、设备、制造生产等各种状况,其中财务包括它的销售增长率、市场占有率、库存周转率,乃至更深一步的投资回报率、资产负债率等这些财务指标,以及现金流动等情况。虽然对财务状况进行考评的难度很大,但还是要尽可能地去了解。

4. 供应商的质量体系

供应商业务量充足,生产能力很强,在这种情况下还要考察它的质量体系是否稳定。

质量体系包括有没有通过 ISO 9000 认证;如果是食品行业,有没有通过 FDA(U. S. Food and Drug Administration,美国食品药品监督管理局产品认证)认证;如果是汽车行业,有没有通过 QS 9000 认证。此外,还要考察供应商的新产品开发能力、质量检测能力,考察供应商是否按照生产工艺的说明书完成全部生产。

5. 供应商的经营环境

这一点是最容易被忽略的。经营环境对长期经营很有帮助,可以避免损失大批的投入成本。例如,当地的政治、经济、技术、地理等各方面的环境,还有当地的社会文化,这些都是很容易被人们忽略的问题,但却会直接影响到供应商企业是否具备优秀企业文化。

◆ 任务小结

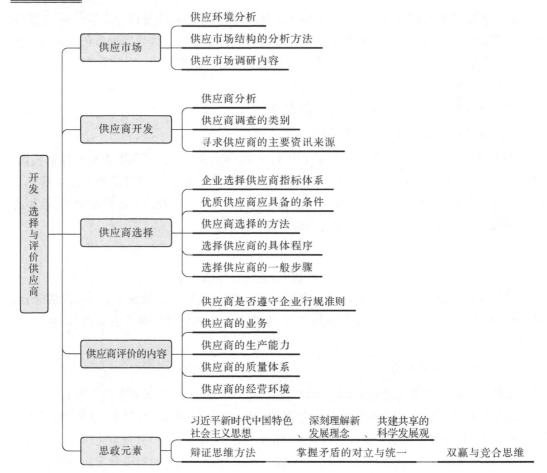

任务二　供应商关系管理

◆ 学习任务描述

通过前面的学习，采购方选择了供应商，供应商也为采购方进行了物料供应的工作。那么，在供需双方一段时间的合作之后，是不是采购方就可以完全放手，不再对供应商进行管理了呢？

答案当然是否定的。供应商管理是采购管理领域中的重要工作，也是传统企业管理中的薄弱环节，不少企业重视选择供应商的过程，但签订合同后仅仅对供应商实施粗放的管理。为了促使供应商长期保持质优价廉的供应，采购方不但要对供应商进行管理，还需要持之以恒地进行精益化的管理工作。

◇ **思政园地**

思政元素：量变与质变规律，矛盾的对立统一，全局观、系统观

情境创设：传信息游戏——牛鞭效应，寓教于乐，在游戏中掌握新知，体会合作。

同学们分小组按列坐好，一列就是一个小组，保证每列人数一致。教师可随意写出一个汉字，让坐在列数最后一位的学生看清汉字后，由该学生用笔在前座学生后背划写该汉字，前座学生收到信息点头示意，全程不能语言交流。同样方法，后座同学依次向前座学生后背划写传送汉字信息，直到本列第一位学生收到信息，由本列第一座位同学代表该小组在黑板写出该汉字。

思考问题：

1. 一个汉字从本列最后一位同学向本列第一位同学传递过程中，为什么会出现信息失真扭曲现象？

2. 如何克服这一问题？

内化提升：培养团结协作能力，互利共赢。

◇ **任务书**

通过之前的工作，安吉智行物流有限公司帮助通用汽车公司向供应商精益配件厂承运轴承并进行整车组装已有一段时间。假设：

1. 与通用汽车签订合同后，精益配件厂就没有了危机感，有一劳永逸的思想。

2. 供货运作期间，通用汽车公司对精益配件厂的表现没有做出评价，其做好做坏一个样。

3. 通用汽车公司组装的新车所需的这种轴承有部分原材料是专利物料，只能由精益配件厂独家供应，其在供应的过程中很不配合，任意抬价，供货不及时。

对于这些情况，通用汽车公司应如何处理？

◇ **准备工作**

在与供应商的合作过程中，采购人员应用供应商管理的精益化的方法和手段，既充分发挥供应商的积极性和主动性，又防止供应商的不轨行为，规避采购方可能出现的风险。

有的传统企业也会进行供应商的考核工作，但是一般都只是对供应商来料质量进行定期检查，而没有一整套的规范和程式。随着采购管理在企业中的地位越来越重要，一套规范、合理、科学的供应商绩效考核指标体系就显得很有必要，它作为精益化考核供应商的依据，可以客观公正地评价供应商。

◇ **任务实施**

供应商是追求利益最大化的独立主体。按传统的观念，供应商和采购方是利益互相冲突的矛盾对立体。如果供应商和采购方进行零和博弈，只顾己方得利，供应商很容易抱有"一锤子买卖"的思想，在供货、质量、售后服务等方面偷工减料，这对采购方非常危险。对采购方来说，物料供应没有可靠的保证、物料质量没有保障、采购总成本过高，这些都会直接影响采购方的生产和成本效益。如表2-22所示为供应商供货问题分析。

表 2-22 供应商供货问题分析

表现	原因	可采取的措施
供货水平下降	采购方缺乏对供应商日常供货表现的评价	需要进行供应商考核工作
思想懈怠，积极性降低	供应商缺乏危机感	需要进行供应商考核工作
专利物料，供应商很不配合	供货被供应商垄断	需要更好的供应商关系管理手段

企业要维持正常生产，就必须有一批可靠的供应商为企业提供各种各样的物料。如果只重视供应商的选择，而不重视对供应商日常表现进行评估的话，供应商签订合同后很容易出现思想懈怠的情况，签订合同前后的表现如同"过山车"。如样品质量高但批量供货时经常出现质量异常；不能实现承诺的交货期；紧急订单响应等方面不能积极配合等。在传统的供应商日常管理中，采购方往往在供应商出现较大异常情况后才会采取紧急措施，加强对供应商的管理，但是这种"头痛医头、脚疼医脚"的管理办法，不可能从源头上解决供应商鱼龙混杂的现状，整个供应体系的风险依然很高。因此，对供应商一定要进行精益化管理。加强与关键供应商的合作，建立起亲密的合作伙伴关系，使企业与供应商信息共享、资源共享，有利于供应链的资源合理配置，从而系统地提升供应链的运作能力。

当采购方与供应商合作一段时间（如一个季度或者一年）之后，还需要对供应商进行考核，以及相应的关系管理工作。做好供应商管理工作的目的，就是要建立起一支稳定可靠的供应商队伍，采取优胜劣汰的机制，定期评估、筛选，适当淘汰，为采购方生产提供最质优价廉的物料。

为了创造出一种良好的采供双方关系，克服传统的采供双方关系观念，采购方非常有必要重视供应商的精益化管理工作，多方面持续努力，了解、选择、开发供应商，合理使用和控制供应商，建立起一支可靠的供应商队伍，为企业生产提供稳定可靠的物料供应保障。

◇ 学习任务相关知识点

一、供应商绩效考核指标体系设定的基本原则

原则上，怎么选择供应商，就应该怎么评估供应商。也就是说，供应商选择的标准或模板同样适用于供应商评估考核。综观国内外学者对供应商指标体系的研究成果可以看出，一个完善的供应商绩效考核体系应遵循以下原则：

1. 系统全面的原则

要对一个供应商进行系统全面的评价，就必须有一个系统全面的评价指标体系与之相匹配。

作为采购人员，在削减成本的压力下，往往较注重价格，而忽略了对品质和售后服务的考察，结果常常适得其反，影响了整个供应链的运作。在对某个特定供应商进行评估时，人们往往会侧重眼前利益，对所提供的产品及服务的竞争力较为关注，而忽略了对供应商内部竞争力、合作竞争力和环境竞争力的考察，缺乏长远的眼光，这不利于我们对供应商的开发

和培养,从而影响选择合适的战略合作伙伴。

因此,建立一个全面系统的供应商评价体系是十分必要的,它包括产品竞争力、内部竞争力、合作竞争力和环境竞争力四大方面。

2. 灵活、可操作原则

各个企业的运行都有各自不同的特点,因此在指标的设定和对指标数据的获取上必须遵循灵活、可操作的原则。

每个指标的设定必须考虑到获取指标的方法是否可量化、易操作。首先要考虑的是"可量化"的问题,不可量化的指标违背了客观性原则,是不可取的。其次要考虑的是"易操作"的问题,太复杂的获取指标数据的方法会影响指标的正确性和增加运作成本。要同时满足"可量化""易操作"的要求,就要求我们在设定指标时遵循灵活、可操作的原则。

3. 可拓展性原则

评价指标系统的设定不是一劳永逸的。它是一个不断完善、不断发展的系统工程,市场环境在不断地变化,供应商在不断地发展,我们自身对供应商的要求也在不断地改变。今天适合的并不等于明天也同样适合,要想用一套永远不变的评价指标系统来衡量一个供应商无异于刻舟求剑。

因此,在建立评价指标系统的过程中,可拓展性原则是我们自始至终必须遵守的。

二、供应商绩效考核指标体系的内容

采购方在制定供应商绩效考核指标体系时,应该突出重点,对价格、质量等关键指标进行重点分析,同时设置的指标也要全面,因为售后服务、技术支持等因素也会在相当程度上影响采购方的成本和效率。采购方应该重点考虑的因素有以下几点。

1. 质量指标

质量是衡量供应商最基本的指标。每个采购方在这方面都有自己的标准,要求供应商遵从。供应商质量指标主要包括来货批次合格率、来货抽检缺陷率、来货免检率、来货报废率等。

$$来货批次合格率 = 合格来货批次 \div 来货总批次 \times 100\%$$
$$来货抽检缺陷率 = 抽检缺陷总数 \div 抽检样品总数 \times 100\%$$
$$来货免检率 = 来货免检种类数 \div 供应产品的总种类数 \times 100\%$$
$$来货报废率 = 来货总报废数 \div 来货总数 \times 100\%$$

其中,来货批次合格率最为常用。此外,也有一些公司将供应商质量体系等纳入考核。例如,一些公司要求供应商在提供产品的同时提供相应的质量文件,如过程质量检验报告、出货质量检验报告、产品成分性能测试报告等,并按照供应商提供信息的完整程度、及时与否给予考评。

2. 供应指标

供应商的供应指标又称为企业指标,是同供应商的交货表现及供应商企划管理水平相关的考核因素,其中最主要的是准时交货率、交货周期、订单变化接受率。考察交货期主要就是考查供应商准时交货率。除准时交货率外,交货周期、订单变化接受率等指标也要考虑。其中,交货周期是指自订单开出日到收货日的时间长度,常以天为单位;订单变化接受率是衡量供应商对订单变化灵活性反应的一个指标,是指在双方确认的交货周期中,当采购方订单发生临时变化时,供应商可接受的订单增加或减少的比率。

(1) 准时交货率。

$$准时交货率 = 准时交货的次数 \div 总交货次数 \times 100\%$$

(2) 交货周期。一般以天为单位计算,自订单开出之日到收货之时的时间长度。

(3) 订单变化接受率。

$$订单变化接受率 = 订单增加(或减少)的交货数量 \div 订单原定的交货数量 \times 100\%$$

值得注意的是,供应商能够接受的订单增加接受率与订单减少接受率往往并不相同。其原因在于前者取决于供应商生产能力的弹性、生产计划安排与反应快慢、库存数量与状态(原材料、半成品或成品)等,而后者则主要取决于供应商的反应、库存(包括原材料)与在制品数量,以及因减少订单可能带来损失的承受力。

此外,有些公司还将本公司必须保持的供应商供应的原材料或零部件的最低库存量、供应商的企划体系水平、供应商所采用的信息系统[如物料需求计划(MRP)或企业资源计划(ERP)],以及供应商是否同意实施准时制(JIT)等也纳入考核。

3. 经济指标

采购价格与成本是供应商考核的主要经济指标。同质量指标与供应指标不同的是,质量考核与供应考核按月进行,而经济指标则常常按季度考核;经济指标往往都是定性的,难以量化,而前两者是量化的指标。下面是经济指标的几个具体考核点。

(1) 价格水平

往往同本企业所掌握的市场行情比较,如可以和市场同档次物料的平均价和最低价进行比较,分别用市场平均价格比率和市场最低价格比率来表示。

$$市场平均价格比率 = (供应商的供货价格 - 市场平均价) \div 市场平均价 \times 100\%$$

$$市场最低价格比率 = (供应商的供货价格 - 市场最低价) \div 市场最低价 \times 100\%$$

(2) 报价情况

报价是否及时,报价单是否客观、具体、透明(具体可以细化为原材料费用、加工费用、包装费用、运输费用、税金、利润等,以及相对应的交货与付款条件)。

(3) 降低成本的态度及行动

是否真诚地配合采购方开展降低成本活动,制订改进计划,实施改进行动,是否定期与采购方商讨价格。

(4) 分享降价成果

是否能将降低的部分成本让利给采购方。

(5) 财务情况

是否积极配合响应采购方提出的付款条件、要求与办法,开出发票是否准确、及时,是否符合有关财税要求。

4. 服务指标

主要考核供应商的协调精神。在和供应商相处过程中,采购方常常因为市场的变化或具体情况的变化,需要对采购任务进行调整变更。这种变更可能会导致供应商工作方式的改变,甚至需要供应商牺牲点利益,此时应考察供应商的配合程度。考核供应商在支持、配合与服务方面的表现通常是定性的考核,相关的指标有反应与沟通、合作态度、与采购方共同改进、售后服务、参与开发、其他支持等,具体如下所述。

(1) 反应表现

对订单、交货、质量投诉等反应是否及时、迅速,答复是否完整,对退货、投诉等是否及时处理。

(2) 沟通手段

是否有合适的人员与采购方沟通,沟通手段是否符合采购方的要求(电话、传真、电子邮件及文件书写所用软件与采购方的匹配程度等)。

(3) 合作态度

是否将采购方看成重要客户,供应商高层领导或关键人物是否重视采购方的要求,供应商内部(如市场、生产、计划、工程、质量等部门)沟通协作是否能整体配合并满足采购方的要求。

(4) 共同改进

是否积极、主动参与采购方相关的质量、供应、成本等改进项目或活动,或推行新的管理做法等,是否积极组织、参与采购方共同召开的供应商改进会议,配合采购方开展质量体系审核等。

(5) 售后服务

是否主动征询采购方的意见,主动访问采购方,主动解决或预防问题。

(6) 参与开发

是否积极参与采购方的产成品开发项目。

(7) 其他支持

是否积极接纳采购方提出的有关参观、访问事宜,是否积极提供采购方要求的新物料报价与送样,是否妥善保存与采购方相关的文件等,是否保证不与影响到采购方切身利益的其他企业进行合作等。

考核供应商的配合度,主要依据采购方相关部门工作人员的主观评分。可确定工作人员,让他们根据接触时的体验对供应商进行评分。这也有利于提高供应商对采购方工作的配合度。

对于质量、交货期、交货量、工作质量、价格、进货费用水平等指标,在供应商供应的过程中,采购人员就需要对供应商的表现等进行监测记录,为考核提供量化依据。

在单项考核评估的基础上可以进行综合评估。综合评估就是把以上各个指标进行加权平均计算而得出的一个综合成绩。可以用下式计算:

$$s = \frac{\sum w_i p_i}{\sum w_i} \times 100\%$$

式中：s 为综合指标；

p_i 为第 i 个指标；

w_i 为第 i 个指标的权数，由采购方根据各个指标的相对重要性主观设定。

采购人员把各个选定的单项考核指标值与相应的权数值相乘再相加除以总权数，就可以算出综合成绩。p_i 指标值并不都是越高越好，如退货率、未按时交货率、交货差错率等。

三、供应商关系管理

供应商关系管理是企业采购管理中的一项重要内容，在企业管理中具有举足轻重的作用。其中，供应商分类是供应商关系管理的先行环节，只有在供应商精益化细分的基础上，采购方才有可能根据细分供应商的不同情况实行不同的供应商关系管理策略。

（一）企业供应商的分类

在供应市场上，采购企业依据采购物品的金额、采购物品的重要性以及供应商对采购方的重视程度和依赖程度、信任等因素，将供应商划分成若干个群体。企业可以按以下几种方法进行供应商分类。

1. 按供应商的重要性分类

（1）伙伴型供应商；

（2）优先型供应商；

（3）重点型供应商；

（4）商业型供应商。

依据供应商对本单位的重要性和本单位对供应商的重要性，可对供应商进行矩阵分类，如图 2-20 所示。

图 2-20 按供应商的重要性分类

如果某项采购业务对于供应商非常重要，但对于企业却并不十分重要，这样的供应商无疑有利于企业，是企业的"优先型供应商"；如果这项采购业务对于供应商无关紧要，但对企业却是十分重要的，这样的供应商就是需要注意改进提高的"重点型供应商"；对于供应商和企业来说均不是很重要的采购业务，相应的供应商可以很方便地选择更换，那么这些采购业务对应的供应商就是普通的"商业型供应商"；如果这项采购业务对于供应商非常重要，供应商自身又有很强的产品开发能力，同时该采购业务对企业也很重要，那么这样的供应商就是"伙伴型供应商"。

◇ **小看板**：几种典型供应商关系的特征及差异化的合作关系发展要求(表2-23)

表2-23 几种典型供应商关系的特征及差异化的合作关系发展要求

发展要求	关系			
	商业型供应商	优先型供应商	重点型供应商	伙伴型供应商
关系特征	运作联系	运作联系	战术考虑	战略考虑
时间跨度	1年以下	1年左右	1~3年	1~5年
质量	按客户要求并选择	◇ 客户要求 ◇ 客户与供应商共同控制质量	◇ 供应商保证 ◇ 客户审核	◇ 供应商保证 ◇ 供应商早期介入设计及产品质量标准 ◇ 客户审核
供应	订单订货	年度协议+交货订单	客户定期向供应商提供物料需求计划	电子数据交换系统
合约	按订单变化	年度协议	◇ 年度协议(1年) ◇ 质量协议	◇ 设计合同 ◇ 质量协议等
成本价格	市场价格	价格+折扣	价格	◇ 公开价格与成本构成 ◇ 不断改进,降低成本

2. 按80/20规则分类

按此种方式分类可分为重点供应商和普通供应商。

此分类基础是采购的80/20规则(图2-21),基本思想是针对不同的采购物品应采取不同的策略,同时采购工作精力也应各有侧重,相应地对于不同物品的供应商也应采取不同的策略。数量中20%的采购物品,占有采购物品80%的价值,占80%价值的供应商为重点供应商,而其他只占有20%价值的80%的采购物品的供应商为普通供应商。对于重点供应商应投入80%的时间和精力进行管理和改进。这些供应商提供的物品为企业的战略物品或集中采购的物品,如汽车厂需要采购的发动机和变速器,电视机厂需要采购的彩色显像管以及一些价值高、供应量不足的物品。而对于普通供应商则只需要投入20%的时间和精力进行管理,因为这类供应商所提供物品的运作对企业的成本、质量和生产的影响较小,如办公用品、维修部件、标准件等物品。

按80/20规则对供应商进行分类时,应注意以下几个问题:

(1) 80/20规则分类的供应商并不是一成不变的,而是有一定时间限度的,随着生产结构和产品线调整,需要重新进行分类。

(2) 对重点供应商和普通供应商应采取不同的管理策略。

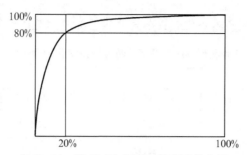

图 2-21　按 80/20 规则对供应商的分类

3. 按供应商的规模和经营的品种数量分类(图 2-22)

(1)"专家级"供应商;

(2)"低产小规模"供应商;

(3)"行业领袖"供应商;

(4)"量小品种多"供应商。

图 2-22　按供应商的规模和经营的品种数量对供应商的分类

在这种分类方法中,"专家级"供应商是指那些生产规模较大、经验丰富、技术成熟,但经营品种数量相对较少的供应商,这类供应商的目标是通过竞争来占领、扩大市场。"低产小规模"供应商是指那些经营规模小、经营品种也比较少的供应商,这类供应商生产经营比较灵活,但是增长潜力有限,其目标仅定位于本地市场。"行业领袖"供应商是指那些生产规模较大、经营品种数量也较多的供应商,这类供应商财务状况比较好,其目标是立足于本地市场,并且积极拓展国际市场。"量小品种多"供应商虽然生产规模不大,但其经营品种很多,这类供应商一般财务状况不是很好,但其潜力可以培养。

(二)企业供应商关系类型

企业供应商关系主要有以下五个类型。

1. 短期目标型

短期目标型是指采购方与供应商之间的关系是交易关系,即一般的买卖关系。双方的交易仅停留在短期的交易合同上,各自所关注的是如何谈判、如何提高自己的谈判技巧使自己不吃亏,赢得更多的利润,而不是如何改善自己的工作,使双方都获利。供应商根据交易的要求提供标准化产品或服务,以保证每笔交易的信誉。当双方的交易完成后,双方的关系也就终止了,双方只有供销人员有联系,而其他部门的人员一般不参与双方之间的业务活动,也很少有什么业务活动。

2. 长期目标型

长期目标型是指采购方与供应商保持长期的关系,双方有可能为了共同的利益而对改进各自的工作感兴趣,并在此基础上建立起超越买卖关系的合作。长期目标型的特征是建立一种合作伙伴关系,双方的工作重点是从长期利益出发,相互配合,不断改进产品质量和服务质量,共同降低成本,提高共同的竞争力。合作的范围遍及各公司内部的多个部门。例如,采购方对供应商提出新的技术要求,而供应商目前还没有能力,在这种情况下,可以对供应商提供技术资金等各方面的支持;同时,供应商的技术创新也会促进企业产品的改进。所以,对供应商进行技术支持与鼓励有利于实现企业的长期利益。

3. 渗透型

渗透型供应商关系是在长期目标型基础上发展起来的,其指导思想是把对方公司看成自己的公司,因此大大提高了对对方的关心程度。为了能够参与对方活动,有时会在产权关系上采取适当措施,如相互投资、参股等,以保证双方利益的共享与一致性。同时,也在组织上采取适当措施,保证双方派员加入对方的有关业务活动中。这样做的优点是可以更好地了解对方的情况,供应商可以了解自己的产品是如何起作用的,容易提出改进方向;而采购方可以知道供应商的产品是如何制造的,也可以提出改进的要求。

4. 联盟型

联盟型供应商关系是从供应链角度提出的,它是在更长的纵向链条上管理成员之间的关系,双方维持关系的难度提高了,要求也更高。由于成员增加,往往需要一个处于供应链上核心地位的企业出面协调各成员之间的关系,因而它也被称之为供应链核心企业。

5. 纵向集成型

纵向集成型供应商是最复杂的关系类型,即把供应链上的成员整合起来,像一个企业一样,但各成员又是完全独立的企业,决策权属于自己。在这种关系下,要求每个企业在充分了解供应链的目标、要求,以及在充分掌握信息的条件下,能自觉做出有利于供应链整体利益的决策。

(三) 双赢供应关系

1. 双赢关系模式

双赢关系模式是一种供应商与生产商之间共同分享信息,通过合作和协商沟通彼此行为的模式。这种关系模式的采购策略表现为:

(1) 双方是发展长期的、相互依赖的合作关系。

(2) 这种关系由明确的或口头的合约确定,双方共同确认并且在各个层次都有相应的沟通。

(3) 双方有共同的目标,并为共同目标制定有挑战性的改进计划。

(4) 双方互相信任，共担风险，共享信息。

(5) 双方致力于共同开发、创造。

(6) 以严格的尺度来衡量合作表现，不断提高。

2. 双赢关系对企业采购的意义

供应商与制造商的合作关系对准时化采购的实施是非常重要的，只有建立良好的供需合作关系，准时化采购策略才能得以彻底贯彻落实，并取得预期的效果。从供应商的角度来说，如果不实施准时化采购，就很难和制造商深入合作，库存、交货批量都比较大，而且在质量、需求方面都无法获得有效控制。而准时化采购策略把制造商的思想拓展到供应商，加强了供需之间的联系与合作。在开放性的动态信息交流下，面对商场需求的变化，供应商能够做出快速反应，提高了供应商的应变能力。对于制造商来说，通过和供应商建立合作关系，实施准时化采购，使管理水平得到了提高，同时制造过程与产品质量得到有效控制，成本降低了，制造的敏捷性与柔韧性增加了。

概括起来，双赢关系对于采购中供需双方的作用表现在：

(1) 增加对整个供应链业务活动的共同责任感和共同利益。

(2) 增加对未来需求的可预见性和可控能力，长期的合同关系使供应计划更加稳定。

(3) 有助于提高供应商的竞争力。

(4) 增加对采购业务的控制能力。

(5) 通过长期的、有信任保证的订货合同保证了采购的要求。

(6) 减少和消除了不必要的对购进产品的检查活动。

建立互惠互利的合同是巩固和发展供需合作关系的根本保证。互惠互利包括了双方的承诺、信任、持久性。信守诺言，是商业活动成功的一个重要原则。没有可信任的供应商，或没有可信任的采购客户都不可能建立长期的合作关系，即使建立起合作关系也是暂时的。持久性是保持合作关系的保证，没有长期的合作，双方就没有诚意做出更多改进和付出。机会主义和短期行为对供需合作关系将产生极大的破坏作用。

（四）双赢供应商关系管理

双赢关系已经成为供应链企业间合作的典范，因此，要在采购管理中体现供应链思想，对供应商的管理就应集中在如何和供应商建立双赢关系以及如何维护和保持双赢关系上。

1. 供需双方建立伙伴关系的影响因素

双赢关系中，有一个重要的概念，就是供应商的早期参与和采购方的早期介入。在采购过程的早期，影响价值的机会比后期大得多。供应商与采购方在早期的共同介入将大大改善工艺、设计、再设计、价值分析等活动。缩短循环周期、提高竞争力、降低成本等足以让许多企业将供应商纳入自己的职能交叉团队。

通过与供应商建立长期合作伙伴关系，可以缩短供应商的供应周期，提高供应商的灵活性；可以降低企业的原材料、零部件的库存水平，降低管理费用，加快资金周转；可以提高原材料、零部件的质量；可以加强与供应商的沟通，改善订单的处理过程，提高材料需求准确度;可以共享供应商的技术与革新成果,加快产品开发速度,缩短产品开发周期;可以与供应商共享管理经验,推动企业整体管理水平的提高。

与供应商建立合作伙伴关系的影响因素有14个方面,如图2-24所示。

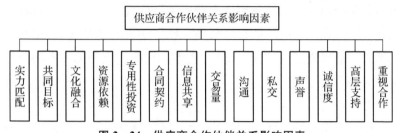

图 2-24 供应商合作伙伴关系影响因素

(1) 实力匹配

实力匹配程度,即双方实力均衡情况,由交易双方在各自行业中的地位、各自的议价能力等决定。合作伙伴间实力的不均衡会成为伙伴关系成功的障碍。一般地,如果双方交易的产品处于一个完全或者近乎完全竞争的市场中,而且双方在该市场中均处于非垄断地位,那么双方在关系中的地位较为平等。反之,如果一方具有较强的市场力量,那么该方在关系中的地位较高,而较高的地位则意味着具有较强的议价能力,从而使该方有可能从双方关系中获取较多的利益。

(2) 共同目标

良好的供应商合作伙伴关系要求交易双方具有共同的发展目标,通过整合双方资源和竞争优势来共同开拓市场,降低产品前期的高额成本,提高市场份额,最终实现采购方与供应商的"双赢"。

(3) 文化融合

企业文化是企业发展过程中,由人们创造的物质财富和精神财富的总和,它规定了企业该干什么、如何干以及业绩评价标准,从而为企业的生存和发展规定了基本方向,提供了行动指南。不同的企业一般都有其独特的企业文化,具体表现在员工的做事方式和思维习惯的差异上,这些差异在企业合作过程中很可能成为障碍,使企业间很难建立亲密的合作关系并进一步发展。因此,企业文化是否融合对合作成败的影响很大。

(4) 资源依赖

资源依赖是指一方对另一方所提供的资源产品或服务的依赖性。资源依赖理论认为,一个组织最重要的存活目标,就是要想办法降低对外部关键资源供应组织的依赖程度,并且寻求一个可以影响这些供应组织关键资源并能够稳定掌握的方法。影响资源依赖程度的因素主要有三个:资源的重要性、对资源的控制程度以及资源的可替代性。一般地,如果一方对另一方所提供的资源依赖程度越高,那么它所可能产生机会主义行为的风险就越低。反之,如果资源依赖程度越低,另一方所提供的资源对于一方的最终产品而言重要性不大,且可以很容易地找到替代品,那么机会主义行为产生的风险就会越高,这对双方的关系会产生不良影响。

（5）专用性投资

专用性投资是指企业用于配置专用性资产所进行的投资,属于沉淀成本。双方专用性投资的大小决定了双方在关系中的依赖程度,某一方的专用性投资越大,则对关系的依赖程度也越高。因为专用性投资是一种沉淀成本,一旦关系终止,高昂的成本给投资大的一方所带来的损失也较大。

（6）合同契约

合同契约主要指关系的契约性,即双方的关系是否以具有一定法律效力的合同契约为基础,以及契约条款的完备性。如果关系是建立在契约基础上的,双方关系的终止就会受到一定的约束,而契约条款的严格与否也直接对关系的性质有一定的影响。

（7）信息共享

这里的信息共享是指关系双方之间分享信息的情况。信息共享是供应链管理的基石,也是供应商关系管理的重点。在合作过程中,一定程度的信息共享能使双方更容易达到"双赢"的目标,有效的信息共享不但能够增加双方合作的默契,也可以减少误会和摩擦,修正现有方案的不足。因为信息共享会带来一定的风险,所以信息共享是建立在彼此之间互相信任的基础上的;反之,则会比较倾向于信息私有。

（8）交易量

交易量即采购量,一般地,采购量大的采购方能从其供应商处获得较大的支持,如产品质量更有保证、送货频率更高等。因为采购量大的采购方能给供应商带来较大的利润,从而影响供应商所表现出的态度,所以交易量成了影响供应商合作伙伴关系的重要因素。

（9）沟通

沟通指双方之间的交流,包括交流方式、范围和深度。明确规定双方交流的方式,对保持关系有着积极的作用,而不定时的、随机的交流方式则可能对关系的持续以及效用没有多少意义。类似地,如果交流深入、往来频繁,那么将有助于双方对彼此的要求及时做出反应,达到事半功倍的效果。因此,交流的范围和深度与关系的效用是相辅相成的。

（10）私交

在对供应商合作伙伴关系进行研究中,有学者发现个人之间的信任,即私交,是影响供应商合作伙伴关系的一个重要因素,基于私交的信任,从本质上来说,有其文化道德的相似性。

（11）声誉

一个组织的声誉得以建立、维持,在很大程度上是源于该组织自己的行为。就企业而言,它的声誉能传递给公众的信息,是它的产品的质量或服务的水平、企业的发展前景以及它相对于竞争对手的优势等。好的声誉能使一个企业在吸引人才和寻找优秀的合作伙伴时,始终处于一个有利的位置。

(12) 诚信度

良好的合作关系是以双方坦诚相待为前提的,诚信度是企业在选择合作伙伴时极重要的一点,也是双方建立长期合作关系的基础。

(13) 高层支持

良好的供应商合作伙伴关系,首先要得到高层领导的支持。高层领导对发展供应商合作伙伴关系的认识非常重要,但这种认识还取决于他们对实施供应商合作伙伴关系是否重视。供应商合作伙伴关系的实施需要资源条件,高层领导的重视可以在供应商合作伙伴关系实施所需要的资源上予以充分保障。

(14) 重视合作

双方对合作关系的重视程度也相当重要,这涉及双方对彼此的看法。如果采购方认为某供应商的信誉良好,对方的产品质量可靠,那么会看重该供应商,该供应商的地位就较为重要。同样地,如果供应商认为某采购方信用良好,也会在保持与该采购方的关系上持积极的态度。

2. 双赢关系建立的途径

与供应商建立双赢的长期合作伙伴关系首先要得到公司高层领导的重视与支持。企业高层管理者要意识到供应商管理是整个公司业务管理中最重要的有机组成部分,要决心支持采购等部门发展供应商的长期合作伙伴关系,然后才能开展具体的工作。

建立双赢的长期合作伙伴关系要经过以下几个步骤:

(1) 信息交流与其共享机制

信息交流有助于减少投机行为,有助于促进重要生产信息的自由流动。例如,在制造商与供应商之间经常进行有关成本、作业计划、质量控制信息的交流与沟通,保持信息的一致性和准确性。

(2) 建立激励机制

要保持长期的双赢关系,对供应商进行激励是非常重要的,没有有效的激励机制,就不可能维持良好的供应关系。在激励机制的设计上,要体现公平、一致的原则。给予供应商价格折扣和柔性合同,以及赠送股权等,使供应商和制造商分享成功,同时也使供应商从合作中体会到双赢机制的好处。

(3) 合理考评

在公司内部还要通过供应商月度考评、体系审核等机制跟踪供应商的综合表现,及时反馈并提出改进要求。没有合理的评价方法,就不可能对供应商的合作效果进行评价,将大大挫伤供应商合作的积极性和稳定性。对供应商的评价要抓住主要指标和问题,如交货质量是否改变了,提前期是否缩短了,交货的准时率是否提高了等。通过评价,把结果反馈给供应商,和供应商一起共同探讨问题的根源,并采取相应的措施予以解决。

◆ 任务小结

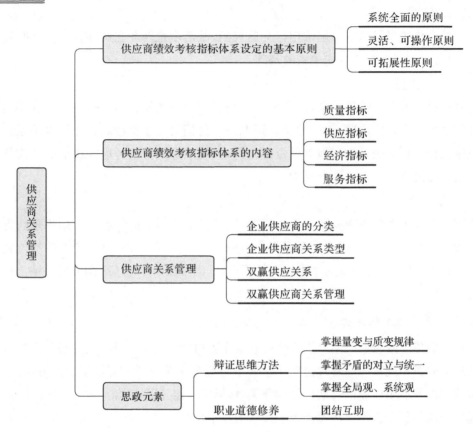

◆ 归纳与提高

现在大多数企业的物料采购仍为分散自由式采购,这种传统的采购方式虽然能够迅速便捷地为企业配置生产资源,但在实际运行中会暴露出一些采购问题:首先,传统的采购主要通过费时费力的手工订货操作,缺乏规模效益,过于粗放;其次,分散采购行为缺乏必要的约束机制,采购决策不规范、不公开,缺乏必要的透明度,内部监督不到位,这种采购行为的不规范极易导致以牺牲企业利益来换取个人利益的权钱交易、人情交易。粗放式的管理模式必然导致采购资金受损,致使企业失去市场。因此,企业有必要探索新的、更有效率的采购方式。

通过本项目的学习,同学们应了解如何寻找供应商,如何精益化地评价供应商,进而做出科学的选择,为之后与供应商形成长期战略合作伙伴关系打下良好的基础。

◆ 项目综合测试

一、思政题

1. 下列供应商中,不得参加同一合同项下政府采购活动的有 （   ）
    A. 集团公司与其直接控股的子公司
    B. 单位负责人为同一人的两家供应商

C. 属于同一集团公司的两家子公司,但两家子公司之间不存在直接控股和管理关系
D. 法定代表人为夫妻的两家公司,两家公司之间不存在直接控股和管理关系

2. 简述在供应商选择过程中,应当考虑哪些非经济因素?

二、单选题

1. 以下哪一项不是选择、评价供应商的短期标准 (　　)
   A. 商品质量合适　　　　　　　B. 价格水平低
   C. 供应商内部组织和管理良好　　D. 交付及时

2. 供应商审核的最高层次是 (　　)
   A. 产品层次　　　　　　　　　B. 工艺过程层次
   C. 质量保证层次　　　　　　　D. 公司层次

3. 在选择供应商报价评估标准时,下面哪种情况应选用最低价格标准 (　　)
   A. 不需要复杂估价的标准产品,采购后成本较小的情况
   B. 采购后成本高时,需要权衡采购价格与运行成本的情况
   C. 与其他因素相比,成本不是决定性考虑因素,以及成本不能确定的情况
   D. 成本被认为是相对重要的情况,但同时非成本因素也同样重要

4. 在同样一组供应商被重复要求呈送报价时,下面哪种情况对我们观察他们是否有共谋没有帮助 (　　)
   A. 与企业了解到的市场情况相比,所接受的报价看起来都不具有竞争性
   B. 大量供应商都很反常地没有进行报价,"让位"给某些供应商,从而使他们成为"指定"给客户的供应商
   C. 供应商使采购公司的业务在他们之间轮转,每次轮流让一个不同的供应商赢得合同
   D. 一个在预先确认资格之前涉及为公司提出建议的供应商没有参加相关合同的投标

5. 来料批次合格率是供应商考评的 (　　)
   A. 质量指标　　　　　　　　　B. 经济指标
   C. 配合度指标　　　　　　　　D. 供应指标

6. 供应商甲公司,总体订单容量25万件,已经承接订单容量为20万件;供应商乙公司,总体订单容量12万件,已经承接的订单容量为11万件。则物料剩余订单容量为多少万件 (　　)
   A. 5　　　　　B. 6　　　　　C. 31　　　　　D. 37

三、不定项选择题

1. 一个好的供应商应具备 （   ）
   - A. 经营者有正确的经营理念
   - B. 有好的企业组织
   - C. 有健全的质量管理制度和质量管理人员
   - D. 有符合生产要求的机器设备

2. 在供应商认证之前,供应商至少要满足以下条件 （   ）
   - A. 价格及其他商务条款符合要求
   - B. 供应商必须与企业有长期合作愿望
   - C. 必须已有一定时期的合作关系
   - D. 供应商提交的文件已经通过认证

3. 防止供应商控制的方法包括 （   ）
   - A. 寻找多家供应源
   - B. 更多地掌握信息
   - C. 全球采购
   - D. 进行一次性采购

4. 供应商评价是一项应该经常进行的工作,该工作的频率取决于 （   ）
   - A. 采购品项的类型
   - B. 供应市场的变化情况
   - C. 公司领导的意愿
   - D. 公司的运作情况

5. 供应商评估对很多公司来说是一项很关键的工作。对供应商评估所包括的内容和实施方式,取决的因素包括 （   ）
   - A. 公司整体目标
   - B. 公司业务的特性和复杂性
   - C. 公司的发展阶段
   - D. 公司希望与供应商建立的关系类型

四、实操题

假设你是一家空调生产公司的物流经理,公司准备把物流业务进行外包,请设计一份供应商调查问卷,以了解所有备选供应商的详细信息。

习题答案请扫二维码获取

情景三

03

采购实施

◎ 学习目标

【知识目标】

1. 掌握采购谈判准备阶段的工作内容；
2. 掌握制定谈判计划的要求；
3. 掌握制定谈判目标时应注意的问题；
4. 了解招标采购、国际采购、准时制采购、电子采购的内涵；
5. 掌握招标采购、国际采购、准时制采购、电子采购的模式。

【能力目标】

1. 具有组织谈判队伍的能力；
2. 具有分析判断谈判双方企业实力的能力；
3. 掌握招标采购的基本步骤；
4. 掌握投标文件内容的编制及投标报价的策略；
5. 掌握国际采购、准时制采购和电子采购的实施要点。

【素质目标】

1. 能够制定谈判计划；
2. 能够运用采购谈判技巧，培养节约意识、效益理念；
3. 会制作招标文件；
4. 能选择合理的采购模式，认同"正心诚意"对促进业务和维护职业生涯发展的重要意义。

项目一 协商谈判

◇ 引入案例

如何进行采购谈判技巧的运用

武汉玻璃厂李经理率团与美国欧文斯科宁公司就引进先进的玻璃生产线一事进行谈判。双方在部分引进还是全部引进的问题上陷入了僵局,我方的部分引进方案让美方无法接受,遭到了拒绝。

谈判陷入僵局,我方首席代表虽然心急如焚,但还是冷静分析形势:如果继续僵持下去,局面就会越来越紧张。于是,他改变了说话的战术,由直接讨论变成迂回说服:"全世界都知道,欧文斯科宁公司的技术是一流的,设备是一流的,产品是一流的。"我方代表转移了话题,从微笑中开始谈天说地,诚恳的赞美使欧文斯科宁公司谈判代表的抵触情绪得以很大程度的消除。"如果欧文斯科宁公司能够帮助我们武汉玻璃厂跃居中国一流,那么全厂职工将很感谢你们。"这里刚离开的话题,很快又转了回来,但由于前面的赞美消除了对方心理上的抵抗,欧文斯科宁公司谈判代表听了这些话,似乎也顺耳多了。

"贵方也知道,现在意大利、荷兰等几个国家的代表团正在我国北方省份的玻璃厂谈判生产线事宜。如果我们这次的谈判因为一点点小事而失败,那么不但我们武汉玻璃厂有损失,欧文斯科宁公司也将蒙受重大的损失。"这损失当然重大,而说话中使用"一点点小事"来轻描淡写,目的是引起对方对分歧的关注。同时,谈判万一破裂将给美方带来巨大的损失,完全为对方着想,这一点对方无法否认。

"目前,我方的确有资金方面的困难,不能全部引进,这点务必请贵方同行理解和原谅,而且希望在我们困难的时候,你们能伸出友谊之手,为我们将来的合作奠定一个良好的基础。"这段话说到对方心里去了,既通情也达理,做生意不在一时,互相帮助才能长远合作,因此,双方迅速签订了协议,打破了僵局,问题迎刃而解。

(资料来源:https://www.diyifanwen.com/fanwen/zhichangliyi/4406080.html,2022年3月5日)

任务一 谈判准备

◇ 学习任务描述

采购谈判是一项系统的工作,想要获得谈判的成功,就要做好谈判前的准备,那么采购谈判前具体要做哪些工作呢?

◇ 思政园地

思政元素：底线思维，大国外交自信

合作有原则，谈判有底线

美方近期再次挥舞关税大棒，导致美国挑起的中美经贸摩擦升级。商务部原副部长马秀红说，一年多来，美方主动挑起中美经贸摩擦，并通过极限施压使摩擦不断升级，这明显遏制了中美双向投资快速发展的良好势头，给中美两国企业都造成了不利影响。

中美农产品贸易也受到负面影响。中国食品土畜进出口商会会长曹德荣说，2018年，在中国进口农产品金额创历史新高的同时，来自美国的农产品进口额同比下降32.8%，跌回到10年前水平。今年一季度，这种趋势还在延续。目前美国大豆期货价格低于生产成本，美国豆农损失惨重。2018年，仅中西部地区就有不少农场申请破产。

"经贸摩擦将实质性损害中美汽车企业之间的良好合作关系。"国际汽车制造商协会第一副主席董扬说，中国汽车市场仍有较大增长空间，预计可以达到年销量4000万辆的规模。"一旦双方经贸摩擦升级，美国汽车企业将遭遇来自其他地区汽车企业的激烈竞争，将会失去中国市场份额，其结果或将加速美国汽车产业的衰落。"

"合作有原则、谈判有底线，中国在重大原则问题上决不会让步。"张晓强说，对美方挑起的经贸摩擦及科技遏制，我们希望有效管控分歧，共同推进以协调、合作、稳定为基调的双边关系。如果美方选择极限施压，中方会坚决奉陪到底。

内化提升：大国外交自信的背后是国家综合实力的展现；培养双赢与竞合思维。

（资料来源：新华社，https://www.gov.cn/xinwen/2019-06/01/content_5396558.htm，2019-06）

◇ 任务书

安吉智行物流有限公司规定在一个月内（紧急采购除外）采购规模达到一定限额的办公用品、食品、酒水，应当委托集中采购部门实施批量集中采购，适用于所有部门单位。集中采购部门对各单位报送的批量采购计划进行汇总归集并整合打包，统一组织招标以实现价格最佳，体现集中采购规模优势，提高公司资金使用效率。

其采购程序：批量集中采购每月一次；采购流程包括报送批量采购实施计划、汇总归集采购需求、整合打包、编制招标文件、信息公告、抽取专家、评标及公示结果、签订合同等环节。采购管理要求符合规模采购要求，但时间和任务紧急不超过一个月的采购任务可以通过协议供货形式采购，但事先要向集中采购部门备案；主管部门或所属单位同一品目产品一个月内采购规模不得超过该品目实行批量采购的限额；主管部门要制定汇集所属单位月度采购项目的工作程序和办法，加强对集中批量采购的管理。

如果你是采购经理小王，你会如何去做呢？

◇ 准备工作

为了完成上述采购任务，需要掌握如下内容：

情景三 采购实施

1. 实施采购谈判;
2. 进行招投标管理;
3. 编制招标文件;
4. 评标及公示结果;
5. 实施采购流程;
6. 签订采购合同。

◇ **任务实施**

通过查找相关的国际采购谈判案例,熟悉各种谈判策略并区别使用。

1. 避免争论策略;
2. 抛砖引玉策略;
3. 留有余地策略;
4. 避实就虚策略;
5. 保持沉默策略;
6. 忍气吞声策略;
7. 多听少讲策略;
8. 先苦后甜策略;
9. 最后期限策略。

登录有关网站查找相应的国际采购谈判案例,分析各个案例中如何使用相应的谈判策略并区别使用,说明该策略适用的谈判环境和应用范围。

任务驱动

完成此实训,需要明确以下几个问题:

1. 使用每种谈判策略的核心要素是什么?
2. 每种谈判策略的应用技巧是什么?
3. 如何使用不同的谈判策略?

任务考评

1. 案例翔实具体。(30分)
2. 案例分析全面精准。(40分)
3. 谈判技巧有独特之处。(30分)

◇ **学习任务相关知识点**

采购谈判准备是成功谈判的基础,准备工作做得如何在很大程度上决定着谈判的进程及其结果。有经验的谈判者都十分重视谈判前的准备工作。一些规模较大的重要谈判,往往提前几个月甚至更长的时间就开始着手进行精心准备。

一、信息收集

(一)信息收集的种类与目的(表3-1)

表3-1 信息收集的种类与目的

序号	种类	目的
1	谈判模式及价格的历史资料	了解供应商谈判技巧的趋势、供应商处理上次谈判的方式等
2	宏观环境资料	了解政府法令、企业政策等,增强谈判能力
3	供应商情报资料	了解价格趋势、科技重要发明、市场占有率等供应商市场信息,做到知己知彼
4	主要合同条款的起草	起草一份企业熟悉的采购合同,列举出主要的合同条款

(二)议价分析

1. 采购人员在财务部相关人员的帮助下,对物料成本进行专业分析,设置议价底线。
2. 进行比价分析(表3-2)。

表3-2 价格分析与成本分析比较对照表

比价项目	内容
价格分析	对相同成分或价格的产品售后或服务进行比较,至少要选取三家以上
成本分析	将总成本分为人工、原料、外包、费用、利润,作为议价的筹码

3. 确定实际与合理的价格。

二、分析判断形势

(一)关注企业作为买方的实力

1. 采购数量的多少;
2. 主要原料;
3. 标准化或没有差异化的产品;
4. 利润的大小;
5. 商情的把握程度。

(二)关注供应商作为卖方的实力

1. 是否独家供应或独占市场;
2. 复杂性或差异化很大的产品;
3. 产品转化成本大小。

(三)替代品分析

1. 可替代产品的可选种类;

2. 替代产品的差异性。

(四) 竞争者分析

1. 所处行业的成长性；
2. 竞争的激烈程度；
3. 行业的资本密集程度。

(五) 新供应商的开发

1. 资金需求的多少；
2. 供应材料设备的差异性；
3. 采购渠道的建立成本。

三、谈判的人员准备

(一) 谈判人员需具备的知识结构

1. 商务知识

交易价格、交货期限、交货方式、风险的分担等事宜。

2. 技术知识

商品质量、商品的技术要求和工艺条件、检验检疫方法等。

3. 法律知识

合同中各条款的法律解释等。

4. 财务知识

支付方式、信用保证、证券与资金担保等事项。

参加交易谈判的人员一般应由这四个方面的专业人员组成,另外还要考虑谈判人员的文化程度、工作经验、应变能力、事业心与责任感、是否具有合作精神等多项因素,尽可能使谈判队伍形成群体优势。

(二) 谈判队伍的组成

1. 主谈代表

主谈代表是谈判桌上的主要发言人,一般也同时兼任谈判小组的领导人。

2. 辅谈代表

辅谈代表是主谈代表的参谋和助手,为主谈代表提供信息和参考意见,一般由各方面的专家担任。

3. 一般工作人员

一般工作人员是为谈判提供服务的人员,如记录人员、翻译人员等。

四、谈判计划

(一) 谈判计划的主要内容

1. 谈判的基本目的。

2. 各主要条件的交易目标:

(1) 材料设备的质量保证:满足企业的需要,附有产品合格说明书、检验合格证书及物料的有效使用年限。

(2) 包装:内包装和外包装,根据谈判价格确定具体的包装形式,确保采购材料设备无折损。

(3) 价格:明确合理的采购价格可以给供应商带来销售量的增加、销售费用的减少、库存的降低等利好。

(4) 订购量:根据企业施工实际进度和企业仓储能力确定订购量。

(5) 折扣:折扣有数量折扣、付现折扣、季节折扣以及新产品折扣等几种。

(6) 付款条件:综合分析一次性付款、月结付款和付款方式带来的替代效应,选择最有利的付款方式。

(7) 交货期:交货期的确定以不影响企业的正常生产为前提,结合企业的货物存放成本,尽量选择分批供货。

(8) 售后服务事项:售后服务事项包括维修保证、品质保证、退货等内容。

3. 谈判地点及时间选择:

谈判地点的布置和时间的安排对谈判结果起着非常重要的作用。

谈判地点:如果可能的话,买方应尽可能地将谈判地点设在买方所在地,这样便于买方随时获取所需的各方面资源,如财务、工程、制造相关人员及高层管理者等。

谈判时间:如果买方想要一个短时间的谈判,则可将谈判安排在下午;如果谈判在当天下班前无法得出结论,则卖方需多待一晚或一天,这种情况会促使谈判在当天下午得出结论。买方还需确认在谈判当天其所需的资源随时可得,如相关的财务、工程等人员当天可随时支持。

4. 谈判成本预算。

5. 谈判策略安排。

6. 替代方案。

(二) 制定谈判计划的要求

1. 计划本身必须简单明了,易于谈判人员把握。

2. 计划必须明确,不会造成理解上的分歧。

3. 计划要具有灵活性。

◇ 任务小结

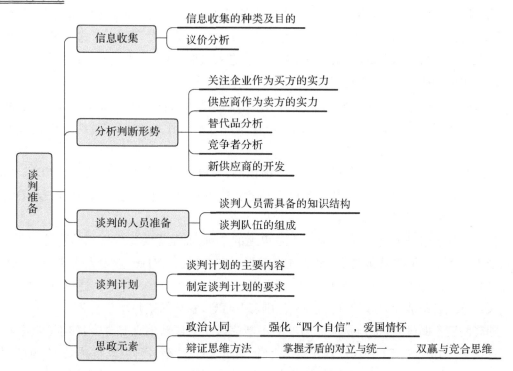

任务二　采购谈判实施

◇ 学习任务描述

采购谈判的关键是谈判过程的控制,通过本任务的学习能对谈判进行组织,对谈判技巧加以运用。

◇ 思政园地

思政元素:坚定的谈判立场、人民利益至上

又见国家医保局灵魂砍价:每一个小群体都不该被放弃

"你们是不是已经尽到最大的努力了?"在今年的医保目录药品谈判现场,再现"灵魂砍价"。国家医保局谈判代表反复跟企业谈判代表砍价,可谓倾尽全力,引得网友点赞。哪怕是少一块钱,也会给千千万万的家庭带来希望。

"刚才我觉得我眼泪都快掉下来了",国家医保局谈判代表的这句话让人动容。为国"出征",为民尽责,不辱使命,值得钦佩。越是"锱铢必较"越显责任,越是晓之以情越让人共情,比如"每一个小群体都不该被放弃"这句话,就让人看到了谈判代表的人文关怀。

"灵魂砍价"意义深远,这是对"人民至上生命至上"的生动诠释。特别在疫苗费用占了医保基金较大支出的背景下,每砍掉一分钱,就能节省相当可观的医保基金,从而让更多人受益。

国家医保局谈判代表,不负重托,兢兢业业,令人心生敬意。应该说,他们敢于跟药企博弈,既出于深沉的责任感,也出于强大的底气,因为国内市场庞大,需求大,这是无可取代的优势。正如谈判代表张劲妮所说:"如果这个药能进入医保目录,以中国的人口基数、中国政府为患者服务的决心,很难再找到这样的市场了。"

但是必须厘清的是,不是所有的罕见病用药都能纳入医保。原因很简单,医保基金的"盘子"需要统筹考量。比如,2020年居民医保人均筹资只有800元左右,其中三分之二来源于财政补助。

这是基本事实。而一些罕见病用药,价格极高,背离了医保基金制度的设计初衷,正如业内人士所称,"天价药"价格远超基金能力和老百姓的负担水平,不具备经济性,没有能够通过评审,最终未获得谈判资格。

从这个角度看,医保目录药品谈判不是单纯的杀价,而是需要综合评判的系统工程;医保基金支出不是光盯着药价高低,而是看能否兼顾多方利益。对此,业内人士说得很清楚,基金测算追求的并不是药品的最低价格,而是给出一个合理的支付标准,"通过测算找到一个绝大部分患者都能用得起的价格,最大范围惠及百姓,这样的谈判才有意义"。

随着制度不断健全,特别是医保制度的不断完善——最新消息是,2021年国家医保药品目录调整工作结束,74种药品新增进入目录,精准补齐肿瘤、慢性病、抗感染、罕见病、妇女儿童等用药需求,其中含7种罕见病用药。那些被罕见病所困的患者将更有勇气迎接命运挑战,也更有底气走过苦痛。

内化提升:弘扬"扶弱救困"中华美德,体会社会主义制度优越性。

(资料来源:央视新闻,https://news.china.com/socialgd/10000169/20211204/40436278.html,2021-12)

◇ 任务书

模拟一场采购谈判,对各谈判小组的谈判方案进行展示,要求注意谈判的礼仪和谈判技巧。

◇ 准备工作

1. 教师讲解采购谈判方案包括哪些具体内容,结合实际如何运用采购谈判技巧。
2. 教师指导学生进行角色分工和角色配合,并讲解如何运用谈判的战略战术。

◇ 任务实施

1. 实训要求

(1) 组建供需双方企业,并拟好队伍名称及参与谈判成员;
(2) 由教师拟好谈判内容及双方目标,并交由双方队长保管;
(3) 双方队伍自行分析自身及对方的优劣条件。

2. 自评、互评、教师评价表

可根据谈判队员在谈判的准备阶段、方案撰写阶段、现场谈判阶段的表现及完成采购谈判目标的情况酌情给分。

团队名称	自评(10%)	小组互评(30%)	教师评价(60%)	合计

3. 实训工作评价表

考核项目名称	采购谈判			
考核指标	工作态度 (20分)	团队合作 (20分)	实训任务完成度 (20分)	成果展示与汇报 (40分)
团队总分				

附:模拟采购方案一份

中远物流有限公司与香港威裕环球集团采购谈判方案

队伍名(采购方): 队伍名(销售方):
总经理(首席谈判): 总经理(首席谈判):
采购经理(主谈): 仓储设备销售经理(主谈):
商务经理(副谈): 物流分析经理(副谈):
信息技术经理(成员): 财务经理(成员):
企划部经理(成员): 咨询业务经理(成员):

一、背景

1. 销售方

香港威裕环球集团(天津)仓储设备制造有限公司注册资金1 000万,是一家资金实力雄厚,致力于现代化物流设备开发、研究、设计、生产和安装的国内大型专业公司。公司具有雄厚的技术力量、产品开发和生产能力,可独立设计生产各类仓储货架(货位式、重力式、移动式、阁楼式、悬臂式、贯通式)、托盘(平板式、箱式、折叠式)、商用手推车、登高车、升降台及各类流水线的辊道、板链等(主营仓储货架)。公司以可靠的质量、合理的价格以及周到的服务,赢得了广大客户的信赖。公司独立设计承建了国内几百个大型立体库;货架工位器具的年生产能力达3 000多吨。产品广泛用于机械制造、电子、医药、物流、配送中心、食品、汽车制造、图书馆、仓储超市、保税仓库、宾馆等各行各业。

地址:津滨大道 53 号　　　　　　电话:022-84695555

2. 采购方

上海中远国际货运有限公司(简称上海中货),成立于 1996 年 8 月 20 日,是上海口岸规模最大的国际货运公司之一。公司在上海及江、浙、皖三省一市所设立的地区公司、分公司、货运部及其遍布三省城乡的分支机构多达 40 余家,进而构建成以上海口岸为龙头、以华东三省和长江沿线等内陆城市为业务覆盖面的、集海运、陆运、空运和多式联运为一体的、全方位、多功能的国际货运网络体系。

公司一贯奉行"货主至上、服务第一"的经营宗旨,可为广大海内外货主提供各种进出口货物的海上直达、中转及海铁、海陆、江海、空运、联运等运输服务,接受委托办理订舱、配载、报关、报验、拆装箱、代运、仓储、大件运输、租船、信息咨询、海上运输保险等货运业务。此外,公司的出口拼箱和进口分拨以及各类物流服务可满足货主对零散货物的运输要求。公司在直接服务货主的同时,还肩负着中远集装箱船舶在上海口岸的代理职责,对船舶进港、开航、靠泊、装卸货、船期进行现场调度,并代表公司现场处理船舶的各种货运业务以及运输费的审核、结算。同时,公司还具有与集装箱运输相匹配的集装箱调运、监管、信息跟踪、箱体营造维修等业务功能。公司一贯追求当代企业管理的最高境界,力求以一流的管理塑造良好的企业形象,已顺利通过中国商检局和挪威船籍社的 ISO9002 质量体系认证。公司将在未来的奋斗中竭诚以一流的服务与广大海内外货主友好合作,携手并进,共同创造美好的明天。

地址:上海市浦东东方路 989 号中达广场 2202 室　　传真:021-68670955、68671515

二、谈判具体内容

(一) 双方已确定内容

1. 中远将购买威裕"仓储优化方案"。
2. 付款方式为:定金收 40%,方案实施收 40%,售后服务期限完成收 20%。
3. 仓储优化方案具有"可操作性"。

(二) 双方未确定内容

1. "仓储优化方案"价格。
2. "仓储优化方案"实施员工培训时间。
3. 售后服务期限。

三、销售方的优劣势分析

优势:威裕有十多年的丰富经验,已为来自不同领域的客户提供过优质的服务。它给很多不同类型的企业做过一些优秀的方案。

劣势:没有给一些知名的企业做过仓储方面的案例,和仓储有关的只做过一些仓储设备方面的设计。另外,在做此类方案的行业中,它还不算是最优秀的,比它优秀的企业还有很多。

四、采购方的优劣势分析

优势：我们公司规模和实力居市场领先地位，相对于现今物流行业，我们的各个相关部门以及作业区域已达到了很完善的程度。因此，对于此次的仓储优化方案，我们的要求可以抬得很高，在价格方面也可以占主导地位。

劣势：从价格方面考虑，在众多优秀的企业中选择了威裕。此次他们方案的质量对我们来说也存在很大的风险，如果不是我们所预想的，将会造成很大的损失。

五、双方谈判目标

1. 销售方谈判目标

（1）以我方最大利益为前提，使我方"仓储优化方案"能以高价售出。

（2）能给予一定的政策优惠，让其为我方在公司首页投放广告，扩大市场。

谈判内容	最高期待目标	最低限度目标	实际需求目标
1. 方案价格	110 万元	90 万元	
2. "仓储优化方案"实施员工培训时间	半个月	2 个月	
3. 保修及售后服务	3 个月	8 个月	
4. 市场推广	在对方公司网站首页，合作伙伴优先展示我公司商标	合作伙伴优先展示我公司商标	

2. 采购方谈判目标

战略目标：以最小的代价维护我方声誉及长期合作关系。

（1）最佳期望目标：以最低价（90 万元）来购买方案。我方重视与对方的强强合作，避免不必要的损失。

（2）最低目标：方案的价格不得超过 100 万元，保持其他合作约定。

（3）最终目标：与威裕达成合作战略伙伴的关系，向进入第四方物流市场做好准备。

谈判内容	最高期待目标	最低限度目标	实际需求目标
1. 我方对方案设计的要求	完全符合我方要求	基本符合	
2. 方案价格	90 万元	100 万元	
3. 方案的可操作性	可操作性强，操作简单	基本符合要求	
4. 保修及售后服务	保修一年半	保修一年	

◆ 学习任务相关知识点

一、采购与供应谈判协商阶段

（一）制定谈判目标

谈判目标是指在谈判过程中要解决的实质性问题。

目标应该是：切中主题，远大而又现实，明确的，公正的，协调的。谈判目标的影响因素如表 3-3 所示。

1. 最高期待目标

最高期待目标是指对谈判者最为有利的目标,也叫理想的目标。其一,它可以鼓舞士气;其二,抬高了谈判的起点。谈判者一定要有充分的理由来说明目标是成立的。

2. 最低限度目标

最低限度目标是谈判人员在谈判中所要达到目标的最低限度。它是企业所能够承受的最大让步。

3. 可接受目标

可接受目标是介于最高期望目标与最低限度目标之间的一个中间目标(图 3-1)。

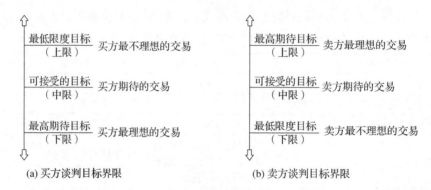

图 3-1　谈判目标界限

确定谈判目标时应注意 5 个问题,即实用性、合理性、合法性、灵活性和保密性。

表 3-3　谈判目标影响因素表

变量	最好的目标	最坏的目标
质量	任何不合格品均可在 24 小时内更换	3 天内可以更换不合格品
交付	5 天内交付	不超过 10 天
价格	最低单价 4.50 美元	单价不超过 4.70 美元
支付条件	往来帐户	信用证

(二) 采购谈判技巧

1. 入题技巧

谈判双方刚进入谈判场所时,难免会感到拘谨,尤其是谈判新手,在重要谈判中,往往会产生忐忑不安的心理。为此,必须讲究入题技巧,采用恰当的入题方法。

(1) 迂回入题;
(2) 先谈细节后谈原则性问题;
(3) 先谈一般性原则再谈细节;

(4) 从具体议题入手。

2. 阐述技巧

(1) 开场阐述

谈判入题后,接下来就是双方进行开场阐述,这是谈判的一个重要环节。

开场阐述的要点,具体包括:

① 开宗明义,明确本次会谈所要解决的主题,以集中双方的注意力,统一双方的认识。

② 表明我方通过洽谈应当得到的利益,尤其是对我方至关重要的利益。

③ 表明我方的基本立场,可以回顾双方以前合作的成果,也可以预测今后双方合作中可能出现的机遇或障碍,还可以表示我方采取何种方式为获得共同利益做出了让步等。

④ 开场阐述应是原则的,而不是具体的,应尽可能简明扼要。

⑤ 开场阐述的目的是让对方明白我方的意图,创造和谐的洽谈气氛,因此,阐述应以诚挚和轻松的方式来表达。

(2) 对对方开场阐述的反应,具体包括:

认真耐心地倾听对方的开场阐述,归纳弄懂对方开场阐述的内容,思考和理解对方的关键问题,以免产生误会。

如果对方开场阐述的内容与我方意见差距较大,不要打断对方的阐述,更不要立即与对方争执,而应当先让对方说完,认同对方之后再巧妙地转开话题,从侧面进行谈判。

① 让对方先谈

在谈判中,当你对市场态势和产品定价的新情况不太了解,或者当你尚未确定购买何种产品,或者你无权直接决定购买与否时,你一定要坚持让对方先说明可提供何种产品、产品的性能如何、产品的价格如何等,然后再审慎地表达意见。有时即使对市场态势和产品定价比较了解,有明确的购买意图,而且能直接决定购买与否,也不妨先让对方阐述利益要求、报价和介绍产品,然后在此基础上提出我方的要求。这种后发制人的方式,常常能收到奇效。

② 坦诚相见

谈判中应当提倡坦诚相见,不但将对方想知道的情况坦诚相告,而且可以适当透露我方的某些动机和想法。坦诚相见是获得对方同情的好办法,人们往往对坦诚的人自然有好感。但是应当注意,与对方坦诚相见,难免要冒风险。对方可能利用你的坦诚逼你让步,你可能因为坦诚而处于被动地位,所以,坦诚相见是有限度的,并不是将一切和盘托出。总之,以既赢得对方的信赖又不使自己陷于被动、丧失利益为度。

③ 准确易懂

在谈判中,所使用的语言要规范、通俗,使对方容易理解,不致产生误会。

④ 简明扼要,具有条理性

由于人们有意识的记忆能力有限,对于大量的信息,在短时间内只能记住有限的、具有特色的内容,因此,我们在谈判中一定要用简明扼要而又有条理性的语言来阐述自己的观点。这样,才能在洽谈中收到事半功倍的效果。反之,如果信口开河,不分主次,话讲了一大堆,不仅不能使对方及时把握要领,而且还会使对方产生厌烦的感觉。

⑤ 第一次要说准

在谈判中,当对方要求提供资料时,第一次要说准确,不要模棱两可,含混不清。如果对对方要求提供的资料不甚了解,应延迟答复,切忌脱口而出。要尽量避免使用含上下限的数值,以防止波动。

⑥ 语言富有弹性

对于不同的谈判对手,应使用不同的语言。如果对方谈吐优雅,那么我方用语也应十分讲究,做到出语不凡;如果对方语言朴实无华,那么我方用语也不必过多修饰。

◇ **学以致用**:欲擒故纵的谈判技巧

江西省某工艺雕刻厂原是一家濒临倒闭的小厂,经过几年的努力,发展为产值 200 多万元的规模,并且产品打入日本市场,战胜了其他国家在日本经营的多年厂家,被誉为"天下第一雕刻"。有一年,日本三家会社的老板同一天接踵而来,到该厂订货,其中有一家资本雄厚的大商社要求原价包销该厂的佛坛产品。该厂想到,这几家原来都是经销韩国、中国台湾地区产品的商社,为什么争先恐后,不约而同来本厂订货?他们查出了日本市场的资料,得出的结论是本厂的木材质量上乘、技艺高超是吸引外商订货的主要原因。于是该厂采用了"待价而沽""欲擒故纵"的谈判战略,先不理大商社,而是积极抓住两家小商社求货心切的心理,把佛坛的梁、榴、柱分别与其他国家的产品做比较,使其价格达到理想高度,首先与小商社拍板成交,造成大商社产生货源失落的危机感,那家大商社不但更急于订货,而且想垄断货源,于是大批订货,以致订货数量超过该厂现有生产能力的好几倍。

本案例中该厂谋略成功的关键在于策略不是盲目的、消极的。首先,该厂产品确实好,而几家客商求货心切,在货比货后让客商折服;其次,巧于审视布阵,先与小客商商谈,并非疏远大客商,而是牵制大客商,促使其产生失去货源的危机感,这样订货数量和价格才有可能大幅增加。

案例分析:保留式开局策略是指在谈判开始时,对谈判对手提出的关键性问题不做彻底的、确切的回答,而是有所保留,从而给对手造成神秘感,以吸引对手深入谈判。

(三) 提问技巧

要用提问摸清对方的真实需要、掌握对方的心理状态、表达自己的意见或观点。

1. 提问的方式

(1) 封闭式提问;(2) 开放式提问;(3) 婉转式提问;(4) 澄清式提问;(5) 探索式提问;(6) 借助式提问;(7) 强迫选择式提问;(8) 引导式提问;(9) 协商式提问。

2. 提问的时机

(1) 在对方发言完毕时提问;(2) 在对方发言停顿、间歇时提问;(3) 在自己发言前后提问;(4) 在议程规定的辩论时间提问。

3. 提问的其他注意事项

(1)注意提问速度;(2)注意对方心境;(3)提问后给对方足够的答复时间;(4)提问时应尽量保持问题的连续性。

(四) 答复技巧

答复不是容易的事,回答的每一句话,都会被对方理解成是一种承诺,都负有责任。

答复时应注意:

1. 不要彻底答复对方的提问;

2. 针对提问者的真实心理答复;

3. 不要确切答复对方的提问;

4. 降低提问者追问的兴趣;

5. 让自己获得充分的思考时间;

6. 礼貌地拒绝不值得回答的问题;

7. 找借口拖延答复。

(五) 说服技巧

1. 说服原则

(1) 不要只说自己的理由;

(2) 研究分析对方的心理、需求及特点;

(3) 消除对方戒心、成见;

(4) 不要操之过急、急于奏效;

(5) 不要一开始就批评对方,把自己的意见或观点强加给对方;

(6) 说话用语要朴实亲切,不要过多地讲大道理,态度诚恳、平等待人、积极寻求双方的共同点;

(7) 承认对方"情有可原",善于保护对方的自尊心;

(8) 坦率承认如果对方接受你的意见,你也将获得一定利益。

2. 说服具体技巧

(1) 讨论先易后难;

(2) 多向对方提出要求、传递信息,影响对方意见;

(3) 强调一致、淡化差异;

(4) 先谈好后谈坏;

(5) 强调合同有利于对方的条件;

(6) 待讨论赞成和反对意见后,再提出你的意见;

(7) 说服对方时,要精心设计开头和结尾,要给对方留下深刻印象;

(8) 结论要由你明确提出,不要让对方揣摩或自行下结论;

(9) 多次重复某些信息和观点;

（10）多了解对方，以对方习惯的能够接受的方式去说服对方；先做铺垫，不要奢望对方一下子就能接受你突如其来的要求；强调互惠互利、互相合作的可能性、现实性；激发对方在自身利益认同的基础上来接纳你的意见。

其实谈判技巧很难被掌握，主要有三点原因：

1. 人们必须根据不完整甚至不真实的信息做出判断，因而在很大程度上存在不确定性或风险。

2. 谈判是人与人之间旨在解决矛盾和处理争端的互动过程，每个人因背景及自身特质的不同，即使面对同样的条件与环境，判断和决策都会呈现很大的差异性，更何况对方的表现也在很大程度上影响我方的行为。因此，谈判的结果具有多样性和不可预测性的特点。

3. 谈判是一个涉及社会、经济、文化和心理多方面影响因素的复杂过程，不仅需要理论学习，更需要旷日持久的实践积累。

◇ 学以致用：36 计之"假痴不癫"

"假痴不癫"之计，用于商业经营之中常常是经营者为了掩盖自己的企图，常以假痴来迷惑众人，宁可有为示无为，聪明装糊涂，不可无为示有为，糊涂装聪明。具体表现在两方面：一是能而言之不能，迫使对手让步。这是假痴不癫在商务谈判中经常采用之计。二是知而示之不知，诱使对方上当。例如我国某钢铁公司厂址选择出现的地基问题，一开始国外有关企业和公司事先是知道的，但他们假作痴呆，不提醒我们注意，因为我方选址的失误是他们策略的成功。最后，我方为了坚固地基，只好买人家积压待销的钢材，一根一根往沙窝地里打。

案例：有个人想以 2 万美元的价格卖一辆汽车，于是，他登报纸广告，向买主们发出信息。许多感兴趣的人前来看货，其中一位愿以 1.85 万美元的价格购买，并且预付 300 元定金，由于他的价格是所有讨价还价的买主中最高的，卖主欣然接受了，于是他不再考虑其他买主。可卖主焦急一连等了数天后，买主才打电话来，很遗憾地说明，由于家人和合伙人不同意，实在无法买车。同时他还提到他已经调查和比较过一般市场上的车价，这辆车实际价值只值 1.4 万美元，何况对车的各方面未完全满意，如车的性能和发动机等。卖主当然非常生气，因为他已拒绝其他买主，失去了他们的联系方式。如果再登一次广告又要高额的广告费用，何况再碰上这倒霉的买主岂不更糟糕。接着他开始怀疑自己，也许市面上价格确如对方所说。此时他别无选择，最后不得不与那个买主以 1.4 万美元的价格成交。

案例分析：表面看来这个买主很痴，他不能最后决定价格，而这正是以能而示之不能换取同情的手段。他用假出价消除了同行的竞争，取得了购买权，之后才正式讨价还价。

对付此种计谋的办法是：

（1）要求对方预付大笔的定金，使他不能轻易反悔；

（2）先提出截止日期，逾期不候；

（3）查询买主历史和为人，警惕有前科者；
（4）对于条件过于优厚的待遇，要警惕；
（5）交易正式完成前，不要丢掉其他买主的名字、地址。

二、采购与供应谈判达成协议阶段

（一）应注意的问题

要认真回顾双方达成的协议或共识，加深对方的印象，以便签订合同。

1. 澄清模棱两可的事情

澄清模棱两可的事情，目的是减少误会。这一点往往是很多谈判人员最不愿意做的事情，因为他想打擦边球，先把模棱两可的事情放在一边，把合同和协议签下来再说。实际上短期之内双方协议是达成了，但从长期来看，又会造成一方赢一方输的局面，对方可能再也不跟你合作，或者他再找机会报复，觉得你不可靠等，造成自己信誉度下降。所以一定要澄清所有的模棱两可的事情，减少不必要的误会。

2. 避免时间不够带来的被动

在达成协议阶段，还有很多工作要做，而不单单是签协议。因此，要避免时间不够造成被动的局面。在单方面让步的时候，要有一个建设性的意见，要让双方一起让，而且一定要让对方知道自己让步了。最好让对方知道让步对你来说会造成非常严重的损失，是一件很痛苦的事情，这样才会博得对方的同情和信任，促使对方尽快签约。

（二）签订合同

谈判完成后，剩下的就是双方签协议，签完协议，双方谈判正式告一段落。这时候应该带着合同马上离开现场，避免对方临时变卦，产生悔意。合同签过之后，应该再选择一个恰当的时间，去见对方的最高层领导，向他赞扬他的下属非常优秀，很有谈判才能，把我方都逼到墙角，这样让对方的领导觉得他底下的人的确很有才能，也让他底下的人觉得自己做得很漂亮。

去见对方领导的另外一个目的是因为双方已经建立了合作关系，将来的项目要启动、产品要递交等过程都需要跟对方接洽，与对方打交道，事先应该跟对方有一个沟通，与对方联络感情，以便日后的工作能顺利进行。同时也可以询问对方的最高层领导对项目有什么特殊的要求，表示对他的尊重，让他觉得选择的合作伙伴不错，也为将来的付款奠定良好的基础。

在成交之后要切忌，千万不要自夸自大，最好用一种正规的信函寄给参与谈判的所有参与人员，感谢他们花费了时间、做出的努力和对自己的认同。这样既突出了你的专业性，加深对方对你的印象和信任度，也为将来再次合作打下基础。

◇ **任务小结**

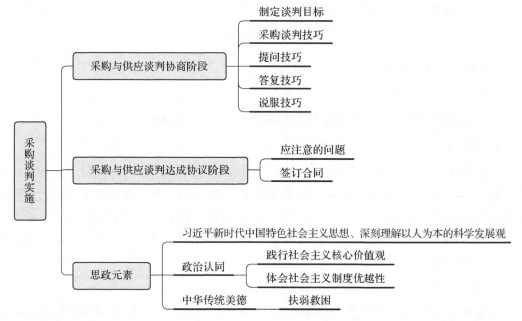

◇ **归纳与提高**

本项目通过企业的调研，对采购和供应市场进行分析（包括企业成品仓储及配送、库存管理、物料管理以及核算、采购管理、质量管理、生产管理等），确定采购类别，制定不同采购品项的采购供应战略，完成调研报告撰写等任务，从而完成采购谈判前的准备工作，以及以采购谈判为核心的谈判团队的组建、谈判目标的设立、谈判方案的制订、谈判策略的应用、模拟谈判等任务。

◇ **项目综合测试**

一、思政题

1. 在采购谈判中，以下哪项不是我们应该遵循的原则 （ ）
   A. 公平合理　　　B. 互利共赢　　　C. 单方面获利　　　D. 遵守法律
2. 在谈判过程中，如果供应商提出涨价，我们应该如何应对 （ ）
   A. 直接接受　　　B. 坚决拒绝　　　C. 寻求替代方案　　D. 坚持原价
3. 请简述诚信原则在采购谈判中的作用。

二、单项选择题

1. 价值型谈判方法强调 （ ）
   A. 谈判对手为敌人　　　　　　　B. 谈判对手为朋友
   C. 声东南西策略　　　　　　　　D. 满足利益而不是坚持立场

2. 在谈判的准备阶段,以下描述正确的是 （   ）
   A. 主要任务是提出建议分析以及讨论价格
   B. 要对谈判和对供应链的绩效进行评估
   C. 要制定出谈判目的和策略
   D. 和同事一起讨论、检查谈判的效果
3. 在与伙伴关系的供应商进行谈判时,谈判的方法和侧重点应该是 （   ）
   A. 以所有权总成本为导向,强调双赢   B. 以价格为导向,注重战术和手段的使用
   C. 以价格和服务为导向,强调讨价还价   D. 以达成协议为导向,注重感情交流
4. 在谈判的验证阶段应该做的事情是 （   ）
   A. 双方都应该对协议草案是否具有可操作性进行验证
   B. 双方都应该验证对一些关键问题的理解
   C. 每一方都应该让对方感到压力
   D. 双方都应该从他们各自经理处重复对协议草案的批准
5. 折中是指哪种活动,其是为获得对方让步而经常使用的方法 （   ）
   A. 情感说服   B. 弥合差异   C. 逻辑论证   D. 确认差异
6. 确定谈判目标时的三项活动是:1.确定变量和选择;2.确定谈判目标;3.确定最好的和最坏的目标。这三项活动正确的排列顺序是 （   ）
   A. 1、2、3   B. 3、1、2   C. 3、2、1   D. 2、1、3
7. 谈判人员必须具备的首要条件是 （   ）
   A. 遵纪守法,廉洁奉公,忠于国家和组织   B. 平等互惠的观念
   C. 团结精神   D. 专业知识扎实
8. 一般只限于合作关系非常友好,并有长期的业务往来的双方之间的谈判方式是 （   ）
   A. 立场型谈判   B. 让步型谈判   C. 原则型谈判   D. 价值型谈判
9. 既能获得新的信息又能证实自己以往判断的谈判技巧是 （   ）
   A. 多听少说   B. 只听不说   C. 有问必答   D. 巧提问题

三、不定项选择题
1. 谈判人员应具备的基本观念有 （   ）
   A. 忠于职守   B. 平等互惠   C. 公平竞争   D. 团队精神
   E. 以利益为最终目的
2. 在开局阶段,谈判人员的主要任务是 （   ）
   A. 确定报价   B. 创造谈判气氛   C. 交换意见
   D. 做开场陈述   E. 做报价解释
3. 采购谈判中,要做到对事不对人,应把握的原则是 （   ）
   A. 正确处理和对方的人际关系   B. 正确理解谈判对方
   C. 注重立场,而非利益   D. 控制好自己的情绪
   E. 创造双赢的解决方案

4. 一个国家或地区与谈判有关的政治状况因素主要有 （   ）
   A. 国家对企业的管理程度　　　　B. 经济的运行机制
   C. 政治背景　　　　　　　　　　D. 政局稳定性
   E. 政府间关系
5. 法律人员是一项重大项目谈判的必然人员，其具体职责是 （   ）
   A. 确定谈判对方经济组织的法人地位　B. 监督谈判程序在法律许可范围内进行
   C. 决定谈判过程的重要事项　　　　　D. 为最后决策提供专业方面的论证
   E. 检查法律文件的准确性和完备性

四、分析判断题

1. 价格谈判是商务谈判的核心，价格的关键是合理。 （   ）
2. 采购谈判过程可以分为三个显著的阶段：谈判前、谈判中和谈判后。 （   ）

五、实训题

1. **背景材料**：英国某财团副总裁率代表团来华考察合资办酒厂的环境和商洽有关事宜，国内某酒厂出面安排接待。第一天洽谈会，英方人员全部西装革履，穿着统一规范出席，而我方代表有穿夹克、布鞋的，有穿牛仔裤、皮鞋的，还有的干脆穿着毛衣外套。结果，当天的会谈草草结束后，英方连考察的现场都没去，第二天找了个理由，就打道回府了。

   问题：
   （1）本次谈判失败的主要原因是什么？
   （2）为了避免这种情况的发生，在以后的谈判中应该注意什么？

2. **背景材料**：某水果加工厂派一谈判小组赴国外洽商引进一条橘汁干燥生产线，该小组成员包括1名主管市长，1名经委主任，1名财办主任，另加该厂厂长，共4人。

   问题：
   （1）这一安排有何不合理之处？
   （2）形成这种安排的主要原因是什么？
   （3）对这一安排应如何调整？
   （4）调整的理由是什么？

习题答案请扫二维码获取

项目二 采购操作

◇ 引入案例

国际采购新趋势倒逼中小企业转换思路

经济全球化使得市场竞争由企业竞争向供应链竞争转化,采购成为企业的重大战略。采购商和供应商之间从单纯的买卖关系发展成为战略伙伴关系。在2012年召开的第九届"国际采购新趋势与中小企业应对策略"论坛上,专家一致认为,面对国际采购的新趋势,正在融入国际供应链的众多中小企业需要适时转变思路,主动适应新形势,并学会有效规避国际采购风险。

在传统的采购模式中,采购的目的是为了补充库存。香港利丰研究中心副总裁林至颖认为,现今市场供过于求,市场竞争已转化为供应链竞争,因此在供应链管理模式上,采购活动以订单驱动进行。这种订单驱动模式使供应链系统能够及时响应用户的需求,降低库存成本、提高库存周转率和物流速度。

中国商业经济学会副会长徐印州表示,面对供应链的竞争,企业要通过国际采购的四个基本要素——价值流、服务流、信息流和资金流对供应商进行评估和选择,并通过建立系统进行供应商管理。通过与供应商共同分享信息,建立战略合作伙伴关系,让供应商及时提供企业所需产品,降低库存成本,取得竞争优势。

环球市场集团总经理胡伟权表示,电子商务采购具有快速反应、准时供应、有效回应顾客以及连续补货等特点,能够从根本上提高工作效率、降低采购成本、减少采购环节,同时还可以帮助企业实现集中采购,提高交易的价格协商能力,改善客户服务质量。

据统计,全球超过200家跨国公司已制定并推行公司社会责任守则,并要求供应商和合约工厂遵守劳工标准。其中,家乐福、耐克等超过50家公司已经在中国设立劳工和社会责任事务部门,目前中国沿海地区已经超过8 000家企业接受这类审查,因此社会责任已经成为国际采购的必备条件。

面对国际采购新趋势,多位专家表示,无论是作为买方还是供应方的中小企业都要特别注意规避国际采购风险,这些风险包括汇率风险、关税条款、供应商选择和评估、采购提前期/交货时间、隐含成本等。此外,企业还要考虑文化和社会习惯以及相关的法律问题。

面对国际采购新趋势和新问题,专家建议,中小企业需要在更大的平台上调整思路,练好内功,并注意与国际市场接轨。

首先,加快转换采购管理模式。胡伟权认为,中国传统采购模式存在采购供应双方信息沟通不充分、响应用户需求迟钝等问题。因此,中小企业需要转换采购管理模式,从为库存而采购转变为为订单而采购,从对采购商品的管理转变为对供应商的管理,从传统采购方式转变为现代采购方式。

其次,运用电子商务采购模式。中小企业需要完善自身电子商务采购系统,加快进入国际采购系统的进程,包括完善网上市场信息发布采购系统、电子银行结算与支付系统、进出口贸易大通关系统、现代物流系统。

再次,了解国际采购通用规则。此前与国际规则接触甚少的中小企业应该了解世界公认的采购法,如《WTO政府采购协议》《欧盟采购指令》《世界银行采购指南》,使中国的国际采购向国际水平靠拢。

最后,提高企业综合素质。专家表示,未来众多中小企业需要在四个方面下功夫:一是必须拥有完善的供应体系和商业执照;二是公平、道德的贸易;三是商品流通能力;四是商品规格符合企业要求。

(资料来源:http://finance.sina.com.cn/china/20120925/183113236376.shtml,2012年9月25日)

任务一　采购合同

◇ **学习任务描述**

采购合同是企业(供方)与分供方,经过双方谈判协商一致同意而签订的"供需关系"的法律性文件,合同双方都应遵守和履行,并且是双方联系的共同语言基础。签订合同的双方都有各自的经济目的,采购合同是经济合同,双方受《中华人民共和国经济合同法》保护和规定承担责任。

◇ **思政园地**

思政元素:契约精神、守信

红军的借条

2015年1月9日上午,在湖北孝昌县金盆村贺家畈村民杨明荣家,记者见到了一张85年前红军出具的借条(见下图)。借条由红一军第一师第七大队孝感县特务营第一分队出具,借款400元大洋,是杨明荣祖父杨长银在1930年借款给红军时所留下的凭证。

这张有些发黄的借条长12厘米、宽4厘米,写着"因我们红军现在扩大武装经济……特向杨长银先生借大洋四百元……"落款为"红军第一军第一师第七大队孝感县特务营第一分队"。还盖有队长涂杏的印章。由于年代久远,加上借条略有破损,部分字迹模糊不清。

记者翻阅资料了解到,1930年,村民杨长银家所在的大悟山一带,包括孝感观音湖地区,是红军第一军第一师第七大队孝感县特务营第一分队的秘密联络点。

据1992年版的《孝感县志》记载:"1930年6月,鄂豫皖根据地红一军一师于阳平口战斗后,进行扩编整训,部队由1200人发展到1500人。"为了扩大革命武装,第一分队奉命在当地筹集资金,当时杨长银的儿子杨文顺21岁,杨长银为了凑齐400大洋借给红军,还让儿子杨文顺到亲戚家借了100多元大洋。

85年过去了,杨长银和杨文顺已经去世,杨长银76岁的孙子杨明荣一直珍藏着长辈留下的这张借条。

孝昌县财政局办公室工作人员余先生称,该借条须经权威部门技术鉴定,一旦被确认,县财政部门将按照相关政策规定,给杨明荣家兑付现金。

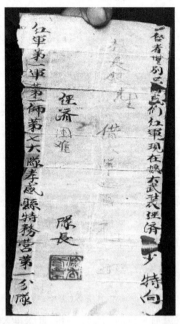

内化提升:红军精神,坚定的信念。

(资料来源:羊城晚报,https://news.ifeng.com/a/20150111/42906835_0.shtml,2015-01)

◇ 准备工作

1. 教师讲解采购合同的签订,以及合同签订的具体内容。

2. 学生收集采购合同纠纷资料,考察企业处理采购合同纠纷的原则和方法,总结采购合同管理的注意事项。

◇ 任务实施

采购合同是具有权利和义务内容的经济合同。合法有效的合同具有法律约束力,即对合同双方当事人有法律效力,可以强制执行,违反合同者必须承担法律责任。

◇ 学习任务相关知识点

一、采购合同基本内容

(一)合同

1. 合同

合同也叫契约,有广义、狭义之分。

▲广义的合同是指发生一定债权债务的协议。

▲狭义的合同是指双方当事人之间为实现某特定目的而确定、变更、终止双方债权关系的协议。

2. 合同的特征

(1) 订立合同的双方当事人法律地位平等。

(2) 合同当事人之间意思表示一致的结果。

(3) 订立合同是一种法律行为。

(4) 合同具有法律效力。

3. 经济合同

经济合同是指法人之间、法人与其他经济实体之间或其他经济实体之间为实现一定的经济目的,明确相互间权利和义务关系的协议。

特点：

(1) 经济合同的主体主要是法人。

(2) 经济合同是为实现一定经济目的而签订的协议,因此区别于一般的民事合同。经济合同是有偿合同。

(3) 经济合同一般都采取书面形式。

(4) 经济合同受到国家经济政策的影响。

4. 采购合同

是经济合同的一种,采供双方在进行正式交易前为保证双方的利益,签订的对采供双方均有法律约束力的正式协议,有的企业也称之为采购协议。

(二) 采购合同的特征

(1) 它是转移标的物所有权和经营权的合同。

(2) 采购合同是典型的双务有偿合同。

(3) 物品采购合同的主体比较广泛。

(4) 物品采购合同与物品流通过程有密切联系。

(三) 采购合同的种类

(1) 采购合同的主体

政府采购、国有企业采购、非国有企业采购。

(2) 采购标的物的产业归属和交易内容

工矿产品采购合同、农副产品采购合同、易货贸易采购合同、补偿贸易采购合同、特殊采购合同。

(四) 采购合同的内容和形式

1. 采购合同的内容

(1) 合同的首部主要包括名称、编号、签订日期、签订地点、买卖双方的名称、合同序言。

(2) 合同的正文主要包括：

① 主要内容有商品名称、品质规格、数量、单价与总价、包装、装运、到货期限、到货地点、付款方式、保险、商品检验、纷争与仲裁和不可抗力。

② 选择内容有保值条款、价格调整条款、误差范围条款、法律适用条款。

(3) 合同的尾部主要包括合同的份数、使用语言及效力、附件、合同的生效日期、双方的签字盖章。

2. 采购合同的形式

(1) 口头合同。

(2) 书面合同：合同书、信件、数据电文、确认书。

(3) 其他形式：如某商店安装自动售货机，顾客将规定的货币投入机器内，买卖合同即成立。

> ◇ **小看板**：采购合同的主要内容
>
> **商品的品种、规格和数量**　采购合同中商品的品种应具体，避免使用综合品名；商品的规格应具体规定颜色、式样、尺码和牌号等；商品的数量应按国家统一的计量单位标出。必要时，采购合同可附上商品品种、规格、数量明细表。
>
> **商品的质量和包装**　采购合同中应规定商品所应符合的质量标准，注明是国家或地方颁布的标准；无国家或地方颁布标准的，应由双方协商凭样订（交）货；对于副品、次品应规定一定的比例，并注明其标准；对实行保换、保修、保退办法的商品，应写明具体条款；对商品包装的办法，使用的包装材料、包装式样、规格、体积、质量、标志及包装物的处理等均应有详细规定。
>
> **商品的价格和结算方式**　合同应对商品的价格做具体的规定，规定作价的办法和变价处理事项等，以及规定对副品、次品的扣价办法；应规定结算方式和结算程序。
>
> **交（提）货期限、地点和发送方式**　合同中的交（提）货期限和地点要按照有关规定，并考虑双方的实际情况、商品特点和交通运输条件等。同时，应明确商品的发送方式是送货、代运还是自提。
>
> **商品验收办法**　合同中要具体规定在数量上和在质量上验收商品的办法、期限和地点。
>
> **违约责任**　合同签约的一方不履行合同，必将影响另一方经济活动的进行，因此违约方应负物质责任，赔偿对方遭受的损失。在签订合同时应明确规定，供应者有以下三种情况时应付违约金或赔偿金：
>
> (1) 不按合同规定的商品数量、品种、规格供应商品。
>
> (2) 不按合同中规定的商品质量标准交货。
>
> (3) 逾期发送商品。购买者逾期结算货款或临时更改提货、到货地点等，应付违约金或赔偿金。
>
> **合同变更或解除条件**　合同中应规定在什么情况下可变更或解除合同，什么情况下不可变更或解除合同，通过什么手续来变更或解除合同，等等。此外，采购合同应视实际情况增加若干具体的补充规定，使签订的合同更切合实际，行之有效。

二、采购合同的履行

(一) 采购合同的签订

1. 要约

要约是希望和他人订立合同的意思表示。按此规定,要约在性质上是一种意思表示,其内容是邀请对方和自己订立合同,表示受要约人一旦承诺,要约人即受该意思表示的约束。但如果仅仅是邀请对方和自己订立合同尚不足以成为要约,只能是要约邀请(表3-4)。

表3-4 要约与要约邀请的比较

类别	目的	对象	方式	条件
要约	当事人希望和他人订立合同的意思表示,以订立合同为直接目的	针对特定的相对人	采用对话和信函等方式	标的额、标的物数量、质量、价款报酬、履行期限
要约邀请	希望对方向自己发出要约的意思表示	针对不特定的相对人	通过电视、报刊等媒介手段	无具体条件

2. 承诺

承诺是受要约人同意要约的意思表示。一项有效的承诺要由受要约人做出才能生效力,与要约的条件保持一致,承诺应在要约有效的时间内做出,承诺必须通知要约人才能生效力。

(二) 采购合同履行的一般规则

1. 质量要求不明确的,按照国家标准、行业标准履行;没有国家标准、行业标准的按照通常标准或者符合合同目的的特定标准履行。

2. 价款或者报酬不明的,按照订立合同时履行地市场价格履行;依法应当执行政府定价或者政府指导价的,按规定履行。

3. 履行地点不明确的,在履行义务一方所在地履行。

4. 履行期限不明确的,债务人可以随时履行,债权人也可以随时要求履行,但应当给对方必要的准备时间。

5. 履行不明确的,按照有利于实现合同目的的方式履行。

6. 履行费用的负担不明确的,由履行义务一方负担。

(三) 采购合同变更和解除

1. 采购合同变更和解除的概念(表3-5)

表3-5 采购合同的变更和解除

名称	含义
采购合同的变更	是指采购合同没有履行或没有完全履行时,由当事人依照法律规定的条件和程序,对原采购合同的条款进行修改、补充,使之更精确等。
采购合同的解除	是指采购合同尚未开始履行或尚未全部履行的情况下,由当事人依据法律规定的条件和程序,终止原采购合同关系。

2. 采购合同变更或解除的条件

允许变更或解除采购合同：

当事人双方经协商同意，并不因此损害国家利益和社会利益；

由于不可抗力致使采购合同的全部义务不能履行；

由于另一方在合同约定的期限内没有履行合同。

3. 违反采购合同的责任

违反采购合同的责任即违约责任。当事人的违约责任是指采购合同当事人因自己的过错不履行或不完全履行采购合同而应当承受的经济制裁。

4. 合同纠纷的处理

采购合同发生纠纷时，当事人可以通过协商或调解解决。当事人不愿通过协商、调解解决或协商、调解不成的，可以依据合同中的仲裁条款或事后达成的仲裁协议，向仲裁机构申请仲裁。当事人没有在合同条款中订立仲裁条款，事后又没有达成书面仲裁协议的，可以向人民法院起诉。

三、采购合同的管理办法

（一）加强对采购合同签订的管理

加强对采购合同签订的管理，一方面要对签订合同的准备工作加强管理，在签订合同之前应当认真研究市场需求和资源市场，审查对方的营业执照，了解其经营范围，以及对方的资金、信用、经营情况，其项目是否合法等，依据企业的购销任务收集各方面的信息，为签订合同、确定合同条款提供信息依据；另一方面要对签订合同过程加强管理，在签订合同时，要按照有关法律法规的要求，严格审查，使签订的合同合理合法。

（二）建立合同管理机构和管理制度

企业应当设置专门机构或专职人员，建立合同登记、汇报检查制度，统一保管合同，统一监督和检查合同的执行情况，以便及时发现问题、采取措施、处理违约、提出索赔、解决纠纷，保证合同的履行。同时，企业可加强与合同对方的联系，密切双方的协作，以利于合同的实现。

（三）恰当处理合同纠纷

当企业的合同发生纠纷时，双方当事人可先协商解决。协商不成时，企业可以向国家工商行政管理部门申请调解或仲裁，也可以直接向人民法院起诉。

（四）信守合同，树立良好的企业形象

合同履行情况的好坏，不仅关系到企业经营活动的顺利进行，而且关系到企业的声誉和形象。因此，加强合同管理，有利于树立良好的企业形象。

◇ 任务小结

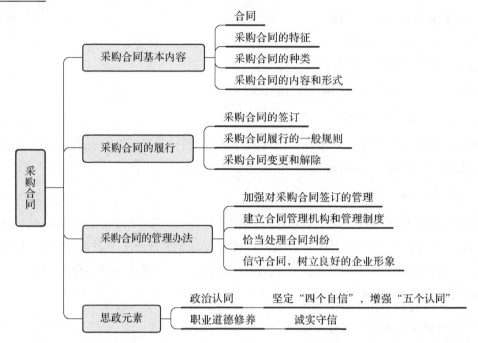

任务二 采购方式的选择

◇ 学习任务描述

采购方式是采购单位或个人在采购货物、工程和服务时采取的具体形式和方法。评选方法是在一定采购方式下确定成交供应商的方法与原则。根据采购项目目标和内容的不同,所选择的采购方式及相应的评选方法也将各不相同。采购部门面临的问题就是采购方式的选择,确定合理的采购方式是采购活动成功、顺利进行的前提。

◇ 思政园地

思政元素:关注社会热点、难点、痛点问题,树立全局意识、系统意识与成本意识

降价不降质 湖北牵头 19 省(区、市)中成药联盟集中采购

2021 年 12 月 21 日,19 省(区、市)中成药联盟在湖北召开集中采购信息公开大会,共有 157 家企业、182 个产品参与竞价。

1 月 4 日,由湖北牵头,19 省(区、市)中成药联盟集中带量采购收效明显:通过竞价,111 个产品中选,拟中选价格平均降幅 42.27%,最大降幅 82.63%。湖北省相关部门表示,将加强集中采购中选药品的质量监管,确保"降价不降质",让患者用得放心。

湖北省医保局党组成员、副局长高忻介绍,本次中成药联盟集中采购共组织了 100 多家

生产企业和 2.4 万多家医疗机构参与。集中采购遵从中医药辨证论治原则,结合现代医学诊疗实际,对功能主治相近的中成药,形成合并集采、分类施策的工作思路。对公立医疗机构用量大、采购金额高的中成药进行分类归集,采取分类施策、一类一策的办法,最终确定了 17 个产品组 76 种中成药采购目录。

高忻说,根据 19 省(区、市)联盟年度需求量测算,集中采购后预计每年可节约药品费用超过 26 亿元。此次中成药联盟集采降价效应将辐射至全国,患者药费负担将进一步减轻,也将保障常态化疫情防控。此次中成药联盟采购结果已经公示,届时采购结果正式公布后,19 个联盟省(区、市)将组织落实约定采购量、签订购销合同、执行采购结果等后续工作,让广大群众尽早用上质优价宜的中选产品,让中成药集中采购成果切实惠及人民群众。

"中成药品类多、用途广,属于老百姓常用药,覆盖人群很广,使用率很高,而且疗程较长。通过以量换价,将在很大程度上减轻患者负担,同时惠及大量普通人群。"高忻表示,中成药集中采购在为患者减负同时,也充分考虑了企业合理利润,通过集中采购方式降低了企业营销成本,有利于挤掉药品流通环节不合理"水分",净化市场环境。

湖北省药监局党组成员、副局长杜汉业介绍,为确保集采中选药品"降价不降质",药监部门将严把中选药品生产源头关,将对中选药品生产企业开展全覆盖的药品监督检查。药监部门重点紧盯低价或大幅降价的中选药品,对中选药品生产的原料采购、生产工艺、原辅料投料、药品生产质量管理规范实施等方面进行深入核查、评估,督促生产企业落实主体责任,确保出厂的每盒药品都是合格产品。

内化提升:理解以人为本的科学发展观,践行社会主义核心价值观。

(资料来源:新华网,http://field.10jqka.com.cn/20220104/c635660702.shtml,2022-01)

◇ 任务书

在商业贸易中,特别是在国际贸易中,大宗商品的采购或大型建设项目承包等,通常采用招标的方法。在招标交易中,对采购企业来说,他们进行的业务是招标;对供应商来说,他们进行的业务是投标。请为学院公共机房计算机采购制订招标方案。

◇ 准备工作

当今社会,物品的采购多为招标采购,因为招标采购秉承了公开、公平、公正的原则,使合理的价格得以产生,诚信的厂商能够生存。但是如果招标不慎,不发布广为人知的信息,那么可能会被个别厂商操纵,开标的最低价格或许会超出正常的市场价格。

◇ 任务实施

学校采购计算机招标

实训目的:通过训练练习招标采购方式的基本过程和程序。

实训内容:学校通过招标方式向社会公开招标购买一批计算机。

检查考核：

（1）小组成员分工，分小组扮演相关角色如招标方、投标方、评标小组。在进行市场调查和查找相关资料后，形成相关文书如招标书、投标书、评标标准。

（2）各组介绍实施过程，上交资料。

（3）自评、互评、教师评价表：

团队名称	自评(10%)	小组互评(30%)	教师评价(60%)	合计

（4）实训工作评价表：

考核项目名称	学校采购计算机招标			
考核指标	工作态度 (20分)	团队合作 (20分)	实训任务完成度 (20分)	成果展示与汇报 (40分)
团队总分				

◇ 学习任务相关知识点

一、招标采购概述

（一）招标采购的概念

所谓招标，是指由招标人发出公告或通知，邀请潜在的投标商进行投标，然后由招标人通过对投标人所提出的价格、质量、交货期限和该投标人的技术水平、财务状况等因素进行综合比较评价，确定其中最佳的投标人为中标人，并与其签订合同的过程。

招标采购，就是通过招标方式寻找最好的供应商进行采购的方法。

（二）招标采购的特点

1. 招标程序的公开性；
2. 招标过程的竞争性；
3. 招标程序的公平性。

（三）招标采购的适用范围

一般只适宜于比较重大的项目，或者影响比较深远的项目。例如以下情况：

1. 寻找长期供应物资的供应商。如新企业开业，寻找未来的长期物资供应商时采用招标方式。

2. 寻找一次比较大批量的物资供应商。
3. 寻找一项比较大的建设工程的工程建设和物资采购供应商等。

对于小批量物资采购或者比较小的建设工程,一般较少采用招标方式,因为这样做成本太高、不合算。

(四) 招标投标的方法

1. 公开招标

公开招标,又叫竞争性招标(表3-6)。

表3-6 公开招标的含义

名称	内容
含义	由招标人在国家指定的报刊、信息网络或其他媒体上发布招标公告,邀请不特定的企业单位参加投标竞争,招标人从中选择中标单位的招标方式
分类	国际竞争性招标和国内竞争性招标

2. 邀请招标

邀请招标也称有限竞争性招标或选择性招标(表3-7)。

表3-7 邀请招标的含义

名称	内容
含义	由招标单位选择一定数目的企业,向其发出投标邀请书,邀请他们参加投标竞争。一般选择3~10个企业参加较为适宜
特点	邀请投标不使用公开的公告形式 接受邀请的单位才算合格投标人 投标人的数量有限

(五) 招标采购程序

招标采购是一个复杂的系统工程,它涉及各个方面、各个环节。完整的招标采购过程为以下七个阶段:

1. 策划

(1) 明确招标的内容和目标,对其必要性和可行性进行充分的研究和探讨。
(2) 对招标书的标底进行仔细研究确定。
(3) 对招标的方案、操作步骤、时间进度等进行研究决定。
(4) 对评标方法和评标小组进行讨论研究。
(5) 把讨论形成的方案计划形成文件,交由企业领导层讨论决定,以取得企业领导决策层的同意和支持。

2. 招标

(1) 形成招标书。
(2) 对招标书的标底进行仔细研究确定。

(3) 招标书发送。

3. 投标

投标人在收到招标书以后，如果愿意投标，就要进入投标程序。其中投标书、投标报价需要经过特别认真的研究、详细的论证完成。因为这些内容是要和其他许多供应商竞争评比的，既要先进，又要合理，还要有利可图。

4. 开标

开标是采购机构在预先规定的时间和地点将投标人的投标文件正式启封揭晓的行为。开标由招标人组织，邀请所有投标人参加。

5. 评标

招标方收到投标书后，直到招标会开会那天，不得事先开封。只有在招标会开始，投标人到达会场后，才能将投标书邮件交投标人检查，签封完好后，当面开封。

6. 定标

在全体评标人员投票或打分选出中标人员以后，交给招标方，通知中标方。同时对于没有中标者也要明确通知他们，并表示感谢。

7. 签订合同

招标人将合同授予中标人并由双方签署的行为。

（六）招标文件

招标文件是整个招标投标活动的核心文件，是招标方全部活动的依据，也是招标方智慧与知识的载体。

一个完整的招标文件应当由以下五个基本部分组成：

1. 招标邀请书

其核心内容就是向未定的投标方说明招标的项目名称和简要内容、发出投标邀请，并且说明招标书编号、投标截止时间、投标地点、联系电话、传真、电子邮件地址等。

2. 招标目标任务说明

这一部分应当详细说明招标的目标任务。如果目标任务是单纯的物资采购，那么就应当需要采购物资的一览表，以及供应商所应当承担的服务项目要求和所提供的物资要求等。

3. 投标须知

投标须知，实际上是要建立起一些在整个招标投标过程中的共同概念和规则，把它明确地写出来，作为招标文件的一部分，以期形成共识，作为今后双方行为的依据，并且声明未尽事项的解释权归谁所有，以免以后引起争议。

4. 购销合同

有的招标文件把这一部分又叫做商务条款。基本内容就是购销合同任务内容明细、描述方式、货币价格条款、支付方式、运输方式、运费、税费处理等商务内容的约定和说明。

5. 投标文件格式

有的招标文件把一部分叫做"附件"。这一部分很重要,就是要告诉投标者,他们将来的投标文件应该包括一些什么文件,每种文件的格式应当如何。

> ◇ **小看板:** 示例
>
> **商贸学院视频课件播录系统采购招标公告**
>
> 我院因教学工作需要,拟购置一套视频课件播录系统,现进行公开招标采购,欢迎合格的投标人参加。
>
> 一、项目名称和采购编号
> 项目名称:视频课件播录系统　　　采购编号:CGSP2022-06
>
> 二、采购内容
> 视频课件播录系统一套(详见招标文件第二部分)
>
> 三、合格的供应商应具备的资格要求
> 1. 具有相应合法的经营许可;
> 2. 具有国内独立法人资格和具有独立承担民事责任能力;
> 3. 具有良好的商业信誉和健全的财务会计制度;
> 4. 具有履行合同所必需的设备和专业技术能力;
> 5. 具有依法缴纳税收和社会保障资金的良好记录;
> 6. 参加本项采购活动前三年内,在经营活动中没有重大违法记录。
>
> 四、资格审查
> 投标资格采用后审制。接受投标人报名或递交投标文件不表明已获取投标资格,开标会上通过资格审查的投标人才有投标资格。
>
> 五、招标文件购买与报名
> 1. 招标文件价格:200元人民币,售后恕不退还;
> 2. 投标保证金5 000元;
> 3. 购买标书(报名)时间:2022年4月24日—4月27日(节假日除外);
> 4. 购买标书(报名)地点:商贸学院实验室与设备管理处(行政楼120室)
>
> 六、投标与开标
> 1. 递交投标书截止时间:2022年5月20日上午9:00
> 2. 开标时间:2022年5月20日上午9:00
> 3. 投标、开标地点:商贸学院实验室与设备管理处(科技楼201室)
>
> 七、联系方式
> 联系人:李老师、王老师　　　联系电话:027-81625333
>
> 商贸学院招办
2022年4月16日

(七) 投标文件

1. 概念

投标文件是项目投标人单方面阐述自己响应招标文件要求,旨在向招标人提出愿意订立合同的意思表示,是投标人确定、修改和解释有关投标事项的各种书面表达形式的统称。

2. 类型

(1) 商务文件

这类文件是用以证明投标人履行了合法手续及招标人了解投标人商业资信、合法性的文件。一般包括投标保函、投标人的授权书和证明文件、联合体投标人提供的联合协议、投标人所代表的公司的资信证明等。

(2) 技术文件

如果是建设项目,那么包括全部施工组织设计内容,用以评价投标人的技术实力和经验。

(3) 价格文件

这是投标文件的核心,全部价格文件必须完全按照招标文件的规定格式编制,不允许有任何改动,如有漏填,则视为其已经包含在其他价格报价中。

3. 编制投标文件的四项原则(图3-2)

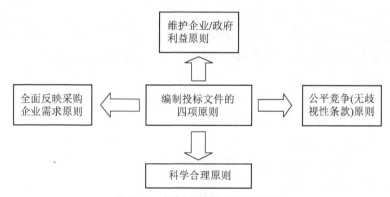

图 3-2 投标文件编制四项原则

4. 投标文件组成

一份完整的投标文件应包含如下部分(表 3-8):

表 3-8 投标文件的主要内容

投标文件	法人代表授权书
营业执照	资格声明
投标一览表	银行资信证明
投标分项报价表	售后服务说明
货物说明一览表	培训计划
技术规格偏离表	各种注册证、许可证、相关认证
商务条款偏离表	产品样本资料
投标保证金	合同主要条款

5. 编制投标文件注意事项

（1）投标人编制投标文件时必须使用招标文件提供的投标文件表格格式，但表格可以按同样格式扩展。

（2）应当编制的投标文件"正本"仅一份，"副本"则按招标文件前附表所述的份数提供，同时要明确标明"投标文件正本"和"投标文件副本"字样。投标文件正本和副本如有不一致之处，以正本为准。

（3）投标文件正本与副本均应使用不能擦去的墨水打印或书写，各种投标文件的填写都要字迹清晰、端正，补充设计图纸要整洁、美观。

（4）所有投标文件均由投标人的法定代表人签署、加盖印鉴，并加盖法人单位公章。

（5）填报投标文件应反复校核，保证分项和汇总计算均无错误。全套投标文件均应无涂改和行间插字，除非这些删改是根据招标人的要求进行的，或者是投标人造成的必须修改的错误。修改处应由投标文件签字人签字证明并加盖印章。

（6）如招标文件规定投标保证金为合同总价的某百分比时，开投标保函不要太早，以防泄漏己方报价。但有的投标商提前开出并故意加大保函金额，以麻痹竞争对手的情况也是存在的。

（7）投标人应将投标文件的正本和每份副本分别密封在内层包封，再密封在一个外层包封中，并在内包封上正确标明"投标文件正本"和"投标文件副本"。

（八）评标体系

1. 评标概述

评标，是招标方的主权。评标系统是招标方根据自身的利益和客观、公正、公平的原则自主建立的。评标的根本目的，就是选中真正最优的技术方案投标方，为自己带来最大的效益。招标方将根据招标任务的特点组建评标小组（或委员会），评标小组成员5人以上，为表决方便，应取单数。其成员中，有投标方企业的人员，也要有一定数量的技术、经贸、法律等方面的专家。评标小组根据公正、公平、公开原则对所有投标方的投标文件进行审查、质疑、评估、比较，并把最后的评比结果交给招标方。

2. 评标考核指标体系的确定

确定评标考核指标体系是整个评标的关键，评标考核指标体系设置得是否科学、合理，在很大程度上将直接影响招标活动的顺利进行。

评标考核指标体系的确定，不能仅仅局限于投标单位的资格条件、经验、规模、服务和财务能力等，既要考虑到各方面的综合因素，又要便于操作。

在实际评标过程中，常用的评标考核指标体系有：投标商品的价格、技术性能、质量水平、交货期、付款条件、售后服务、资信及履约能力、合作精神和其他优惠条件等。根据具体情况可以在其基础上适当增加或减少。

要评价一个方案的好坏，不能只看某一个指标，而是要看各个指标的综合效果。这就要把每个指标的评价结果"加"起来求出一个总评价值，也就是总成绩。但是在评标考核指标体系的多个评价指标中，不是每个指标都是同等重要的，有的指标明显重要一些，有的就不那么重要。所以,为了表示各个指标的不同重要性,应当分别赋予每个指标不同的权值,把各个指标进行加权求和得出综合评价值。

3. 评标内容

评标分为技术评审和商务评审两个方面。

(1) 技术评审

技术评审的主要内容有:

▲标书是否包括了招标文件要求提交的各项技术文件,它们同招标文件中的技术说明和图纸是否一致;

▲实施进度计划是否符合招标商的时间要求,计划是否科学和严谨;

▲投标商准备采用哪些措施来保证实施进度;

▲如何控制和保证质量,措施是否可行;

▲如果招标商在正式投标时已列出拟与之合作或分包的公司名称,那么这些合作伙伴或分公司是否具有足够的能力和经验保证项目的实施和顺利完成;

▲投标商对招标项目在技术上有何种保留和建议的可行性和技术经济价值如何。

(2) 商务评审

商务评审的主要内容有:

▲将投标报价与标底进行对比分析,评价该报价是否可靠合理;

▲投标报价构成是否合理;

▲分析投标文件中所附现金流量表的合理性及其所列数字的依据;

▲审查所有保函是否被接受;

▲评审投标商的财务能力和资信程度;

▲投标商对支付条件有何要求或给招标商何种优惠条件;

▲分析投标商提出财务和付款方面建议的合理性。

4. 评标方法

(1) 最低评标方法

当采购技术规格简单的商品原材料、半成品,以及其他性能质量相同、容易进行比较的货物时,可以将价格作为评标的唯一尺度。以价格为尺度时,不是指最低报价,而是指最低评标价。最低评标价的价格计算包含成本和利润。其中,利润为合理利润,成本有其特定的计算口径。如果采购的货物是从国外进口的,报价包括货款、运费的到岸价;如果采购的货物是国内生产的,报价应以出厂价为基础。

▲出厂价应包括为生产、供应货物而从国内外购买的原材料和零配件所支付的费用以及各种税款,但不包括货物售出后所征收的销售性和其他类似税款。

▲如果提供的货物是国内投标商早已从国外进口,现已在境内的,应报仓库交货价或展示价,该价格应包括进口货物时所支付的进口关税,但不包括销售性税款。

(2) 综合评标法

它指以价格加其他因素评价,在采购耐用设备、车辆及其他重要固定资产时,可采用这种评标方法。这种评标方法除考虑报价因素外,还考虑把其他因素加以量化,用货币折成价格,与报价一起计算,然后按照评标价高低排列。

除报价外,评标时应考虑的因素一般有内陆运输以及保险费、交货或竣工期、支付条件、购货人在国内获得零部件以及售后服务的可能性、价格调整因素、设备和工厂运转和维护费用、质量和技术性能等。

(3) 以寿命期的成本为依据评标

采购整座工厂、生产线或设备、车辆等,它们在采购后若干年运行期的各项后续费用(零件、油料、燃料、维修等)很大,有时甚至超过采购价。在这种情况下,评标时要考虑后续费用,以产品寿命期内的成本作为评标的依据。

其做法是,将采购时的报价和因为其他因素需要调整的价格,加上一定运行年限的各项费用,再减去一定年限后设备的残值等,然后进行比较,决定最终评标价。在计算以后运转期内的各项费用时,应按照一定的贴现率计算其净现值,再加入评标价中。

(4) 优点积分法

一般只适用于价值不高的采购。其基本做法是:使各项技术性能因素以及其他评标标准各按其重要性分占一定权重(百分比),由此算出每一份标书的积分,然后用每份标书所得总积分除标书的价格,得出"报价除以积分"的商值。报价越低,积分越高,所得的商值越低。商值最低的标书就是评标最低的标书。

该方法另一种较简单的做法是:将报价也作为计算积分的评价因素之一,与其他因素一样,占多少权重,分别评定积分。这种方法适用于报价在全部评价因素中占主要份额的设备的采购。一般报价所占权重在60%以上。

二、国际采购

(一) 概念

超过国界的,在一个或几个市场领域中购得产品货物或服务的过程。关键在于确定产品规格细则和获得市场准入权,订好协议标准从而能够以适当的价格购进货物并能在物流环节中进行理想的再分配。

(二) 国际采购的原因

1. 质量

从事国际贸易的厂商通常具备较高的技术能力,采购者选择国际市场采购在质量方面的考虑主要有以下几个方面:

(1) 某些国外产品的性能是国内生产的同类型产品所达不到的。

(2) 某些国外供应商质量的稳定性以及技术的革新力量更强。国外供应商的产品质量并不是都比国内供应商好,但在某些产品上,国外供应商的产品质量更稳定。

2. 价格

在国外采购同样的货物可能比在国内更便宜,这是因为订购量大、劳动力成本低、生产效率高、工厂好或者是汇率变动等。

3. 补充国内供应缺口

有些原材料，特别是自然资源，国内没有储备，只能大量从国外进口。此时采购者必须到其他国家才能采购到他所需要的货物，如某些原材料在本国根本就不生产；还有一些国家自己不生产某种工业产品，仅出口原材料而进口制成品。

4. 快速交货和连续供应

要比国内的快。他们甚至可能在世界各地持有产品库存，从而能够保持供应的连续性，即使遇到一些特殊情况也不会影响采购方的生产。

5. 互惠贸易

许多国家会要求国外供应商在该国内购买原料，以此作为交易条件的一部分，此种方式又称为以货易货或互惠贸易。这种为销售至某一国家而先购买此国家货物的方式，可以使买卖国家双方获得比纯粹的货币交易更多的利益。

(三) 国际采购的特点

1. 采购地距离遥远

由于国际市场采购一般距离比较远，因此对货源地市场情况不易了解清楚，给选择供应商造成一定困难，并且供应物流的过程也比较复杂。

2. 国际市场采购的程序比较复杂

国际市场从采购前的准备，采购合同磋商、签订和履行，以及争议的处理等各个方面都较国内采购复杂得多，需要了解许多国际贸易的专业知识，才能顺利完成采购任务。

3. 国际采购风险比较大

由于国际采购时间长、距离远，又涉及外汇汇率的变化，因此国际采购在运输、收购和结算等方面都面临着很大的风险。

(四) 与本土采购的差异

1. 价格方面

▲国内价格简单

成本＋营业税

▲国际价格复杂

成本＋进口关税＋进口消费税＋保险费＋进出口报关或通关＋海运费（航空费）＋港杂费＋增值税等

2. 付款方面

▲国内

付款期较短，人民币结算没有汇率风险。

▲国外

付款周期较长，外币结算存在汇率风险。

3. 文化方面

世界各国风土人情均有各自特色，贸易交流时要注意尊重不同种族、民族特色文化。

如白色在不同文化中的含义：

▲中国文化

象征死亡、凶兆，枯竭而无血色、无生命的表现；

象征腐朽、反动、落后；

象征失败、愚蠢、无利可得；

象征奸邪、阴险；

象征知识浅薄、没有功名。

▲西方文化

象征纯真无邪；

象征正直、诚实；

象征幸运、吉利；

象征合法、无恶意的意思。

（五）国际市场采购需要注意的几个问题

1. 供应商的选择是否合适

进行有效采购的关键问题应该是选择高效、负责的供应商。获得国际供应商的方法基本上和选择国内供应商的方法相同。为了获得更多的背景资料，最好的办法就是到供应商所在地进行实地调查。

2. 交货时间是否准时

虽然运输和通信的发展使全球采购中的交货时间得以缩短，但还是会有一些因素引起国际采购的交货时间延长。

3. 政治问题

供应商所在国的政治问题可能使供应产生中断的风险。例如供应商所在国发生战乱或者暴动等。采购者必须对风险做出估计，如果风险过高，购买者必须采取一些措施监视事态的发展，以便及时对不利事态做出反应并寻找替代办法。

4. 隐含成本过高

在对国内采购和国际市场采购进行比较时，往往会忽略国际市场采购中的某些成本计算，或者有时也会出现一些突发事件使国际采购的成本增加，这些都是国际市场采购的隐含成本。

5. 汇率波动

采购方必须就采用买方国家的货币还是供应方国家的货币做出选择。如果交款时间比较短，就不会出现汇率波动问题。但是如果交款时间比较长，汇率就会产生比较大的变动，交货结算时的价格相对合同签订时就会有很大的出入。

（六）国际采购的基本流程

公司在进行国际采购时，通常遵循着一定的步骤。本书将详细讨论国际采购的主要步骤(图3-3)。尽管各公司在进行国际采购时,执行的流程顺序可能会有所差异,但是要想成功地进行国际采购,这些步骤都是必须完成的。

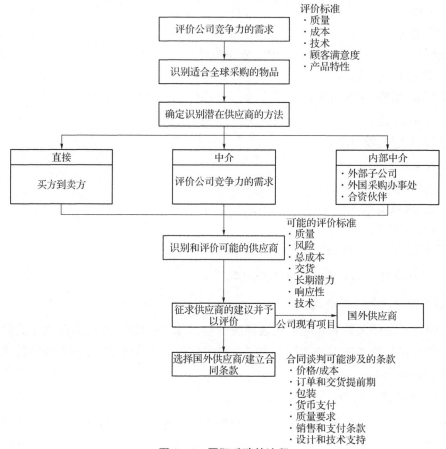

图3-3 国际采购的流程

1. 首先选择进行国际采购的物品

公司应该选择质量好、成本低、便于装运且无风险的商品进行国外采购。首先选择一个或多个商品进行评价。例如,选择对现存操作并不重要的产品,如日用品或者具有多种采购来源的产品。一旦采购这些产品积累了足够的经验,就可以进行其他种类产品的国际采购了。如选择标准化产品或者说明书易懂的产品;选择购买量大的产品来检验国际采购的效果;选择能够使公司从长期采购中获得利益的产品;选择那些需要较为标准化设备的产品;选择那些在成本或质量等主要绩效标准方面具备竞争力的产品。

2. 获取有关国际采购的信息

在确定需要进行国际采购的物品之后,接下来公司就要收集和评价潜在供应商的信息或者识别能够承担该任务的中介。获取信息的途径有:国际工业厂商名录;贸易展销会;贸易公司;驻外代理机构;贸易咨询机构;国内来源;其他来源;公司也可以使用进口经纪人。

3. 评价供应商

无论是买方公司还是外国代理机构进行国际采购,公司评价国外供应商的标准都应该与评价国内供应商的标准相同(甚至是更加严格)。国外供应商不会主动达到买方的绩效要求或者期望。

4. 签订购买合同

确定了合格的供应商之后,买方就要征求供应商的建议书。如果外国供应商并不具备竞争力(通过评价建议书来确定),那么采购员就会选择国内供应商。如果外国供应商能够满足买方的评价标准,那么买方就可以与供应商磋商合同条款了。

三、即时制采购

(一) JIT 的基本思想

准时生产方式(Just In Time, JIT)是起源于日本丰田汽车公司的一种生产管理方法。它的基本思想是"彻底杜绝浪费""只在需要的时候,按需要的量,生产所需要的产品"。这也就是 JIT 的基本含义。

这种生产方式的核心,是追求一种无库存生产系统,或是库存量达到最小的生产系统,因而开发了包括"看板"在内的一系列具体方法,并逐渐形成一套独具特色的生产经营系统。

当年,丰田公司的大野耐一创造 JIT 生产方式,是在美国参观超级市场时受超级市场供货方式的启发而萌生的想法。美国超级市场除了商店货架上的货物之外,是不另外设仓库、设库存的。商场每天晚上都根据当天的销售量来预计明天的销售量,向供应商发出订货。第二天清早供应商按指定的数量送货到商场,有的供应商一天还分两次送货,基本上按照用户需要的品种、数量在需要的时候送到需要的地点。所以每天的送货刚好满足了用户的需要,没有多余,没有库存,也没有浪费。大野耐一就想到要把这种模式运用到生产中,因而产生了准时化生产。

(二) JIT 采购的原理

JIT 采购的原理主要表现在以下几个方面:

1. 与传统采购面向库存不同,准时化采购是一种直接面向需求的采购模式。它的采购送货是直接送到需求点上。

2. 用户需要什么,就送什么,品种规格符合客户需要。

3. 用户需要什么质量,就送什么质量,品种质量符合客户需要,拒绝次品和废品。

4. 用户需要多少,就送多少,不少送,也不多送。

5. 用户什么时候需要,就什么时候送货,不晚送,也不早送,非常准时。

6. 用户在什么地点需要,就送到什么地点。表 3-9 对传统采购与准时化采购进行了对比,大家可以对照分析。

表 3-9 传统采购与准时化采购比较表

比较因素	传统采购	准时化采购
供应商选择	较多供应商,合作关系松散、物料质量不宜稳定	较少供应商,合作关系稳固、物料质量较稳定
供应商评价	合同履行能力低	合同履行能力、生产设计能力以及积极性高
交货方式	由采购商安排,按合同交货	由供应商安排,确保交货准时性
到货检查	每次到货检查	质量有保障,无需检查
信息交流	信息不对称,易导致暗箱操作	采供双方高度信任,共享准时、实时信息
采购批量和运输	大批量采购,配送频率低,运输次数相对少	小批量采购,配送频率高,运输次数多

(三) JIT采购战略优势及其实施前提条件

JIT 采购可以大大减少在制品的库存,减少零部件、原材料的库存,缩短原材料供应周期。在原材料的供应过程中实施 JIT 采购,能有效地推动供应链的整体优化。由于 JIT 采购的基本思想是与供应商签订在需要时提供所需数量的零部件、原材料的协议。这就意味着可以一天一次、一天两次,甚至每小时好几次供货。

JIT 采购的最终目标是为每种物资和几种物资建立单一可靠的供应渠道。

1. JIT 采购的战略优势

(1) 能保证频繁而可靠的交货(即多批次采购);
(2) 能有效地减少每次采购的批量(即小批量采购);
(3) 能有效地压缩采购提前期,以确保供应商快速可靠地交货;
(4) 能有助于保证一贯的采购物资的高质量(即稳定的供应质量)。

2. JIT 采购实施前提条件

(1) 买方的生产计划相对平稳,物料的需求也相应地可随时预测;
(2) 将更大、更稳定的订单交给少数几个供应商,从而激发供应商的绩效与忠诚;
(3) 采购协议是长期的,只需很少的文书工作;
(4) 只提供频繁的小批量交付,这样可以及早地暴露质量问题;
(5) 被指定的少数供应商,对改进运输配送和包装标签,能做出相应的及时反应;
(6) 采购方和供应商的信息沟通无极限。

(四) JIT采购主要步骤

1. 创建JIT采购管理团队

世界一流企业的专业采购人员有 3 个责任:寻找货源、商定价格、发展与供应商的协作关系并不断改进。因此专业化的高素质采购队伍对实施准时化采购至关重要。

为此,应先成立两个班组:一个是专门处理供应商事务的班组。该班组的任务是认定和评估供应商的信誉、能力,或与供应商谈判签订准时化订货合同,向供应商发放免检签证等,同时要负责供应商的培训与教育。另外一个班组是专门从事消除采购过程中浪费的班组。这个班组人员应对准时化采购的方法有充分的了解和认识,必要时要进行培训,如果这些人员本身对准时化采购的认识和了解都不彻底,就不可能指望供应商的合作了。

2. 分析 JIT 采购物品,确定优先型供应商

根据所需采购物品的不同,选择供应商应从这几个方面考虑:产品质量、供货情况、应变能力、地理位置、企业规模、财务状况、技术能力、价格、与其他供应商的可替代性等。

3. 提出改进 JIT 采购模式的具体目标

针对目前的供应状态,提出改进目标。改进目标包括供货周期、供货频次、库存等,改进目标应该有时间要求。

4. 制订具体的 JIT 采购实施方案

要明确主要行动点、行动负责人、完成时间、进度检查方法及时间、进度考核指标等,其中包括本公司内部的主要行动。

5. 不断改进 JIT 采购的具体措施

改进实施的主要环节是将原来独立开具固定订单改成滚动下单,并将订单与预测结合起来,如可定期向供应商提供采购预测,便于供应商提前安排采购和生产。还应注意充分利用电子邮件、电话、传真等手段进行信息传递,以充分保证信息传递的及时性、准确性和可靠性。

6. JIT 采购绩效的 PDCA 评估

所谓 PDCA 循环,又叫戴明环,是美国质量管理专家戴明博士提出的,是全面质量管理所应遵循的科学程序。PDCA 即是计划(Plan)、实施(Do)、检查(Check)、行动(Action)的首字母组合。一般工作都离不开 PDCA 的循环,因为每一项工作都需要经过计划、执行、检查、对计划进行调整并不断改善这样四个阶段。改进与解决质量问题,赶超先进水平的各项工作,都要运用 PDCA 循环的科学程序(表 3-10)。

表 3-10 PDCA 阶段

阶段	步骤
P	1. 分析现状,找出原因 2. 找出各种影响因素或原因 3. 找出主要影响因素或原因 4. 针对主要原因,制定措施计划
D	5. 执行、实施计划
C	6. 检查计划执行结果
A	7. 总结成功经验,制定相应标准 8. 把未解决或出现的新问题转入下一个 PDCA 循环

PDCA 循环作为全面质量管理体系运转的基本方法,其实施需要收集大量数据资料,并

综合运用各种管理技术和方法,特点有:各级质量管理都有一个 PDCA 循环,一般来说,上级循环是下级循环的依据,下级循环是上级循环的落实和具体化;每个 PDCA 循环都不是在原地周而复始地运转,而是像爬楼梯那样,每一次循环都有新的目标和内容,这意味着,经过一次循环解决了一批问题,质量水平有了新的提高(图 3-4)。

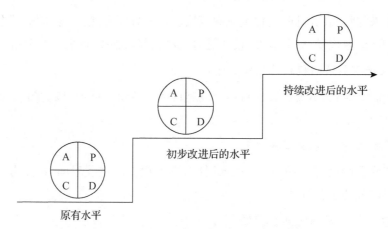

图 3-4　JIT 采购绩效的 PDCA 评估发展图

准时化采购也是一个不断完善和改进的过程,需要在实施过程中不断总结经验教训,从降低运输成本、提高交货的准确性和产品的质量、降低供应商库存等各个方面进行改进,不断提高准时化采购的运作绩效。

四、电子采购

(一)电子采购概述

电子采购是指在网络平台基础上直接进行的采购,利用数字化技术将企业、海关、运输、金融、商检和税务等有关部门有机连接起来,实现从浏览、洽谈、签约、交货到付款等全部或部分业务自动化处理。此种采购形式能够使企业通过网络,寻找管理合格的供货商和物品,随时了解市场行情和库存情况,编制销售计划,在线采购所需的物品,并对采购订单和采购的物品进行在途管理、台帐管理和库存管理,实现采购的自动统计分析。实施电子采购,不仅方便、快捷,而且交易成本低、信息公开程度透明,故而成为当前企业常用的采购方式之一。

电子采购同许多新事物一样,最先兴起于美国,它的最初形式是一对一的电子数据交换系统,即 EDI。这种由大买家驱使,连接自己供应商的电子商务系统的确大幅度地提高了采购的效率,但早期的解决方式价格昂贵,耗费庞大,且由于其封闭性仅能为一家买家服务,尤令中小供应商和买家却步。因为 EDI 需要企业遵循一套大家所公认的文件或商业单据标准。联合国制订了一套商业 EDI 标准,但在具体实施过程中,关于标准问题在行业内及行业间的协调工作举步维艰。因此,真正商业伙伴间 EDI 并未广泛开展。20 世纪 90 年代中期,电子采购目录开始兴起,这是供应商通过将其产品介绍放在网上,以此来提高供应商的信息透明度、市场涵盖面。到近年来,全方位综合电子采购平台出现且通过广泛连接买卖双方来进行电子采购服务。

(二) 电子采购模式与传统采购的区别及其优势

1. 电子采购与传统采购的主要区别

电子采购相对于传统的采购方式,最主要的区别就是电子采购采取现代计算机网络的技术,特别是将因特网作为应用工具,将采购项目的信息公告、发标、投标报价、定标等过程放在计算机网络上来进行,采购相关的数据和信息实现了电子化方式。

传统的采购主要通过手工操作,采购双方之间的沟通主要是通过电话、传真或登门拜访的形式。整个采购业务流程没有自动化,数据不断地被重复输入、确认,在这个过程中难免会出现差错。即使是采购小批量、零碎的物品都需要经过复杂冗长的批准过程,不仅延长了采购周期,而且大大增加了业务成本,并有可能引起采购人员的不满而使用非规范的步骤进行采购。总的来说,传统采购业务流程的效率不高,从而导致业务成本提高、采购周期延长、对采购的控制不强,无法形成采购中的规模经济效益。

相对于传统采购,电子采购具有明显的比较优势:价格透明、效率高、竞争性强、节约成本等。国际网上采购有效性的原因:

(1) 符合采购国际化的趋势,突破了国内采购的限制;

(2) 以电子商务为平台,解决了传统采购模式国际化所遇到的桎梏。

2. 电子采购的优势

在国外,电子采购已经引起了企业界的足够重视,实施电子采购成为建立企业竞争优势不可或缺的手段。美国三大汽车厂商通用汽车、福特、克莱斯勒合作,运营 B2B 电子采购的商务网站,该网站面向所有的汽车零配件供应商(主要是为这三家企业服务的厂商),它的网上交易额预计将达到 6 000 亿美元以上。位列美国第二的 Sean 和欧洲第一的家乐福联合成立 B2B 电子采购网站,与沃尔玛竞争,预计网上的交易金额将达到 3 000 亿美元以上。由此可以看出,电子采购的发展对全球经济具有较大的影响力。

电子采购作为一种先进的采购方式,主要体现在:

(1) 大大减少了采购需要的书面文档材料,减少了对电话传真等传统通信工具的依赖,提高了采购效率,降低了采购成本。

(2) 利用网络开放性的特点,使采购项目形成了最有效的竞争,有效地保证了采购质量。

(3) 可以实现电子化评标,为评标工作提供方便。

(4) 由于需要对各种电子信息进行分析、整理和汇总,因此可以促进政府采购的信息化建设。

(5) 能够更加规范采购程序的操作和监督,大大减少了采购过程中的人为干扰因素。

(6) 一个成功的电子采购解决方案能为企业制定一套规范的采购流程,有利于加强企业的管理。

(7) 不仅能降低采购中的管理成本、缩短采购周期、加强对采购流程以及库存等的控制,而且能有效地提供新的供应商信息,降低采购商品的价格。

(8) 企业能获得更多与客户需求相关的信息,这使得企业可以实时(Just In Time,JIT)生产制造产品,并大幅减少超额库存及昂贵的安全储备。

(9) 一个完全统一的在线供应链系统不仅可以使企业按照前期合同简便准确地从卖主那里采购货物,而且还可以通过此供应链在产品设计和生产方面跟不同层次的供应商交换修改意见,从而实现供应链采购。

> ◇ 小看板:网上采购、电子采购、电子化采购、电子商务的区别
>
> ◆电子采购同我们常说的网上采购具有相同的含义,都是基于互联网平台的一种采购模式。只是,通常我们提到的网上采购还包括 B2B、B2C、C2C 等模式,但是电子采购则是针对企业的采购模式而言,是一种战略,是 B2B 的采购模式;电子化采购是指企业利用电子软件,进行有效的电子采购,是电子采购或企业网上采购的具体操作方式之一。
>
> ◆电子采购不同于电子商务,前者是一种集成供应链策略,注重后台客户;后者是一种面向大众的网上交易方式,注重前台客户。不过,电子采购绝对不是简单地在网上发出一份采购订单,而是要把复杂的各种流程放到网上去做,包括协作设计、技术方案制定、采购批量计划和预测、库存管理以及当涉及外包制造服务时的供应问题等。

(三) 电子采购的模式

电子采购所要进行的业务关系到供应商和采购商两个主体,特别是采购物料信息,均来自企业外部的供应商,这给电子采购模式的建立提供了可能性。一般来说,企业的电子采购模式主要有以下三种。

1. 卖方模式(Sell—Side Model)

卖方模式是指供应商在互联网上发布其产品的在线目录,采购方则通过浏览来取得所需的商品信息,以做出采购决策,并下订单、确定付款和交付选择(图 3-5)。这就像一个购物者在一条商业大街上,选出各个"商店"不断地进行比较来购买商品。

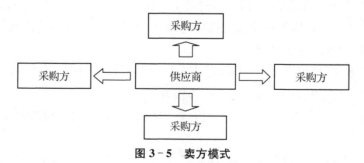

图 3-5 卖方模式

在这种模式里,卖方企业必须投入大量的人力、物力和财力来建立、维护和更新产品目录,所以成本较高、操作较为复杂。而买方企业则恰恰相反,他们不需要花费太多成本就能获取自己所需要的产品信息,既便利又快捷。但是这一模式仍存在自身的劣势:卖方企业开发的这种普通门户网站,很难和买方企业后端的内部信息系统很好地集成。所以买方还是

得花费时间和成本寻找供应商的网站,登录网站,通过网络目录形式输入订单,而且由于批量的因素,卖方网站通常不保留买方的模板或公司的采购信息。每个购买者必须每次都进行信息输入,如公司名称、地址、电话号码、账户等。很明显,一家公司如果同时拥有500家供应商,那就要访问500个网站,不停地重复输入信息。这使得工作内容更加复杂烦琐。

虽然这与单纯纸质化的目录相比具有明显优势,但在实际操作中还是有一定的难度。另外,采购方与供应商是通过供应商的系统进行交流的,由于双方所用的标准不同,供应商的信息系统向采购方传输的电子文档不一定能为采购方的信息系统所识别并自动加以处理、传送到相关责任人处,这些文档必须经过一定的转化,甚至需手工处理,这就大大降低了电子采购的效率,延长了采购的时间。

总之,卖方模式下的企业电子采购,其产品目录简单,与后台系统的集成性差,使用不方便,但投资小。一般而言,大企业由于实力雄厚,人、财、物充足,有自己的ERP系统或MRPII(Manufacturing Resources Planning,制造资源计划)系统,建有专门的网站,一般不会通过浏览供应商的网站来采购所需的物料;而中小企业中一般很少有企业拥有一整套的ERP或MRP2系统,大部分企业会选择卖方模式来采购自己所需的直接物料,但MRO物料(指在实际生产过程中不直接构成产品,只用于维护、维修、运行设备的物料和服务)一般不会通过卖方模式来采购。

2. 买方模式(Buy-Side Model)

买方模式是指采购方在互联网上发布所需采购产品的信息,供应商在采购方的网站上登录自己的产品信息,供采购方评估,并通过采购方网站双方进行进一步的信息沟通,完成采购业务的全过程(图3-6)。

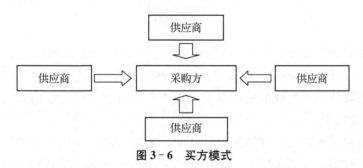

图3-6 买方模式

与卖方模式不同,买方模式中采购方承担了建立、维护和更新产品目录的工作。虽然这样花费较多,但采购方可以更紧密地控制整个采购流程。它可以限定目录中所需产品的种类和规格,甚至可以给不同的员工在采购不同的产品时设定采购权限和数量限制。另外,员工只需要通过一个界面就能了解到所有可能的供应商的产品信息,并能很方便地进行对比和分析。同时,由于供求双方是通过采购方的网站进行文档传递的,因此采购网站与采购方信息系统之间的无缝连接将使这些文档流畅地被后台系统识别并处理。对于一个成功的买方模式来说,利用成熟的信息技术安全体系,只有采取了全面的技术防护手段,才能确保采购过程顺利进行。

当然，这一模式也有其自身的劣势：买方保留了目录和系统维护的艰巨工作，最初的信息整合和合理化过程中需要很大的资本投入，这对企业实力和信息化要求较高。

一般而言，大企业已运行着成熟可靠的企业信息管理系统，因此与此相适应的电子采购系统一般与现有的信息系统有着很好的集成性，信息传递通畅；而且大企业往往处于所在供应链的核心地位，与少数几个供应商已结成了战略合作伙伴关系，也有足够的能力负担建立、维护和更新产品目录的工作。因此，对于大企业来说，一般都会建立买方模式的电子采购系统来进行直接物料（指与生产直接有关的物料，如原材料、生产设备等）的采购。有较强实力的中小企业，如果它们的供应商也基本上都是中小企业的话，一般也会建立自己的买方模式的电子采购系统来进行直接物料的采购。

3. 市场模式（Marketplace Model）

市场模式是指供应商和采购方通过第三方设立的网站进行采购业务的过程（图3-7）。在这个模式里，无论是供应商还是采购方都只需在第三方网站（也是独立的门户网站）上发布并描绘自己提供或需要的产品信息，第三方网站则负责产品信息的归纳和整理，以便于用户使用。

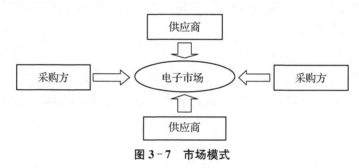

图3-7　市场模式

这一模式由除供应商和采购商外的第三方电子商务企业建立网站，允许全世界任意一个参与者登录并进行交易，但是要按交易税金或是交易费的百分比交纳一定的费用。采购方和供应商无需花费很多的成本就可以在网上查看目录、下单（在线拍卖的情况下称为竞标）、循序交货、支付等。

虽然这样省去了建立网站的花费，但由于这一市场是独立的第三方网站，它与采购方的后台系统集成比较难。为了弥补这一缺陷，现今一些网上交易市场特别是由电子采购方案提供商建立了E-Market（电子交易中心），纷纷采用了基于XML（可扩展标记语言）的开放型架构，这种架构已逐渐成为构建E-Market的主流模式。因为在这种架构下，不论企业自身的系统是什么"语言"，都可以通过XML顺利地进行"沟通"。同时他们还为客户提供后台集成的服务，使企业能顺畅地通过电子市场进行采购。目前，大约10%～30%的采购是通过交易中心来进行的。

由上面的分析可知，基于互联网的电子采购，根据模式的不同，资本的投入量有明显的差异：

买方模式无疑需要投入较多，这不仅是因为技术复杂，而且与后台系统的集成也要求大量的投入。虽然花费了高额成本,但成效也相当明显。根据 Deloitte Consulting(国际知名战略咨询公司)对 200 家国际大公司的调查发现,电子采购平均实施成本为 200 万～400 万美元,而在最初实施的两年内每年平均可以节省 9%的采购费用,投资回报率平均达到 300%。

使用市场模式的企业需要支付给第三方网站一定的费用,如 Commerce One 公司的 MarketSite.Net(供全球企业交换产品和服务的门户网站,全球最知名网上交易场所之一)根据客户要求后台集成性的高低确定不同的费用,金额大致是几万元至十几万不等,但这比企业自己拥有采购网站要便宜许多。市场模式所花费的成本一般很少,企业只需支付上网费等少量费用,花费一般不超过 1 万元。

综合以上分析结果用表 3-11 表示如下:

表 3-11 三种电子采购模式比较

	买方模式	卖方模式	市场模式
产品目录工作的难易度	复杂	简单	中等
与后台系统的集成性	好	差	中等
使用的方便性	方便	不方便	中等
资本投入额	很高	较低	中等

(四) 电子采购的实施

有的企业可能以为目前自己的信息化程度低,是否可以做电子采购。这个问题有三个不同层次的答案。电子采购可以是一个独立的系统,企业可以没有 ERP(企业资源计划)的基础,没有 SCM(供应链管理)甚至连最起码的 OA(办公自动化)都没有,但企业只要可以上网,比如有一台电脑可以拨号上网就行。企业可以人工统计自己的采购量,通过国研电子商务公司的网上招投标系统的 ASP(应用服务提供商)服务,租用招投标软件服务。一些有 OA 基础的企业,就可以在自己以前的业务流程基础上进行设计。另外,一些大型企业集团公司,可以建立一个完整的采购平台,包括整个采购业务流程,从采购订单的收集整理,通过审批汇总,再通过专业的招投标人员对具体采购任务的操作,直到一个成功的采购流程的完成。当然,国内几家大的行业巨头也可以联合起来建一个更大的联合采购平台,为所有购买商和供货商提供门户功能、目录管理功能、交易功能、协作功能以及诸多的增值服务,以实现更大范围的利益共享。

企业实施电子采购的步骤一般可以从以下几方面考虑:

(1) 提供培训。很多企业只在系统开发完成之后才对使用者进行应用技术培训。但是国外企业和国内一些成功企业的做法表明,事先对所有使用者提供充分的培训是电子采购成功的一个关键因素。培训内容不仅包括技能方面,而且更重要的是让员工了解将在什么地方进行制度革新,以便将一种积极的、支持性的态度灌输给员工。这将有助于减小未来项目进展中的阻力。

(2) 建立数据源。是为在互联网上采购和供应管理功能积累数据。主要包括供应商目录、供应商的原料和产品信息、各种文档样本、与采购相关的其他网站、可检索的数据库、搜索工具。

（3）成立正式的项目小组。小组需要由高层管理者直接领导,其成员应当包括项目实施的整个进程所涉及的各个层面,包括信息技术、采购、仓储、生产、计划等部门,甚至包括互联网服务提供商(ISP)、应用服务提供商(ASP)等外部组织的成员。每个成员对各种方案选择的意见、风险、成本、程序安装和监督程序运行的职责分配等进行充分的交流和讨论,以取得共识。企业的实践证明事先做好组织上的准备是保证整个进程顺利进行的前提。

（4）广泛调研,收集意见。为做好电子采购系统,应广泛听取各方面的意见,包括有技术特长的人员、管理人员、软件供应商等。同时要借鉴其他企业行之有效的做法,在统一意见的基础上,制订和完善有关的技术方案。

（5）建立企业内部管理信息系统,实现业务数据的计算机自动化管理。在企业的电子采购系统网站中,设置电子采购功能版块,使整个采购过程始终与管理层、相关部门、供应商以及其他相关内、外部人员保持动态的实时联系。企业电子采购网站权限设置如表3-12所示。

表3-12 企业电子采购网站权限设置

提供给供应商的内容	只有内部雇员可以访问的内容
• 网站任务阐述 • 公司或者组织的地址与目录 • 供应商信息及注册过程 • 供应商政策 • 标准形式的"壳"文档,如报价单 • 如何实现购买的帮助信息 • 采购信息链接	• 内部政策和程序 • 与内部目录和供应商目录的链接 • 完整的合同 • 采购申请信息和工具 • 与其他采购工具和网站的链接 • 内、外部以纸为媒介的文档(以便于快速更新)

（6）应用之前测试所有功能模块。

（7）培训使用者。

（8）网站发布:利用电子商务网站和企业内部网收集企业内部各个单位的采购申请,并对这些申请进行统计整理,形成采购招标计划,并在网上进行发布。

> ◇ **小看板**:数字化采购水平提升
>
> 　　公共采购迈入智能化采购新阶段,数字化水平快速提升。从2020年新冠肺炎疫情暴发以来,"不见面开标""不见面评标""远程异地评标"成为采购的主基调,在数字化采购大潮中,我国各地公共资源交易基本实现了"平台之外无交易",电子化率接近100%。中央企业的电子化采购率也达到了平均80%以上。办公物资和MRO两大品类是数字化采购转型的试验田,两者合计超过5万亿元的采购市场,目前实现数字化比例还不足5%。尽管实现比例不高,但数字化是公共采购高质量发展的必然趋势,是提高公共采购效率、降低采购成本、提升采购透明度的必然要求。

◇ **任务小结**

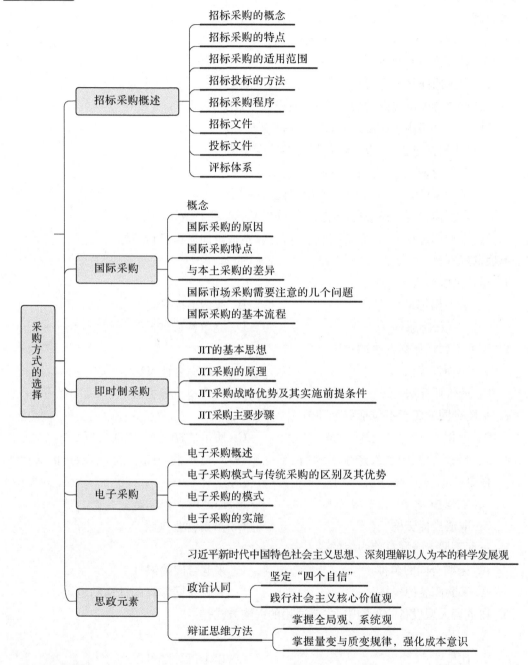

◇ **归纳与提高**

随着全球经济一体化,企业间竞争日趋激烈。激烈的市场竞争需要企业全面提高自身综合质量管理水平,即不断缩短产品研发时间、提高产品质量、降低成本、提高服务质量,才能在激烈的市场竞争中立于不败之地。采购质量作为物资质量的关键,起着重要作用。本项目学习了如何选择合理的采购方式,提高采购绩效。

◇ 项目综合测试

一、思政题

1. 在采购招标中，以下哪项是符合原则的 （　　）
   A. 接受最低报价的供应商
   B. 优先选择与自己有长期合作关系的供应商
   C. 综合考虑供应商的诚信、服务质量和技术实力
   D. 仅选择国内供应商，不考虑国际供应商

2. 在采购招标过程中，以下哪种行为不符合规范 （　　）
   A. 公开、公平、公正地进行招标
   B. 对所有投标者一视同仁，不偏袒任何一方
   C. 对投标者的资格进行严格审查，确保其具备履行合同的能力
   D. 在招标过程中，私下与某供应商沟通，达成意向后再进行招标

二、单项选择题

1. 招标采购方式不包括 （　　）
   A. 公开招标采购　　　　　　　B. 邀请招标采购
   C. 正式招标采购　　　　　　　D. 竞争性谈判采购

2. 下列不属于评标方法的是 （　　）
   A. 单项评议法　　　　　　　　B. 定性综合评议法
   C. 低价评标法　　　　　　　　D. 综合单价评标法

3. 采购合同的履行不包括哪个环节 （　　）
   A. 赔偿　　　B. 付款　　　C. 质量监控　　　D. 订单

4. 政府采购合同当事人产生不履行、不完全履行、延迟履行等行为，不承担的法律责任是 （　　）
   A. 赔偿损失　　　　　　　　　B. 退还履约保证金
   C. 取消投标资格　　　　　　　D. 吊销营业执照

5. 下面不属于合同首部内容的是 （　　）
   A. 采购合同的名称　　　　　　B. 采购合同的编号
   C. 采购商品的规格　　　　　　D. 采购合同签订的日期和地点

6. 在进行大型设备的采购中，主要适用的采购方式是 （　　）
   A. 招标　　　　　　　　　　　B. 议价
   C. 比价　　　　　　　　　　　D. 以上三种都可以

7. 在下面的选项中不属于采购合同正文的是 （　　）
   A. 采购物资的验收　　　　　　B. 采购商品的交货地点
   C. 采购商品的单价与总价　　　D. 采购合同签订的日期和地点

8. 下列对变更或解除采购合同解释错误的是 （　　）
   A. 合同经双方当事人协商同意后可以解除

B. 变更或解除合同的通知,可以采用书面形式或者口头形式
C. 协议变更或解除合同未达成之前,原采购合同仍然有效
D. 当发生不可抗力致使采购合同的全部义务不能履行时,可以解除合同

9. 下面不属于开标过程中要进行的作业有　　　　　　　　　　　　　　（　　）
   A. 准备开标场所及有关工作
   B. 决定底价
   C. 报价单的审查(包括规格审查与条款审查)
   D. 审查厂商资格、启封及开标文件之整理分析

三、多项选择题

1. 公开招标法的主要特点有　　　　　　　　　　　　　　　　　　　（　　）
   A. 手续正式　　　　　　　　　B. 道德规范
   C. 促进竞争　　　　　　　　　D. 消耗时间和精力

2. 影响获取与选择供应商报价的主要维度有　　　　　　　　　　　　（　　）
   A. 所使用的方法和程序及其正式的程度　B. 评估供应商报价需达到的程度
   C. 所接洽的供应商数量　　　　　　　　D. 评估供应商报价使用的标准

3. 限制性招标法适用于　　　　　　　　　　　　　　　　　　　　　（　　）
   A. 公司的需求是专业化的
   B. 公司已经知道哪些供应商最能满足其需求
   C. 仅能找到少数适合的供应商
   D. 所要求的提前期和(或)采购的价值并不能证明公开招标所需花费的时间和(或)成本的合理性

4. 在签订合同时,应明确规定供应者有以下何种情况时应付违约金或赔偿金（　　）
   A. 逾期结算货款或提货,临时更改到货点等
   B. 不按合同规定的商品数量、品种、规格供应商品
   C. 不按合同规定的商品质量标准交货
   D. 逾期发送商品

5. 我国《政府采购法》规定的政府采购方式主要有　　　　　　　　　（　　）
   A. 公开招标　　B. 邀请招标　　C. 单一来源采购　　D. 询价采购
   E. 议价采购

四、案例分析题

1. 招标程序分析:
   某国家重点建设项目,投资估算约8 000万元人民币,项目前期审批手续已完成,核准的招标方式为公开招标,设计单位完成的设计图纸内容和深度满足施工要求,招标人委托某招标代理公司代理招标。该招标代理公司着手编制招标方案并按时间先后拟定招标程序如下:
   (1) 签订委托协议;

(2) 编制资格预审文件；

(3) 在工程所在市的晚报上发布资格预审公告；

(4) 发售资格预审文件；

(5) 召开投标预备会；

(6) 编制招标文件；

(7) 从招标人提供的专家名单中随机抽取评标专家；

(8) 组织对资格预审申请人进行资格审查，并通知其资格审查结果；

(9) 向通过资格预审的申请人发送招标文件，同时要求其提交投标报价30%的投标保证金；

(10) 分两批组织购买招标文件的潜在投标人进行现场踏勘；

(11) 接收投标文件，组织开标会议；

(12) 组织评标委员会评标，出具评标报告；

(13) 退还未中标人投标保证金；

(14) 招标人与中标人签订合同；

(15) 发出中标通知书；

(16) 招标人定标，并开始与排名第一的中标候选人进行合同价格谈判；此外，计划工期内物价波动幅度小，招标代理公司根据项目具体情况，向招标人推荐了采用固定总价合同形式。

问题：

(1) 指出上述招标程序的不妥之处，逐一说明理由。

(2) 本案例中招标代理机构建议的合同类型是否妥当？说明理由。

2. 案例分析：

某使用国有资金的建设项目，在招标过程中，发生了以下事件。

事件一：共有 A、B、C、D、E 5 个投标人购买了标书，并在投标截止时间之前递交了投标文件。(1) 在开标前 15 分钟，D 投标人要求撤回投标文件，招标人不予同意。在 D 投标人的强烈要求下，招标人同意其撤回投标文件，但声明 D 投标人的投标保证金将被没收。(2) 投标截止时，E 投标人仍未按照招标文件要求缴纳投标保证金，但作出了缴纳投标保证金的书面承诺。

事件二：评标委员会在开标后的初步评审中发现，投标人 B 和 C 的投标文件满足招标文件的要求；投标人 A 提出的货物检验方法不满足招标文件的要求。在随后的详细评审中，评标委员会要求 B、C 两个投标人对其如何解决技术难点问题提出具体措施，并适当降低报价。

事件三：评标委员会按招标文件确定的评分标准，推荐 B 投标人为第一中标候选人。招标人在投标有效期结束日的 30 个工作日前即 8 月 22 日发出了中标通知书，并于 9 月 25 日与 B 投标人正式签订了合同。

问题：

(1) 事件一中，招标人对 D 投标人撤回投标文件的处理是否妥当？E 投标人的投标是否有效？分别说明理由。

(2) 事件二中，评标委员会应做出怎样的初步评审意见？详细评审中的做法是否妥当？说明理由。

(3) 指出事件三中的不妥之处并说明理由。

习题答案请扫二维码获取

情景四

04

采购控制

◎ 学习目标

【知识目标】

1. 了解采购成本的含义；
2. 正确认识采购成本的构成要素。

【能力目标】

1. 能进行采购成本的构成分析，打开政治视野，贯彻互利共赢的思想，形成共建共享的科学发展理念；
2. 掌握采购成本的分析与控制方法，增强对优秀传统文化的认同，提高弘扬传统文化的自觉性，培养节约优先、保护优先、自然恢复为主的绿色物流发展观。

【素质目标】

能提出降低企业采购成本的具体方法，培养法律意识，增强责任意识。

项目一 采购成本控制

◇ 引入案例

一家机械制造企业的成本控制经

重庆通用是我国以研发、设计、制造透平机械为核心,主要生产离心式制冷压缩机、鼓风机等产品的大型国有企业。10年前,重庆通用工业(集团)有限责任公司(下称"重庆通用")由于脱离市场,濒临破产。但在10年后的今天,该公司生产的高温风机产品成了国内制冷和风机行业的顶尖产品,还被评为国家级企业技术中心。这样的转变主要源于成本控制的作用。

多措并举降低成本

重庆通用生产的风机产品是根据用户的工况环境进行设计的,属于单件小批量生产,设计成本很难控制,再加上之前的设计理念保守,以及受设计水平和能力的限制,总体成本居高不下。

为了解决这个难题,该公司对设计研发手段进行了更新,采用流场数值模拟软件对风机气动性能进行优化,改善了风机的气动性能,提高了运行效率,并对风机结构进行优化,使风机的结构更加紧凑,这既降低了风机的成本,又为用户节约了风机的安装占地面积。

事实上,在重庆通用,成本控制理念已深入每一名员工心中。

在公司总经理刘忠堂的主导下,集团公司与供应商建立起战略合作伙伴关系,使他们以优惠价格与公司合作,这既减少了暗箱操作,又控制了因材料价格上升而涨价的因素,还建立了一种互利互惠的长期友好合作关系,直接降低了供应商的销售成本,间接降低了配套采购成本,同时节约了采购环节的审批时间,从而达到缩短交货期的目的。

公司还成立了专门的部门对成本进行控制,用货比三家的方式进行采购,并严格控制用户指定配套厂家。

成本控制在于细节

成本控制的理念还体现在制度设计和实务细节中。比如,重庆通用根据其实际情况对制造成本费用进行了分类,分别按可控成本和不可控成本进行指标分解,明确责任人,对不同类别的费用实行不同的考核。对于全年费用指标,实行按月核算、年底考核的奖惩制度。通过近几年的运行,集团公司的制造成本得到了大幅降低。

再如,对于单件小批量生产的制造企业,特别是生产圆形工件的企业来说,其材料的下料利用率是相当低下的。为了有效地利用边角余料,重庆通用专门成立了提高材料利用率的领导小组,采取各种措施,使得集团公司的板料下料利用率大幅提高。

同时,重庆通用结合公司的实际情况,在2012年加强了库存物资的信息化管理工作,加强了对以前呆滞物料的利用和消化,每月由相关部门和单位对库存呆滞物料进行分析、调查、核实和考核,全年共计消化呆滞物料达 200 万元以上。

可以说,推行产品成本控制让重庆通用"凤凰涅槃"。但产品成本控制是有极限的,重庆通用管理层清醒地认识到,以后企业的腾飞还是要靠产品的升级换代,以技术引领、靠成本管控致胜、借内控降低风险。

(资料来源:http://chuansong.me/n/943076,2022 年 10 月 21 日)

任务一　采购成本分析

◇ **学习任务描述**

中国加入世贸组织之后,国际上残酷的竞争直接冲击我国的企业。要在国际竞争的大环境下生存与发展,就必须在成本控制上下功夫,加强企业现代成本控制的理念。控制采购成本是采购管理中的一个重要环节,我国企业采购成本控制的现状是随着原材料价格的不断上涨,企业实际生产成本不断增加,而且很多企业的采购成本超出预算,使产品成本损失上升。企业需要寻求更好的成本控制方法,以便更准确地计算产品成本,并且要求成本的控制系统有更强的功能。

◇ **思政园地**

思政元素:树立怀柔远人、和谐万邦的天下观

"一带一路"铺通共赢大道

2013 年金秋,习近平主席先后提出共建丝绸之路经济带和 21 世纪海上丝绸之路重大倡议。从此,"一带一路"掀开了中国与世界发展新的一页。

"一带一路"是习近平主席深刻思考人类前途命运以及中国和世界发展大势,推动中国和世界合作共赢、共同发展作出的重大决策。

"丝绸之路曾经塑造了过去的世界,甚至塑造了当今的世界,也将塑造未来的世界。"

数据显示,2021 年,中国与"一带一路"沿线国家贸易额达到 1.8 万亿美元,同比增长 32.4%;对沿线国家直接投资 214.6 亿美元,增长 15.3%。2022 年一季度,中国对"一带一路"沿线国家非金融类直接投资 52.6 亿美元,同比增长 19%。

"一带一路"已成为健康、绿色发展、数字产业的一个代名词,它促进了合作与协作以及共同繁荣与发展,"它已经等同于许多人对未来的一种渴望"。

"一带一路"与其说是"路",不如说是中国最重要的哲学范畴——"道",包含行动、力量、创举和社会秩序等多重含义,中国在"一带一路"中提出了"全球治理新模式"。

作为中国提出的最重要全球公共产品之一,"一带一路"建设的不断拓展可以使更多国

家间实现不同程度的政策沟通、设施联通、贸易畅通、资金融通和民心相通。

内化提升:深刻理解人类命运共同体的国家战略思想,有大局观,重视整体利益。

(资料来源:瞭望 https://article.xuexi.cn/articles/index.html? art_id=110148571 12941697158&item_id=11014857112941697158&study_style_id=feeds_default&pid= &ptype=-1&source=share&share_to=copylink,2022-05)

◆ 任务书

调查、收集生产企业或其他企业的采购成本资料。

◆ 准备工作

近十年来,中国的经济飞速发展,市场竞争日趋激烈,产品技术的差异不断缩小,集成度不断提高,这是整个市场现状的真实写照。如今的市场更多的是买方市场,每一个细分市场都有非常多的企业在竞争,而生产的往往是相同品质的产品,差异不大,这时就要看哪家企业具有成本优势,提供的服务是否优质,市场口碑如何,其中对采购成本进行分析是最基本也是最关键的因素。如果企业的成本比竞争对手有优势,那么他就可以运用低价格竞争手段,扩大市场占有率,从而增加生产量,获得规模效应,占领市场。企业只有通过不断努力加强对成本的控制,才能提高企业在市场中的竞争力和获利水平。

请思考:采购成本由哪些因素构成?

◆ 任务实施

任何一个企业,其生产经营的最终目的都是要获得利润,而利润的获得必须以一定的成本费用为代价。采购成本是企业成本控制中的主体和核心部分,它直接影响着企业最终产品的定价和企业的利润,因此对成本知识进行分析对有效的采购是必要的。

检查考核:

(1)对采购物资的种类、数目和成本等方面进行调查并做相应记录;

(2)应用价值分析法分析采购成本;

(3)根据分析结果提出降低采购成本的措施和策略,形成小组课题报告,选出代表进行成果展示;

(4)自评、互评、教师评价表:

团队名称	自评(10%)	小组互评(30%)	教师评价(60%)	合计

(5) 实训工作评价表：

考核项目名称	商品采购成本控制			
考核指标	工作态度 (20分)	团队合作 (20分)	实训任务完成度 (20分)	成果展示与汇报 (40分)
团队总分				

◇ **学习任务相关知识点**

一、采购成本概述

（一）采购成本的含义

采购成本是指企业经营中因采购物料而发生的费用，也就是在采购物料过程中的购买、包装、装卸、运输、存储等环节所支出的人力、物力、财力的总和。

（二）采购成本的内容

主要包括以下几方面：

★从事采购的工作人员的工资、奖金及各种补贴；

★采购过程中的各种物质损耗，如包装材料、固定资产的磨损等；

★材料在运输、保管等过程中的合理损耗；

★再分配项目支出，如支付银行贷款的利息等；

★采购管理过程中发生的其他费用，如办公费、差旅费等。

根据上述的成本构成理解，可以将以上各项目分成三类：材料成本、采购管理成本、存储成本。采购成本的计算公式为：

$$采购成本＝材料成本＋采购管理成本＋存储成本$$

1. 材料成本

材料成本是由于购买材料而发生的货币支出、运输和装卸等费用构成的成本。材料成本总额取决于采购数量和单位采购成本，一般与采购数量成正比例变化。由于单位采购成本一般不随采购数量的变动而变动，因此在采购批量决策中，材料成本通常是与决策无关的成本。只有当供应商为扩大销售而采取数量折扣、现金折扣等优惠方法时，材料成本才成为与决策相关的成本。

其计算公式为：

$$材料的价格成本＝单价\times数量＋运输费＋相关手续费、税金等$$

2. 采购管理成本

组织采购过程中发生的费用称作采购管理成本，如信息费、差旅费、验收和入库费用以及采购相关人员的人工成本等。订货成本可以划分为固定性订货成本与变动性订货成本。

固定性订货成本与订货次数无关,是在一定时期一定范围内发生额相对稳定的固定性费用,如采购部分的管理费用和采购人员的基本工资等。但是,如果每次采购量很大,必然会增加临时性固定支出,所以有时固定性订货成本与采购行为有关。

变动性订货成本是与订货次数相关的,它与订货次数成正比例关系,如订货差旅费、邮资、订货手续费等。不同的采购行为直接决定变动性订货成本的发生额。通过以上分析,可见订货成本与订货次数有着密切关系。

其计算公式为:

$$采购管理成本=人力成本+办公费用+差旅费用+信息费用$$

3. 存储成本

存储成本是指物料或商品在运输和仓库保管状态中,由于存储而发生的各种费用和有形或无形的损耗。存货成本按其与存货平均存储量之间的性态关系,可以划分为固定性存储成本与变动性存储成本。

固定性存储成本是指那些与存货平均存储量无关的成本,如保管人员的基本工资、仓库的折旧费等。

变动性存储成本是那些与存货平均存储量的大小成正比例变动的存储费用,如库存存货占有资金所丧失或实际支付的利息、存货的破坏性和实质损失、存货的保险费用等。

存储成本构成为:

$$存储成本=贷款利息+仓库保管费用+存货损坏费用+其他费用$$

其中,仓库保管费用是指仓库的人工费用、固定资产折旧、保险费、税金等;存货损坏费用是指存货在存储期间由于保管不善造成的物料损坏、被盗、陈旧贬值及过时削价损失等;其他费用包括劳动保护费、辅助材料损失费、罚金、搬运费、运输费等。

二、影响采购成本的主要因素

采购成本构成的多样性和动态性决定了影响采购成本的因素复杂化和多样化。概括地讲,可以归纳为企业内部因素、外部因素和意外因素三个方面。

(一)内部因素

1. 跨部门协作和沟通

采购业务涉及计划、设计、质保和销售等部门。主要影响因素有:由于需求预测不准,生产计划变化频繁,紧急采购多,采购成本高;由于设计部门未进行价值工程分析或推进标准化,过多考虑设计完美,导致物料差异大,形成不了采购批量,采购成本高;由于质量部门对质量标准过于苛刻,导致采购成本增加等。

2. 采购批量和采购批次

根据市场供需原理,物料的采购单价与采购数量成反比,即采购的数量越大,物料的采购单价就越低。企业间联合采购,可合并同类物料的采购数量,通过统一采购使采购价格大幅度降低,使各企业的采购费用相应降低。因此,采购批量和采购批次是影响采购成本的主要因素。

3. 交货期、供货地点与付款期

供应商的交货期、供货地点、付款期等因素直接影响到企业库存的大小及采购成本的高低。

4. 价格、成本分析和谈判能力

采购价格分析、供应商成本构成分析,是确定采购价格和取得同供应商谈判主动权的基础。企业在实施采购谈判时,必须分析所处市场的现行态势,有针对性地选取有效的谈判议价手法,分别采取不同的议价方式,以达到降低采购价格的目的。

(二)外部因素

1. 市场供需状况

影响采购成本最直接的因素就是市场供需情况。在资源紧缺,供不应求时,供应商就会涨价;反之,则会降价。

2. 供货商生产技术、质量水平

一般来说,供应商的生产技术先进、产品品质优秀,产品销售价格就高。因此,采购人员应根据需求部门对质量、技术功能及交货期的要求,合理选择供应商,达到良好的性价比。

3. 采购企业与供货商的合作关系

在全球经济一体化的大背景下,供求双方应建立长期双赢的合作伙伴关系,通过双方共同努力,降低供应链成本,实现降低采购成本的目的。

4. 供货商的销售策略

供应商报价与供应商的销售策略直接相关,如供应商为开拓市场获得订单,一般开始价格比较低,在占领市场后会提高价格。

5. 供应商成本

一般在新产品开发和投入阶段,采购数量少,供应商成本高;进入成长期后,随着采购数量的增加,技术成熟,供应商成本降低,供应商报价就会降低。

(三)意外因素

自然灾害、战争等因素也会导致采购价格大幅上涨。

◆ 任务小结

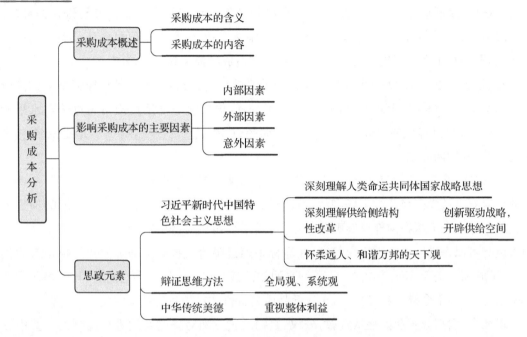

任务二 采购成本控制

◆ 学习任务描述

武汉安吉智行汽车物流有限公司在产品研发过程中不断推出新产品和增加新功能,导致检验标准经常不断更新,产品质量控制难度加大,采购品种和数量也常有调整,供应商对于质量的理解和要求不一致,从而影响不合格品判断、处理及产品交付。请为该公司设计一个采购成本控制方案。

◆ 思政园地

思政元素:树立良好现代采购管理理念,强化法治意识,遵守职业道德

采购贪腐——供应链顽症

为应对经济运行面临的一些外部不确定性和内部经济下行压力,中央出台了一系列政策并不断加大落实力度,特别是财政政策,增加了专项债的发行力度和额度,实施了更大力度的减税和降费政策。但是在国家不断通过减税降费来优化营商环境的大背景下,因职务腐败造成的企业巨额隐性成本,成了中国科技制造业,甚至整个中国创新越来越必须正视的巨大阻碍。

近年来,无论是新兴企业还是中国互联网公司三巨头(BAT)这样的大公司,都致力于整

治公司的贪腐恶行。而采购部门一直都是人们眼中的"肥缺",同时也是企业贪腐的"重灾区"。从供应商的选择和产品定价到质量检测和绩效考评都是贪腐之风容易侵入的环节。采购腐败造成的恶劣影响和损失甚至会蔓延至整条产业链,从采购原材料环节到最终产品的产出,即使每个环节只损失百分之几,几层下来造成的损失却是翻倍的。

2021年1月17日,大疆创新发表了内部反腐败公告,公告显示:"各种原因造成的高价物料平均采购价格超过合理水平的20%～30%,低价物料平均采购价格超过合理水平的2～3倍,保守估计造成的损失超过10亿元。"而超过10亿元的损失,约等于大疆2017年净利润43亿元的四分之一。

大疆是近几年发展起来的无人机领域的龙头企业,其供应链条磨合得并不充分,一些劣质的供应商也还没来得及被市场淘汰,所以相比那些历时久、管控强的企业,大疆的损失才如此触目惊心。大疆在内部反腐败公告中,自爆了公司供应链腐败中用到的主要手法。采购人员与可以提供回扣的供应商勾结,在竞标中通过降价或提高标准等方式挤掉正常的供应商,做成独家垄断,事后加价分成,长期吃回扣。甚至在引入劣质供应商后,与公司研发人员串通,使品质不合格物料"过关",导致低品质高价格物料长时间独家供应。

现如今,大部分企业都是从宣教、分权、重罚这三方面对采购腐败进行遏制的。其中分权也就是把与供应商对接事务的权力一分为三,即研发负责技术、品管负责质量、采购负责商务。也有一些企业会再细分采购的权利,在寻找、评估供应商,制定价格,协定合同,订单跟进,对账付款等方面分别设定专门负责的人员。但是从大疆10亿元贪腐事件中,我们看到采购是有机会和研发串通进行暗箱操作的,而不断地把权力分离,并不能弥补系统和流程的短板,只是把贪腐的风险从采购转移到了管理层。所以系统控制尤为重要,应当完善系统功能,不断优化流程,提高各个环节的透明度,有效、客观地评价采购的绩效,通过绩效来管控、约束采购的行为。

内化提升:培养终身学习的自我发展意识,践行初心与使命,具备公平参与市场竞争的发展观。

(资料来源:节选改编 https://zhuanlan.zhihu.com/p/74610215)

◆ 任务书

现今企业面临着激烈的竞争,想取得竞争优势必须不断降低成本。采购是企业生产经营活动的起点,也是企业产品成本控制的途径之一。在传统制造业中,采购成本一般占产品总成本的50%～70%;在商品流通业,由于没有生产加工过程,采购成本的比例更高达85%～95%。很显然采购成本是企业生产成本的主体,也是企业控制成本中最具有潜力的地方。那么武汉安吉智行汽车物流有限公司的采购人员需要掌握哪些采购成本的管控方法呢?

◆ 准备工作

1. 教师讲解资料收集方法与途径,考察企业的采购成本构成要素、实训要求与实训报

告撰写要求;

2. 教师推荐学校后勤服务公司或部分学校合作企业,学生自行选择一家企业,调查其采购成本,并计算其成本。

◇ **任务实施**

采购成本控制是企业发展对采购管理的要求。通过控制采购项目成本可以完善企业的内部经营机制,提高公司的经营管理水平和经济效益,有利于提高成本管理工作的效率,有利于增强公司的竞争能力,使其走上制度化和法制化的轨道。通过控制采购项目成本可以降低公司的产品成本,使企业在激烈的市场竞争中永远立于不败之地。从内容上看,成本控制的方法可归结为基于采购成本定义分析的成本控制方法、基于采购价格管理的成本控制方法、基于战略性采购的成本控制方法和基于采购环境分析的成本控制方法。

◇ **学习任务相关知识点**

一、采购成本控制的意义

社会化大生产环境下的生产经营过程是产、供、销、人、财、物相互配合、相互协调,信息相互传递的过程。采购是企业管理的第一个环节,它是指单位为了满足物资(原材料、固定资产、办公用品等)或劳务(技术、服务等)的需要而进行的各项经济活动。对于生产企业来说,存货的采购是生产的准备阶段,为生产适销对路的盈利产品,必须采购生产适用、价格公道、质量合格的原材料。对于流通企业来说,要使企业获得尽可能多的销售收入,必须采购适销对路且价格合理的商品。

采购管理通常表现为两种形式:采购与付款,它们是各单位经济活动中最频繁、最常见的。在生产经营或服务过程中因在采购、付款环节控制不得当、不严密而产生的贪污、受贿、浪费,甚至严重影响生产经营的案例不胜枚举。为加强采购管理、降低采购成本、优化管理流程、精益企业生产、提高经济效益,我们必须根据企业的生产特点,建立相应的采购业务内部控制制度、建立供应商的协作关系、加强采购成本管理。

二、制定采购成本控制制度措施

采购工作涉及面广,且主要是和外界打交道,因此,如果企业不制定严格的采购制度和程式,那么不仅采购工作无章可依,而且会给采购人员提供暗箱操作的温床。

(一)建立严格的采购制度

建立严格、完善的采购制度,不仅能规范企业的采购活动,提高效率,杜绝部门之间扯皮,而且能预防采购人员的不良行为。采购制度应规定物料采购的申请、授权人的批准许可权、物料采购的流程、相关部门(特别是财务部门)的责任和关系、各种材料采购的规定和方式、报价和价格审批等。例如,可在采购制度中规定采购的物品要向供应商询价,列表比较、议价,然后选择供应商,并把所选的供应商及其报价填在请购单上;还可规定超过一定金额的采购需附上3个以上的书面报价等,以供财务部门或内部审计部门稽核。

(二)建立供应商档案和准入制度

对企业的正式供应商要建立档案,供应商档案除有编号、详细联系方式和地址外,还应有付款条款、交货条款、交货期限、品质评级、银行账号等,每一个供应商档案应经严格的审核才能归档。企业的采购必须在已归档的供应商中进行,供应商档案应定期或不定期地更新,并有专人管理。同时要建立供应商准入制度。重点材料的供应商必须经质检、物料、财务等部门联合考核后才能进入,如有可能要实地到供应商生产地考核。企业要制定严格的考核程式和指标,要对考核的问题逐一评分,只有达到或超过评分标准者才能成为归档供应商。

(三)建立价格档案和价格评价体系

企业采购部门要对所有采购材料建立价格档案,对每一批采购物品的报价,应首先与归档的材料价格进行比较,分析价格差异的原因。如无特殊原因,原则上采购的价格不能超过档案中的价格水平,否则要做出详细的说明。对于重点材料的价格,要建立价格评价体系,由公司有关部门组成价格评价组,定期收集有关的供应价格资讯来分析、评价现有的价格水平,并对归档的价格档案进行评价和更新。这种评议视情况可一季度或半年进行一次。

(四)建立材料的标准采购价格,对采购人员根据工作业绩进行奖惩

财务部对所重点监控的材料应根据市场的变化和产品标准成本定期定出标准采购价格,促使采购人员积极寻找货源,货比三家,不断地降低采购价格。标准采购价格亦可与价格评价体系结合起来进行,并提出奖惩措施,对完成降低公司采购成本任务的采购人员进行奖励,对没有完成采购成本下降任务的采购人员,分析原因,确定对其惩罚的措施。

通过以上四个方面的工作,虽然不能完全杜绝采购人员的暗箱操作,但对完善采购管理,提高效率,控制采购成本,确实有较大的成效。

三、降低采购成本的方法

降低采购成本的方法有很多,具体来看,可从以下几个角度来分析。

(一)基于采购成本定义分析的成本控制方法

基于采购成本定义分析的成本控制方法,是从采购成本的构成出发,帮助企业识别采购成本的来源,并从源头上加以控制,是一种基础性的成本控制方法。

1. 作业成本法

作业成本法(Activity Based Costing,ABC)是建立在"作业"这一基本概念上的成本核算思想。作业是提供某种产品或服务所消耗的资源、方法和环境的集合体。作业成本法将成本核算的着眼点从传统的"产品"转移到"作业"上,以作业为中心汇集费用,并将汇集起来

的资源分配到每一个作业中心的成本库中,最后将各个作业中心的成本按不同的成本动因分配到最终产品上。其理论依据是"产品消耗作业,作业消耗资源"并导致成本的发生。

作业成本法的概念体系主要包括以下几种基本概念:资源(Resources)、作业(Activity)、作业中心(Activity Centre)、成本对象(Cost Objects)、资源动因(Resources Driver)、作业动因(Activity Driver)、作业成本池(Activity Cost Pool)、成本要素(Cost Element)。它们的联系如图4-1所示。

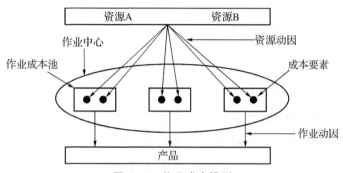

图4-1 作业成本模型

其中,资源是成本的源泉,一个企业的资源包括直接人工、直接材料、生产维持成本、间接制造费用以及生产过程以外的成本等。

作业指企业为了达到其生产经营的目标所进行的与产品相关或对产品有影响的各项具体活动。如给供应商打电话就是一个作业。

成本对象是成本(费用)计量和分配的最终对象,它可以是产品、服务、顾客等。根据不同的成本对象进行成本的费用归集和分配,将获得不同的结果,为决策、分析提供不同的依据。

成本要素、作业成本池,也叫做作业成本库,分配到作业的每一种资源就成为该作业成本池的一个成本要素。作业成本池是与一项作业有关的所有成本要素的总和。成本要素、作业成本池的关系表现为:一项作业消耗的各项资源成为各类成本要素,一项作业的成本要素的集合组成该项作业的作业成本池。

成本动因就是成本分配的原因,包括资源动因和作业动因。

(1)资源动因:作业、成本对象或其他对于资源需要的强度和频率最恰当的单一数量标准,用来把资源成本分配到作业、成本对象或其他资源。

(2)作业动因:作业或其他成本对象对于作业需要的强度和频率最恰当的单一数量标准,用来把作业成本分配到作业或者其他成本对象上。作业动因反映了产品或其他成本对象对作业的需求。如果作业是交付货物,作业动因就是将要被交付的货物的数量。作业动因应该与度量单位联系起来,这样容易度量。采购作业的一般作业动因包括申请所要求的货物数量、零件规格的数量、进度表的变动数量、供应商的数量及延迟交付的数量。

根据作业成本法的基本原理,作业成本计算按如下两个步骤进行:

第一步,确认作业、主要作业、作业中心,按同质作业设置作业成本库;以资源动因为基础将间接费用分配到作业成本库。作业是基于一定目的,以人为主体,消耗了一定资源的特定范围内的工作,是构成产品生产、服务程序的组成部分。实际工作中可能出现的作业类型一般有:起动准备、购货订单、材料采购、物料处理、设备维修、质量控制、生产计划、工程处理、动力消耗、存货移动、装运发货、管理协调等。

作业引发资源的耗用,而资源动因是作业消耗资源的原因或方式,因此,间接费用应当根据资源动因归集到代表不同作业的作业成本库中。由于生产经营的范围扩大、复杂性提高,构成产品生产、服务程序的作业也大量增加,为每项作业单独设置成本库往往并不可行。于是,将有共同资源动因的作业确认为同质作业,将同质作业引发的成本归集到同质作业成本库中以合并分配。按同质作业成本库归集间接费用不仅提高了作业成本计算的可操作性,而且减少了工作量,降低了信息成本。

第二步,以作业动因为基础将作业成本库的成本分配到最终产品。产品消耗作业,产品的产量、生产批次及种类等决定作业的耗用量,作业动因是各项作业被最终产品消耗的方式和原因。例如,起动准备作业的作业动因是起动准备次数,质量检验作业的作业动因是检验小时。明确了作业动因,就可以将归集在各个作业成本库中的间接费用按各最终产品消耗的作业动因量的比例进行分配,计算出产品的各项作业成本,进而确定最终产品的成本。

2. 所有权总成本

所有权总成本(Total Cost Ownership,TCO)是一个集成概念,用来描述与货物或服务的取得、使用和维护相关的所有成本的一种术语。TCO可以被描述为资产购进成本及其在整个生命周期中发生的费用成本之和。TCO绝不等同于资产的购买成本,它还要包括资产购进后的运营和维护费用。如当你决定购买一台计算机时,你可以用TCO来分析:首先考虑购买高端电脑的价格不菲,也要考虑购买便宜电脑品牌的维修和更新费用。任何TCO最少应包括运物成本、收料成本、质量成本(检查、重工、拒收)、采购管理费用(包括管理时间)和采购项的价格等。

实际中具体哪些因素应该考虑到你的TCO中,这取决于资产行业用途及资产的自身属性(软件、计算机、建筑、汽车、设备、厂房等)。

> ◇ 小看板:TCO起源
>
> "所有权总成本"概念问世于20世纪80年代后期Garnter公司的一项研究。Garnter公司想知道购买、配置和使用一台PC到底要投入多少成本。他们的研究结果表明,企业拥有每台PC的年度成本接近10 000美元,这个数据不仅帮助PC拥有者认清了PC整个生命周期中的总成本,而且在财务人员和IT管理人员中间引起了不小的骚动。此后,所有权总成本便被定义为一个概念或者一系列技术来持续地定义和度量成本,以提供有效的管理和决策支持。

(1) 所有权总成本的运用

对于组织购置的任何重大资产,对其长期的真实成本都要进行综合分析,以便发现购买成本之外的潜在成本。

(2) 优势

TCO 认真量度与资产相关联的所有成本,作为一项长期量度法,TCO 致力于减少资产服务周期内的总成本,提高投资回报率。

(3) 劣势

执行 TCO 分析本身就会发生成本,不适用于无形资产,有时候很难判断某项资产的关联成本,通过 TCO 来降低成本是一个长期过程。所以,如果企业打算在短期内降低成本,TCO 帮助不大。通常,TCO 对购买一项资产的风险不做评估。从发挥资产投资与企业目标的战略策应作用角度来看,TCO 帮助不大。

(二) 基于采购价格管理的成本控制方法

尽管很多企业意识到价格已不再是采购和供应管理所谈论的唯一话题,但是价格仍是采购管理中的关键因素,是采购成本控制最直接、最敏感的切入点。这就给通过采购价格管理来控制采购成本增加了一些难度。采购价格管理的控制方法主要有以下几种。

1. 价值分析(VA)和价值工程(VE)

该方法主要针对产品和服务的功能加以研究,以最低的生命周期成本,通过剔除、简化、变更、替代等方法来达到降低成本的目的。这里的价值是指反映费用支出与获得收益之间的比例,其公式为:

$$价值 = 功能/成本$$

从公式中可见,提高价值的基本途径有 5 种:

(1) 提高功能,降低成本,大幅度提高价值;
(2) 功能不变,降低成本,提高价值;
(3) 功能有所提高,成本不变,提高价值;
(4) 功能略有下降,成本大幅度降低,提高价值;
(5) 适当提高成本,大幅度提高功能,从而提高价值。

价值分析适用于新产品工程设计阶段,价值工程则是针对现有产品的功能、成本进行系统化的研究与分析,但现今价值分析与价值工程已被视为同一概念使用。

价值分析的步骤如图 4-2 所示。

第一,选定对象。选择生产经营必须选择本身价值有提高潜力的物品。例如,选择占成本比例大的原材料进行价值分析,如果能够提高价值,那么对降低产品总成本的影响会很大。当我们面临一个紧迫的境地,如生产经营中的产品功能、原材料成本都需要改进时,一般采取经验分析法、ABC 分析法和百分比分析法。

第二,收集对象的相关情报。包括用户需求、销售市场、科技进步状况、经济分析以及本企业的实际能力等。

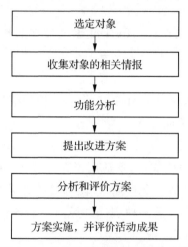

图 4-2 价值分析或价值工程的步骤

第三，功能分析。进行功能的定义、分类、整理、评价等操作。功能一定是产品的必要功能。

第四，提出改进方案。经过分析和评价，提出多种提升产品价值的方案。

第五，分析和评价方案。评价各种方案，筛选出最优方案。

第六，方案实施，并评价活动成果。在决定实施方案后应该制定具体的实施计划，提出工作的内容、进度、质量、标准、责任等内容，确保方案的实施质量。为了掌握价值工程实施的成果，还要组织成果评价。成果的鉴定一般以实施的经济效益、社会效益为主。

价值工程做到了将技术与经济紧密结合，注重提高产品的价值、注重研制阶段开展工作，并且将功能分析作为自己独特的分析方法。

2. 目标成本法

目标成本是指在企业新产品开发设计过程中，为了实现目标利润而必须达到的成本目标值及产品生命周期成本下的最大成本允许值。其核心工作就是制定目标成本，并通过各种方法不断改进产品与工艺设计，以最终使得产品的设计成本小于或等于其目标成本。

其实施程序如下：

（1）以市场为导向设定目标成本

根据新品计划和目标售价编制新品开发提案。其中，目标售价及预计销量是与业务部门充分讨论（考虑市场变化趋势、竞争产品情况、新品所增加新机能的价值等）后加以确定。开发提案经高级主管所组成的产品规划委员会核准后，即进入制定目标成本阶段。

进入开发设计阶段后，为实现产品规划的目标，以产品开发经理为中心，结合各部门一些人员，组成跨职能的成本规划委员会。其成员包括来自设计、生产技术、采购、业务、管理、会计等部门的人员，是一个超越职能领域的横向组织，开展具体的成本规划活动，共同合作以达到目标。成本规划活动目标分解到各设计部后，各设计部就可以从事产品价值和价值工程分析。根据产品规划书，设计出产品原型。结合原型，把成本降低的目标分解到各个产品构件上。在分析各构件是否能满足性能的基础上,运用价值工程降低成本。如果成本的降低能够达到目标成本的要求,那么就可以转入基本设计阶段;否则,还需要运用价值工程重新加以调整,以达到要求。

进入基本设计阶段,运用同样的方法,挤压成本,转入详细设计,最后进入工序设计。在工序设计阶段,成本降低额达到后,挤压成本暂时告一段落,可以转入试生产。试生产阶段是对前期成本规划与管理工作的分析与评价,致力于解决可能存在的潜在问题。一旦在试生产阶段发现产品成本超过目标成本要求,就得重新返回设计阶段,运用价值工程进行再次改进。只有在目标成本达到的前提下,才能进入最后的生产。

(2) 在设计阶段实现目标成本,计算成本差距

目标成本与公司目前相关估计产品成本(即在现有技术条件下,不积极从事降低成本活动下产生的成本)相比较,可以确定成本差距。由于新品开发往往很多都是借用件,并非全部零部件都会变更,通常变更需要重估的只是一部分,因此目前相关产品成本可以以现有产品加减其变更部分成本差额算出。目标成本与估计成本的差额为成本差距(成本规划目标),它是需要通过设计活动降低的成本目标值。

(3) 在生产阶段运用持续改善成本法以达到设定的目标成本

新品进入生产阶段三个月后,检查目标成本的实际达成情况,进行成本规划实绩的评估,确认责任归属,以评价目标成本规划活动的成果。至此,新品目标成本规划活动正式告一段落。进入生产阶段,成本管理即转向成本维持和持续改善,使之能够对成本对象耗费企业资源的状况适当地加以计量和核算,使目标成本处于正常控制状态。

3. 价格与成本分析

在实际操作中,了解供应商成本结构以便在谈判中取得合理的价格,控制、降低采购成本的一个基本手段是采用尽量详细的报价单,即将供应商提供的产品按固定费用和可变费用细项展开计算,逐项核定其准确性与合理性。

这是专业采购的基本工具,了解成本采购的基本要素,对采购者来说是非常重要的。如果采购者不了解所买物品的成本结构,就不能算是了解所购物品价格是否合理,并且也会失去很多降低采购成本的机会。

4. 谈判法

谈判是买卖双方为了各自目标而达成彼此认同的协定过程,这是采购人员应具备的基本能力。谈判并不仅限于价格方面,也适用于某些特定需求时。使用谈判的方式,通常期望所能达到的价格降幅约为 3%~5%。如果期望达到更大降幅,那么需运用价值分析与价值工程等方法。

(三) 基于战略性采购的成本控制方法

采购决策包括三个层面:战略层、战术层和操作层。战略性采购属于采购决策的战略层决策。常用的有以下几种方法:

1. 联合采购

（1）联合采购的含义

联合采购是采购活动的一种形式，也叫外包服务商，属于专业的采购服务机构。采购服务商主要服务的对象是需求量不大的企业、单位、机构、组织，借助采购服务商的专业化服务流程、正规的采购机制、敏锐的市场捕捉能力帮助企业降低运营成本。

（2）联合采购的优点

★采购环节

如同批发和零售的价格差距一样，物品采购的单价与采购的数量成反比，即采购的数量越多，采购的价格就越低。例如，对于飞机制造用器材，此种价差有时可达90%。企业间联合采购可合并同类器材的采购数量，通过统一采购使采购单价大幅度降低，使各企业的采购费用相应降低。

★管理环节

对于一些生产同类产品的企业，当各个企业在采购及质量保证的相关环节要求相同或需要的物品相同时，就可以在管理环节上实施联合，归口管理相关工作。联合后的费用可以由各个企业分担，从而使费用大大降低。

★仓储环节

通过实施各企业库存资源的共享和物品的统一调拨，可以大幅度减少备用物资的积压和资金占用，提高各企业的紧急需求满足率，减少因物品供应短缺而造成的生产停顿损失。

★运输环节

物品单位质量运费率与单次运输总量成反比，特别是国际运输更为明显。企业在运输环节的联合，可通过合并小质量的货物运输，使单次运量加大，从而可以以较低的运费率计费，减少运输费用支出。

（3）联合采购的具体形式

采购战略联盟：指两个或两个以上的企业出于对整个世界市场的预期目标和企业自身总体经营目标的考虑，采取一种长期联合与合作的采购方式。这种联合是自发的、非强制性的，联合各方仍保持各个公司采购的独立性和自主权，彼此依靠相互间达成的协议以及经济利益的考虑联结成松散的整体。

现代信息网络技术的发展，开辟了一个崭新的企业合作空间，企业可通过网络保证采购信息的即时传递，使处于异地甚至异国的企业实施联合采购成为可能。国际上，一些跨国公司为充分利用现有规模效益，从而降低采购成本、提高企业的经济效益，正在向采购战略联盟发展。

通用材料的合并采购：这种方式主要运用于有互相竞争关系的企业之间，通过合并通用材料的采购数量和统一归口采购来获得大规模采购带来的低价优惠。在这种联合方式下，每一项采购业务都交给采购成本最低的一方去完成，使联合体的整体采购成本低于各方原来进行单独采购的成本之和，这是这些企业的联合准则。这种合作的组织策略主要分为虚拟运作策略和实体运作策略。虚拟运作策略的特点是组织成本低，它可以不断强化合作各方最具优势的功能和弱化非优势功能。

2. 全球采购

经济全球化的发展趋势,促使各国企业和政府的采购工作面向国际,采购全球的资源,在全世界范围内寻找供应商,以求在价格、质量和服务等方面达到仅靠国内采购达不到的竞争优势。

(1) 全球采购的含义

指利用全球的资源,在全世界范围内寻找供应商,寻找质量最好、价格合理的产品。

(2) 全球采购的特点

★全球范围内采购

采购范围扩展到全球,不再局限于一个国家一个地区,可以在世界范围内配置自己的资源。因此,我们要充分和善于利用国际市场、国际资源,尤其是在物流随着经济全球化进入全球物流时代,国内物流是国际物流的一个环节,要从国际物流角度来处理物流具体活动。

★风险性增大增强

国际采购通常集中批量采购,采购项目和品种集中、采购数量和规模较大,牵涉的资金比较多,而且跨越国境手续复杂、环节较多,存在许多潜在的风险。

★采购价格相对较低

由于可以在全球配置资源,因此可以通过比较成本方式,找寻价廉物美的产品。

★选择客户的条件严格

由于全球采购的供应商来源较广,所处环境复杂,因此制定严格标准和条件去甄选和鉴别供应商尤其重要。

★渠道比较稳定

虽然供应商来源较广,全球采购线长、面广、环节多,但由于供应链管理理念的兴起,采购商与供应商之间形成了战略合作伙伴关系,因此采购供应渠道相对比较稳定。

(3) 跨国公司全球采购方式

第一种方式是以制造企业为核心的全球采购活动。如通用电气、通用汽车等一些技术密集型或者品牌非常响亮,具有国际品牌或者是有很大资金优势的跨国公司,让他们作为采购龙头去主导采购体系和采购市场。对于中国企业来说,很多是为这些企业提供一些配套性的产品,如汽车配件等,这是一个非常重要的采购方式。

第二种比较重要的采购方式,是以贸易企业为核心的全球采购体系。在国际上很多大的企业或者是有竞争力的企业,在采购活动过程当中,由于要把自身的资源集中在一些核心的领域里,因此这些企业很多的采购活动目前都采取了外包的方式。承担这种采购外包的市场主体,往往是那些在国际市场上非常活跃的贸易企业。

第三种是以大型零售集团为核心的采购活动。这些大型的跨国零售巨头近几年来在中国市场上的表现是非常引人注目的,他们最关注的是国内非常有优势的快速消费品和劳动密集型的各种产品,如服装、鞋帽、食品等商品。这些商品通过跨国零售巨头进入国际市场的主流渠道,特别是主流的零售渠道,这些对中国出口是有非常重要影响的。过去中国很多的产品出口依托原来传统的国有贸易企业,或者是企业自行出口往往不能进入一些主流的渠道,只能进入一些街边市场或者是其他市场,而这些跨国零售巨头使中国很多企业的商品进入这些正规的渠道。

第四种是以专业采购组织和经纪人为核心的跨国采购体系。中小企业为了获得最佳商品和最佳零售品的供应,委托一些经纪人或者是一些专业的采购组织来为他们进行服务。目前,这些经纪人和采购组织,在国际上更为流行的运作方式是通过网上采购,特别是集合众多中小企业的采购要求,到中国或者是到一些低成本的国家进行采购。

3. 绿色采购

随着社会经济发展水平和市场环境的变化,引入绿色竞争手段,强化绿色经营理念,树立绿色企业形象,是现代企业主动挑战环境危机、拓展企业生存发展空间的必经之路。一些跨国公司,如福特汽车、德州仪器、惠普公司、施乐公司和宝洁公司等,都投入巨资加强其环境管理,以提高其环保形象。而我国由于环保法规的不健全,环保执法不严,尤其是企业环境意识淡泊,企业的环境管理状况不尽人意。在参与国际竞争中,尤其是加入 WTO 以后,如何应付绿色壁垒,提升国际竞争力,将是我国企业发展的关键问题。

(1) 绿色采购的内涵

所谓绿色采购,就是企业内部各个部门协商决策,在采购行为中考虑环境因素,通过减少材料使用成本和末端处理成本,保护资源,从而提高企业绩效。具体来讲,企业内部加大采购部门与产品设计部门、生产部门和营销部门的沟通与合作,共同决定采用何种材料和零部件以及选择哪家供应商,同时也包括决策与供应商的合作方式。通过减少采购难以处理或对生态系统有害的材料,提高材料的再循环和再使用,减少不必要的包装或更多使用可降解或可回收的包装等措施,控制材料和零部件的购买成本,降低末端环境治理成本,提高企业产品质量(如生产获得权威认证的绿色产品),改善企业内部环境状况,最终提高企业绩效(主要是指财务绩效,同时也包括环境绩效、企业声誉等)。

绿色采购的决策模式如图 4-3 所示,首先必须把绿色采购作为企业战略,在一定的外部和内部环境下,企业内部各个部门协同合作,实现绿色采购的效益。

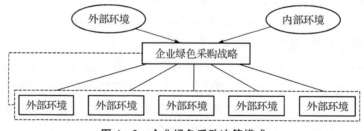

图 4-3 企业绿色采购决策模式

(2) 企业绿色采购的影响

① 有效的绿色采购战略可以保护资源和消除废物

绿色采购通过再循环、再使用及源头管理和控制等方法,减少产生废物。同时,绿色采购可以简化废物的处理,具体包括生物降解、无毒焚烧和粉碎或垃圾化(图 4-4)。

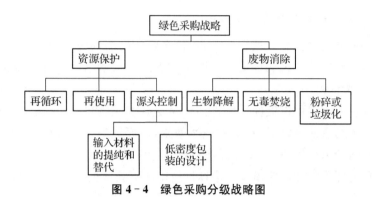

图 4-4 绿色采购分级战略图

② 减少管理成本

采购企业和供应企业之间管理信息的沟通降低了双方的管理成本。例如企业与供应商加强联系的目的是减少使用纸张。通过减少采购订单数量,以及对每天都发生的交易集中一个月开一次发票等措施,每次贸易的文本文件耗纸量都可以大幅减少。通过供应企业和采购企业之间网络,可以迅速、准确地进行查询、订货和开具发票等各项业务。同时,这也使采购人员有更多的时间考虑战略方面的问题。

③ 减少生产成本

降低生产成本的一个重要方法就是把企业的生产容量和生产能力与相应的供应商结合。这是一个老生常谈的问题,其主要内容就是把部分生产行为从采购企业转移到供应企业,从而提高效率。只有在供应企业和采购企业之间建立更密切的联系,这种随之带来的诸如劳动力分配等问题才能得以解决。从长远来看,基于绿色采购的采购—供应关系将有助于提高企业绩效。

另一种保证绿色采购有效实施的手段是促进供应企业之间的联合,如提高供应企业之间的合作程度。1989 年,福特汽车公司告知所有门部件供应商,公司不再对车门各个部件感兴趣,公司希望各个车门部件供应商联合起来,提供完整的车门系统。福特汽车公司的车门供应商数量大大减少,这样有助于供应企业和采购企业之间建立更为紧密的关系,减少材料的浪费,从而提高了环境效益和经济效益。

④ 减少材料流通

材料流通成本包括货物搬运成本、货物存储成本和购买货物资金成本,减少这方面的成本可能是建立采购—供应关系最明显的优点。日本一些公司通过减少库存、准时采购等减少成本,提高企业竞争力。克莱斯勒公司 20 世纪 80 年代得以复苏的重要因素之一就是采用了准时供货方针,通过提高物流效率,节约资金 1 亿美元。准时供货与传统供货方式主要的区别在于减少一次性进货数量和提高进货频率。在美国俄亥俄州的本田汽车装配厂,轮胎实现了零库存。一个地方轮胎供应厂通过主干线一天供应 136 次,供应厂根据采购企业的计划,负责保证把特定的轮胎放在不同的安装线上。这种系统与日本企业的一样,没有储存,没有检查,也没有额外的处理,从而大大减少了零部件的积压和浪费,实现资源的保护。

(四)基于采购环境分析的成本控制方法

基于采购环境分析的控制方法把企业自身、企业所处的环境以及它们的相互关系作为采购成本控制的重要因素。采购环境是采购工作者组织采购活动的存在条件,包括企业内部环境和企业外部环境。

企业内部环境的改善可以促使采购部门产生更好的采购决策,并通过同其他部门进行有效沟通增强业务的透明度,产生更好的激励效果,从而提高采购部门在公司中的地位,降低运营成本和材料的采购价格,减少废品数量,产生更优的决策。

企业外部环境即采购和供应市场。全球供应市场不断增长的动荡局面使采购市场研究成为至关重要的活动。国家间突然限制出口贸易、供应商因破产而消失、汇率的不断变化以及恐怖组织盛行,都给全球供应市场带来巨大的不确定性。通过采购市场研究,可以提前掌握这些信息,规避供应市场风险引发的采购成本增加的不利因素,并能抓住降低采购成本的机会,增强企业采购成本的控制能力,实现企业的采购目标。

◇ **任务小结**

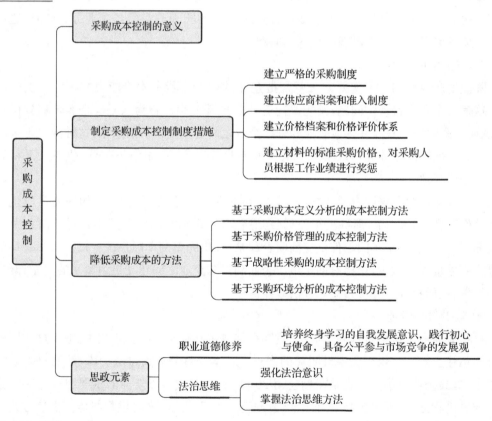

◇ **归纳与提高**

控制好采购成本并使之不断下降,是企业不断降低生产成本、增加利润的重要手段之一。采购成本的降低可从很多方面来实施:建立完善的采购制度、约束"灰色"采购、分析供应商的价格与成本、实行战略采购、采取科学的采购分析。

◇ 项目综合测试

一、思政题

1. 当面临成本压力时,以下哪种做法体现了企业的社会责任感　　　　　(　　)
   A. 牺牲产品质量　　　　　　　　B. 忽视环保标准
   C. 削减员工福利　　　　　　　　D. 与供应商协商公平的价格

2. 论述在市场经济条件下,企业如何平衡采购成本与采购质量的关系。

二、单项选择题

1. 采购成本的组成不包括　　　　　　　　　　　　　　　　　　　　(　　)
   A. 采购管理成本　　　　　　　　B. 原材料成本
   C. 采购人员付出成本　　　　　　D. 供应商投标成本

2. 在下面的下单数量计算公式中正确的是　　　　　　　　　　　　　(　　)
   A. 下单数量＝生产需求量－计划入库量－现有库存量＋安全库存量
   B. 下单数量＝生产需求量＋计划入库量－现有库存量＋安全库存量
   C. 下单数量＝生产需求量－计划入库量＋现有库存量＋安全库存量
   D. 下单数量＝生产需求量－计划入库量－现有库存量－安全库存量

3. 在确定采购需要量的几种方法中,哪种是不考虑订购成本和储存成本这两项因素的
   　　　　　　　　　　　　　　　　　　　　　　　　　　　　　　(　　)
   A. 固定数量法　　　　　　　　　B. 固定期间法
   C. 批对批法　　　　　　　　　　D. 经济订购数量法

4. 某公司每年需要购入原材料 9 000 件,每件单价 10 元,假设每次订购费用为 20 元,单位年存储成本按原材料价值 10％计算,那么该原材料经济订购批量为(　　)
   A. 400 件　　　　B. 200 件　　　　C. 500 件　　　　D. 600 件

5. 以下属于订货成本的是　　　　　　　　　　　　　　　　　　　　(　　)
   A. 搬运成本　　　　　　　　　　B. 仓储成本
   C. 存货保险费用　　　　　　　　D. 会计入账支付款项花费成本

三、多项选择题

1. 选择采购渠道的原则有　　　　　　　　　　　　　　　　　　　　(　　)
   A. 系统原则　　　　　　　　　　B. 量力而行原则
   C. 民主原则　　　　　　　　　　D. 讲究效益原则

2. 项目型企业通过信息化手段降低采购成本，通过以下哪些步骤，形成完整的物料采购和评价体系　　　　　　　　　　　　　　　　　　　　　　　　（　　）
   A. 建立标准和物料分类和物料编码库，统一公司的物料基本信息
   B. 在物料信息库的基础上将供应商、采购成交价格、供应商报价、采购员询价等信息进行关联
   C. 利用行业协会公共平台联合抵御风险
   D. 将物料的到货及时性、售后服务与供应商的评价进行紧密联系
3. 战略成本核算流程由以下哪个组成　　　　　　　　　　　　　　　　（　　）
   A. 估计供应商的产品或服务成本
   B. 估计竞争对手的产品或服务成本
   C. 设定本公司的标准成本并发现产品和流程需要改进的领域
   D. 确定做出流程和产品改变并持续改进对企业本身的价值
4. 采购成本可以表现为下列哪几个层次　　　　　　　　　　　　　　　（　　）
   A. 供应价格　　　B. 质量成本　　　C. 总采购成本　　　D. 总拥有成本

四、简答题

1. 怎样合理降低采购成本？

2. 采购流程如何优化？

五、案例分析题

1. IBM公司如何降低上亿的采购成本？

　　全球IT业巨擘IBM公司过去也是用"土办法"采购：员工填单子、领导审批、投入采购收集箱、采购部定期取单子。企业的管理层惊讶地发现，这是一个巨大的漏洞——繁琐的环节，不确定的流程，质量和速度无法衡量、无法提高，非业务前线的采购环节已经完全失控了，甚至要降低成本，都不知如何下手！

一、剖析1元钱的成本

　　摆在IBM公司面前的问题是运营成本如何减少？可能降低哪部分成本？于是公司切开每1元钱的成本，看看它到底是如何构成的。这一任务经过IBM公司全球各机构的统计调查和研究分析，在采购、人力资源、广告宣传等各项运营开支中，采购成本凸显出来了。

管理层不得不反思，IBM公司到底是如何采购的呢？

那时IBM不同地区的分公司、不同的业务部门的采购大都"各自为政"，实施采购的主体分散，重复采购现象普遍。以生产资料为例，键盘、鼠标、显示器甚至包装材料，大同小异，但采购流程自成体系，权限、环节各不相同，合同形式也五花八门。而自办采购的问题很明显，对外缺少统一的形象，由于地区的局限，采购人员不一定找到最优的供应商，而且失去了大批量购买的价格优势。

二、由专家做专业的事

在深入挖掘出采购存在的问题后，IBM公司随即开始了变革行动，目标就是电子采购。从后来IBM公司总结的经验看，组织结构、流程和数据这三个要素是改革成功的根本。电子采购也正是从这三方面着手的。

变化首先发生在组织结构上。IBM公司成立了"全球采购部"，其内部结构按照国家和地区划分，开设了CPO（Chief Procurement Officer，全球首席采购官）的职位。组织结构的确立，意味着权力的确认。"全球采购部"集中了全球范围的生产和非生产性的采购权力，掌管全球采购流程的制定，统一订单的出口，并负责统一订单版本。

"全球采购部"专家经过仔细的研究，把IBM公司全部采购物资按照不同的性质分类，生产性的分为17个大类，非生产性的分为12个大类。每一类成立一个专家小组，由工程师组成采购员，他们精通该类产品的情况，了解每类物资的最新产品、价格波动、相应的供应商资信和服务。在具体运作中，"全球采购部"统一全球的需求，形成大订单，寻找最优的供应商，谈判、压价并形成统一的合同条款。以后的采购只需按照合同"照章办事"就可以了，这种集中采购的本质就是"由专家做专业的事"。

三、工程师、律师、财务总监审定流程

貌似简单的采购流程，前期准备工作异常复杂。IBM公司采购变革不在于订单的介质从纸张变为电子，人工传输变为网络，而在于采购流程的梳理。

制定流程首先遇到的一个问题是采购物资如何分类，才能形成一张完整而清晰的查询目录？通过调查反馈，IBM公司汇总全球各地所有采购物资，林林总总上万种。采购工程师们坐在一起，进行长时间的细致工作。听起来有些可笑：螺丝钉，在类目中的名称到底是什么？分为平头、一字、十字，共多少种？依靠专家们才智、经验和耐心才形成"17类生产性和12类非生产性"详尽的目录。这一步工作的目标是使来自不同地区、具有不同习惯、使用不同语言的员工方便、快捷地查找到所需要的"螺丝钉"。

工程师们讨论后，律师们也要"碰头"如何统一合同？统一全球流程？从法律角度审查，怎样设计流程更可靠而且合法，怎样制定合同才能最大限度保护IBM公司的利益,又对供应商公平?还要对不同国家的法律和税收制度留有足够的空间,适应本地化的工作。之后全球的财务总监还要商计,采购的审批权限如何分割?财务流程与采购流程如何衔接?

四、突破顽固势力

目前IBM公司电子采购主要由四大系统构成,即采购订单申请系统、订单中心系统、订单传送系统(与供应商网上沟通)和询价系统(OFQ),以及一个相对完善的"中央采购系统"。但系统在推广过程中并不是一帆风顺,特别是在IBM公司电子采购变革刚刚开始的阶段,据IDC(互联网数据中心)的调查,60%员工不满意现存的采购流程,原因是平均长达40页的订单合同,需要30天时间的处理。低效率的结果是,IBM公司有1/3的员工忙于"独立采购",以绕过所谓标准的采购流程,避免遇到"官僚作风",而这种"官僚作风"往往导致更高的成本。

推广的难点在于地区和部门之间的协调。制定的订单新标准与老系统冲突怎么办?问题陷入僵局。于是各地区的财务总监、系统总监、采购总监又坐到一起列单子,各地区正在使用的"土"系统有哪些?与新系统相比,数据的输入、输出是怎样的?一个一个的数据处理掉,形成统一的标准。最后,CPO手里握住一张"时间表",左边一栏是老系统退出历史舞台,右边一栏是新系统登场,CPO不停地追着生产总监问"为什么老系统还不下?"。

新旧系统更替过程中"传统势力很顽固",因为他们毕竟面临着新的采购系统与原有生产系统衔接的问题。如何保障生产正常运转?如何更新原有的数据?公司认为提供过渡方案,帮助解决具体问题,才能稳定地平滑过渡。IBM公司普通员工的感受很能说明问题,在不知不觉中发生了变化,没有引起内部任何动荡。就技术而言,IBM公司的电子采购系统已经到了能在国内广泛推行的地步,IBM中国公司已经与供应商开始了订单的网上交易。但由于国家法律及相关流程的限制,电子发票尚未实施。为此,IBM公司已经与国家相关部门在探讨如何就此推行初步试点。

五、一个季度成本降低2亿多美元

当"中央采购"系统随风潜入IBM公司内部,并平稳运转后,效果立竿见影。以2000年第三季度为例,IBM公司通过网络采购了价值277亿美元的物资和服务,降低成本2.66亿美元。大概有近2万家IBM供应商通过网络满足IBM公司的电子采购。基于电子采购,IBM公司降低了采购的复杂程度,采购订单的处理时间已经降低到1天,合同的平均长度减少到6页,内部员工的满意度提升了45%,"独立采购"也减少到2%。电子采购在IBM公司内部产生了效率的飞跃。

与此同时,供应商最大的感受之一是更容易与IBM公司做生意了。统一的流程、标准的单据,意味着更公平的竞争。集中化的采购方式更便于发展战略性的、作为合作伙伴的商业关系,这一点对生产性采购尤为重要。从电子采购系统的推广角度而言,供应商更欢迎简便快捷的网络方式与 IBM 公司进行商业往来,与 IBM 公司一起分享电子商务的优越性,从而达到一起降低成本、一起增强竞争力的双赢战略效果。

简化业务流程方案实施后,在 5 年的时间里,总共节约的资金超过了 90 亿美元,其中 40 多亿美元得益于采购流程方案的重新设计。现在 IBM 公司全球的采购都集中在该中央系统之中,而该部门只有 300 人。IBM 公司采购部人员总体成本降低了,员工出现了分流:负责供应商管理、合同谈判的高级采购的员工逐渐增多,而执行采购人员逐渐电子化。

问题:

(1) 按照广义采购成本的概念,从功能上划分,整体采购成本发生在哪些过程中?

(2) 分析案例,总结 IBM 的采购存在的主要问题是什么?他们又是如何采取措施的?

习题答案请扫二维码获取

项目二 采购控制管理

◇ 引入案例

"质"力更生,联想如何建立质量管理体系并引领行业标准

一台 Think Pad 的诞生,需要中国、美国、日本三地协作,在自动化生产线上经过几十道工序,通过严格的质量检测,再经过订单、销售等十余个业务部门的协作,才能准确无误地送到客户手中。

作为全球化科技企业,联想的供应链体系遍布全球,数十家系统制造厂、数百家核心部件厂商和上千家上游零部件厂商,且区域政策的不确定性加速了产业在不同区域、不同国家的转移,让高效的产品质量管理成为一项巨大挑战。

需求个性化、技术复杂化、供应链全球化,推动联想构建全球支持的质量管理模式,为此,联想打造了"智联质量生态管理模式",以应对智能制造背景下质量管理的诸多挑战。

1. 智者见"质"建立智能质量管理生态圈

针对"产品个性化、供应协同化、服务主动化、决策智能化"的目标,联想以智能技术协同互联,打造质量管理生态圈,是"联想智联质量生态管理模式"的核心。

秉持"智能驱动、生态共赢、聚焦客户、标准引领、源头预防"的基本理念,"联想智联质量生态管理模式"致力于实现产品质量检验的智能化,架构分为五部分。通过ICT产业高质量与绿色发展组织平台、端边云网智技术协同平台的建立,为智联质量生态管理提供实施保障平台;实现顾客需求智能化分析创新质量价值,质量全价值链的智能化管控、质量智能化解决方案是对外输出的必备业务基础;促使质量主体具备透明化可感知、全连接全联动、智能优化决策和敏捷业务支持的核心能力;赋能研发、生产、供应、销售、服务领域的质量价值实现;构筑企业、供应链、行业和社会四层质量生态圈,实现"智联质量生态,为每一个可能"的质量愿景。

联想智能质量管理生态是联想"智造"的重要一步。其核心是依托"端边云网智"智能技术平台和"ICT产业高质量与绿色发展联盟"组织平台,打造"智能质量创新、智能质量管理、智能质量服务"三大基础管理体系,推动质量生态主体"透明化可感知、全连接全联动、质量优化决策、敏捷业务支持"四大能力延展升级,赋能以产品全面客制化为中心的"研—产—供—销—服"全价值链和全场景,协同构筑智联为每一个可能的质量生态圈。

以个人电脑为例,联想每年300多个新品上市,每代产品都有新技术的应用,在质量方面时刻面临多模式、新技术的挑战。面对庞大的产品线,多样的产品类别,联想依托大数据和智能技术平台,联系整个制造全链条实现了生产环节的"互联互通、柔性制造、虚实结合、闭环质量、智能决策",在产品线管理、生产交付、质量管理及服务复杂度等方面呈指数上升。

这一套智能化解决方案,背后是联想38年的探索。

2. 从合规到卓越联想质量管理的探索

从1984年至今,联想38年的质量管理之路,经历了从无到有、由浅到深、从国内到国际的质量管理探索历程。

1984年,联想创立之初就在国外产品体系中借鉴学习,通过"质量检验"进行初级的质量管理,这也是中国电脑市场质量管理的起步和模型。随后的发展中,联想品牌意识开始觉醒,面对跨国品牌对中国市场的冲击,进行了第一次重要变革,发展自有品牌的个人电脑业务。

1994年联想开始逐步构建自己的质量体系,调整内部组织架构,打造本土管理团队,建立自己的分销网络。通过建立基于"质量策划、流程控制"为主线的全面质量管理体系,联想顺利通过ISO90001质量管理体系认证,全面进入质量管理的第二阶段。在一代代产品实践中,联想"基于过程控制的流程/体系管理"的质量管理体系愈发成熟,质量广受好评。

中国加入世贸组织后,联想毅然进军国际市场,2004年底,联想收购IBM在全球的个人计算机业务,走向全球化之路,正式开始国际化。从此,联想开始了"基于产品全生命周期的源头预防质量管理"模式,迎来了质量管理的第三次发展。基于中国加入世贸组织的背景和激烈的国际市场竞争形势,联想推出以"前置预防、标准细分、全球统一"为主线的全面质量管理体系,击垮了强大的跨国对手,至2013年联想成为全球个人电脑冠军。

从合规到卓越,从小质量到大质量,从追求速度到高质量,从本组织到跨越相关方,联想坚持不懈地进行质量管理升级,这是电脑产品质量管理体系的缩影。直到2014年,联想以其强大的数字化能力,开启质量管理智能化的变革升级。

3. 弯道超车登上智造高地

2014年,联想收购IBM的X86服务器和摩托罗拉移动,在国际上开疆拓土。此时,联想也进入以"客户导向、智能驱动、生态共赢"为主线的智联质量生态管理体系阶段,这是联想生产环节的"互联互通、柔性制造、虚实结合、闭环质量、智能决策"的重要一步。

智能质量生态圈积极推动智能科技与各行各业的应用场景相结合,给制造业的质量管理效率和效益带来了巨大提升。作为立国之本、兴国之器和强国之基的制造业,在推进智能制造的趋势之下,联想以数字化技术推动制造业技术创新从多点突破迈向系统集成。以联想为代表的中国企业以"三全一多"要求支撑制造系统,打造全球质量领先的产品,利用全球价值链"重构"的机会提质升级。

至今,联想形成了完整的智联生态管理模式,打造了"智能质量创新、智能质量管理、智能质量服务"三大基础管理体系,推动质量生态主体"透明化可感知、全连接全联动、质量优化决策、敏捷业务支持"四大能力延展升级,赋能以产品全面客制化为中心的"研—产—供—销—服"全价值链和全场景,协同构筑智联为每一个可能的质量生态圈。此模式不仅继承了全面质量管理、PDCA循环、QFD(Quality Function Deployment,质量功能展开)、FMEA(Failure Mode and Effects Analysis,失效模式与影响分析)、六西格玛、ISO9000七项基本原则、卓越绩效模式九项基本理念等质量管理理论和理念,还整合了生态圈、产业生态、智能制造等外延理论。

当下,数字化成为全球经济的热潮。无论是"再工业化"战略,还是我国实施的"中国制造2025"战略,都是在布局"智造"高地。在这之中,联想引领行业智能变革,赋能产业链质量价值创造,推动中国制造业实现"产业跃迁"和高质量发展,也助力中国由"世界工厂"向"制造强国"蝶变。

(资料来源:https://brand.lenovo.com.cn/brand/PPN01020.html,2022年5月7日)

任务一 采购质量

◇ 任务书

在经济全球化趋势和市场竞争愈演愈烈的严峻形势下,产品质量竞争已成为贸易竞争的重要因素。"没有质量,就没有企业的明天",而产品质量的优劣,在很大程度上取决于采购零部件质量的高低。

在我国制造企业的产品中,外购的零部件所占的比例较高,机械产品一般占50%,化工产品一般占60%,钢铁产品一般占70%,而这些外购的零部件对最终产品的质量和可靠性的影响也日益明显。现阶段,我国制造企业,低质量的零部件采购占制造企业产品质量缺陷的两到三成。由此可知,采购零部件是制造企业产品的重要组成部分,是制造企业整个质量管理体系的一个不容忽视的重要环节。

如何确保在采购价格适宜时还能采购到质量过关的商品呢?

◇ **思政园地**

思政元素:树立"做专、做精、做细、做实"的职业作风

某制药有限公司用具有强烈毒性的"二甘醇"充当"丙二醇",生产出带有毒性的"亮菌甲素注射液",最终致13人死亡。在法庭上,采购人员表示,当时他已经向分管采购的副总请示去现场考察,但领导说现在通信技术发达,电话联系就行。因此,该采购人员并没有进行现场考察。而该公司分管采购的副总诡辩道:"丙二醇只是制药的一种小小的辅助材料,只有大宗的和重要的原材料才有必要进行现场考察。"

众所周知,药品质量问题是"人命关天"的大问题,案例中采购管理人员缺乏敬畏之心,带来了可怕的后果。

内化提升:强化质量意识,培育精益求精的敬业风气。

◇ **准备工作**

1. 调查、收集本地企业商品质量管理的相关资料。
2. 教师讲解采购渠道的选择、交货期的控制等采购质量控制关键点。

◇ **任务实施**

检查考核:

(1) 分析所调查企业采购商品质量管理的方法;

(2) 项目小组进行相互交流,选出代表进行成果展示;

(3) 自评、互评、教师评价表:

团队名称	自评(10%)	小组互评(30%)	教师评价(60%)	合计

(4) 实训工作评价表:

考核项目名称	商品采购质量管理			
考核指标	工作态度 (20分)	团队合作 (20分)	实训任务完成度 (20分)	成果展示与汇报 (40分)
团队总分				

◆ 学习任务相关知识点

一、采购质量管理

(一)采购质量概述

所谓采购质量管理,是指对采购质量的计划、组织、协调和控制,通过对供应商质量评估和认证,从而建立采购管理质量保证体系,保证企业的物资供应活动。

> ◆ 小看板:采购质量管理的注意事项
>
> 1. 质量的定位要恰当地处理质量、成本、供应、服务等要素之间的关系。不同的物资、不同的应用场合,其质量定位标准也是不同的,不能采用"一刀切"的方法。
> 2. 质量与成本之间的关系最常用的是使用"性价比"来平衡。但是质量并不是越高越好,质量过高会产生质量过剩,并使成本大大增加。
> 3. 质量与供应之间的关系也应恰当处理。对于大批量的供应来说,对质量的过高要求,可能会导致供应商加工周期过长,严重时可能会导致缺货,特别是对于自动化不连续的机械供应商,只要物资不影响产品质量,就不要像精品一样逐个检验物资。
> 4. 质量与售后服务之间的关系也较为密切。产品组成部件的质量问题会导致故障频繁出现,不仅使产品在客户心目中的印象较差,而且会给售后服务带来麻烦,增加服务成本。

(二)采购质量管理工作内容

要实现质量保证的目标,采购质量管理工作的主要内容包括三个方面:一是采购部门的质量管理;二是对供应商的评估和认证;三是采购质量保证体系的建立与运转。

1. 采购部门的质量管理

采购部门本身的质量管理是企业质量管理的一项基本管理活动,它的根本任务是根据生产的需要,保证采购部门适时、适量、适质地向生产部门提供各种所需的物料,做到方便生产,服务良好,提高经济效益。

(1)物料采购供应的计划工作

在面临较复杂的采购情况下,针对多品种多批次的需求,采购部门进行需求分析,涉及企业各个部门、工序,以及材料、设备、工具及办公用品等各种物料,进行大量的、彻底的统计分析,在此基础上编制物料采购计划,并检查、考核执行情况。

(2)物料采购供应的组织工作

依据物料采购计划,按照规定的物料品种、规格、质量、价格、时间等要求,与供应商签订订货合同或者直接购置。

① 运输与组织到货

确定供应商与采购方案后,根据采购计划内容(包括质量、运输方式、交货时间、交货地点等)要求,组织运输与到货,并尽量在合理时间内提前完成。

② 验收

物料到货后,根据有关标准,经有关部门对进厂的物料进行品种、规格、数量、质量等各方面的检验核实后方可入库。对于质量连续不合格的物料供应商,一方面提请供应商进行质量改进;另一方面,如果供应商的物料质量已经达到极限,则应从物料设计系统入手,选择适合大批量生产的物料种类。

对于质量连续符合标准的物料供应商,则可以考虑对供应商实行免检。实行免检的物料事先要签订"质量保证协议",并列出相应的处罚措施,从合同上对供应物料质量进行制约,提高供应产品的质量。

③ 存储

对已入库的物料,要按科学、经济、合理的原则进行妥善的保管,保证质量完好、数量准确、方便生产。

④ 供应

根据生产部门的需要组织好生产的物料准备工作,按计划、品种、规格、质量、数量进行发送。

(3) 物料采购供应的协调工作

在一个企业中,采购部门与生产部门由于分工的不同往往会产生一些矛盾与冲突,对这些矛盾与冲突就需要进行协调。协调的对象归根结底是人际关系,应通过沟通来克服障碍,从企业的目标和利益出发进行协调,从而达到提高产品质量和经济效益的目的。

(4) 物料采购供应的控制工作

由于采购活动涉及资金的流动及各方的利益关系,因此为了减少贿赂所带来的采购物料质量差及采购活动所带来的风险,必须加强采购控制工作,建立采购预计划制度、采购请求汇报制度、采购评价制度、资金使用制度、到货付款制度、保险制度等。

2. 供应商的评估和认证

在供应链管理的环境下,为了降低企业的成本,往往需要减少供应商的数量。当然,供应链合作关系也并不意味着单一的供应商。从供应链管理的需要和采购产品的质量出发,企业采购质量管理要求进行供应商的评估和认证。

采购质量管理的重点之一在于正确地选择供应商,因此首先是供应商的评估。供应商管理流程如图 4-5 所示。

(1) 供应商评估

为了对供应商进行系统、全面的评估,就必须建立一套完善的、全面的综合评估指标体系。

(2) 建立供应商评估指标体系

为了对不同行业、不同产品、不同背景的供应商进行合理的评价,可以从一些基本的共性出发,确定评估的项目、标准以及所要达到的目标。因此,评估指标体系主要包括供应商的业绩、管理水平、人力资源开发、成本控制、技术开发,特别是质量控制、交货期、运输条件、用户满意度等指标。在此基础上成立评估小组,制订相应的评估管理办法。

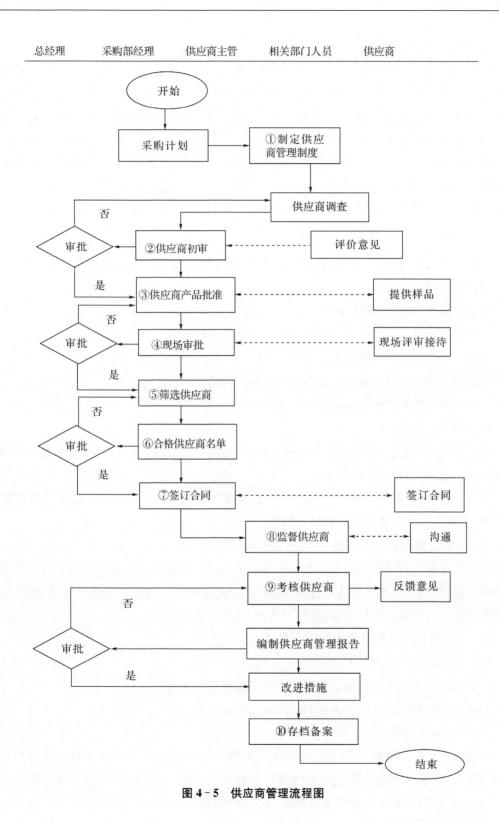

图 4-5 供应商管理流程图

(3) 供应商分类及评估

我们可以把供应商分成两类：一类是现有的供应商；一类是潜在的供应商。对于现有的合格供应商，每个月进行一次调查，着重对价格、交货期、合格率、质量等进行正常的评估，1~2年进行一次详细的评估。对于潜在的供应商，其评估的内容要详细一些，首先是根据产品设计对原材料的需求，寻找潜在的供应商，由其提供企业概况、生产规模、生产能力、经营业绩、ISO 9000 认证、安全管理、样品分析等基本情况；其次进行报价；接着对供应商进行初步的现场考察，考察时可以按照 ISO 9000 系列标准进行；最后汇总材料并小组讨论，在进行供应商资格认定之后，一般考察三个月，如果没有问题，再确定为正式的供应商。

3. 采购质量保证体系的建立与运转

采购认证是针对采购流程的质量而言的，对采购的每个环节从质量的角度进行控制，从而控制供应商的供应质量。

(1) 对选择的供应商进行认证

具体内容包括以一定的技术规范考察供应商的软件和硬件。

▲软件是指供应商的管理水平、技术水平、工艺流程、合作意识等；

▲硬件是指供应商设备的先进程度、工作环境的完善性等。

(2) 对供应商提供的样品进行试制认证

具体分两个阶段：

第一阶段，对供应商外协加工的过程进行协调控制，如设计人员制定的技术规格和供应商实际生产过程是否存在出入；

第二阶段，认证部门会同设计、工艺、质量管理等部门相关人员对供应商提供的样品进行评审，看其是否符合基本规格和质量要求。

(3) 对供应商提供的小批量物料进行中试认证

这是由于对物料的质量检验主要是通过测量、监察、试验、度量，与以往规定的标准进行比较看其是否吻合，但是样品认证合格并不代表小批量物料就能够符合质量要求，往往小批量物料的质量与样品的质量存在差异，因此，中试认证是必要的。

(4) 对供应商提供的批量物料进行批量认证

其质量控制表现在两个方面：

一是控制新开发方案批量生产的物料供应质量的稳定性；

二是控制新增供应商的批量物料供应质量的稳定性。

(5) 保持动态平衡

在供应链管理的前提下，企业的需求和供给都在不断地变化，因此在保持供应商相对稳定的情况下，应该根据实际情况及时修改供应商评估标准，或者进行新的供应商评估。因此，合格的供应商队伍应当始终保持动态，形成一种激励机制和竞争机制，从而促使供应商注重和改进产品质量。

（6）以质量为前提

在评估指标体系中，质量是最基本、最重要的前提，虽然价格也很重要，但只有在保证质量的前提下，讨论价格才有意义。此外，供应商评估指标体系中，在行业中的地位、声誉、信用状况、领导的素质也具有很重要的参考价值。

建立供应商评估指标体系的优点是可以避免在选择供应商时掺入过多的主观成分，从而加强质量管理，选择出优秀的供应商。

> ✥ 小看板：全面质量管理
>
> 　　全面质量管理（Total Quality Management，TQM），是对一个组织以产品质量为核心，以全员参与为基础，目的在于通过让顾客满意和本组织所有者及社会等相关方受益而建立起的一套科学、严密、高效的质量体系，从而提供满足用户需要的产品的全部活动，达到长期成功的管理途径。它是改善企业运营效率的一种重要方法。
>
> 　　TQM 要求控制产品质量的各个环节、各个阶段，其特点如下：
>
> （1）它是全过程的质量控制；
>
> （2）它是全员参与的质量控制；
>
> （3）它是全社会参与的质量控制。

二、采购质量控制

（一）采购质量控制要点

采购质量控制包括对采购产品及其供应厂商和中间商的控制，主要对采购策划、采购询价文件的编制、询价厂商及中间商的选择、报价评审、采购合同的签订、催交、验证、包装运输、现场验收和移交等过程进行质量控制。

对于生产管理而言，应组织建立生产采购管理质量控制文件，还应建立合格供货厂商及中间商名录，并定期对合格供货厂商及中间商名录进行评审。最后应根据生产现场的需求建立合格供货商的评价和再评价准则。

（二）建立合格供货厂商名录

组织对拟供货厂商进行考察评估，评选合格的供货厂商列入合格供货厂商名录。在生产项目完成后，采购工程师对供货厂商的产品质量、交货期、售后服务情况进行评价，并保持记录。组织根据记录定期对供货厂商进行履约评定，凡评定不合格的供货厂商，将其从合格供货厂商名录中删除。如果向中间商采购产品，也要对其进行评价，建立合格中间商名录。只有满足合格条件的中间商，才能向其进行相应的采购。

（三）采购策划及采购询价文件的编制

生产采购策划工作由采购经理负责，主要任务是编制"采购实施计划"。采购经理组织采购工程师实施生产产品"采购实施计划"。在采购实施过程中，采购经理可根据生产产品的具体情况，对"采购实施计划"进行修订或补充。用户对采购的特殊要求也应列入"采购实施计划"。

询价文件包括询价技术文件和询价商务文件两部分。询价技术文件由设计经理组织相关专业设计工程师编制；询价商务文件由采购经理组织采购工程师编制。

（四）询价厂商的选择、报价评审和采购合同的签订

采购工程师根据产品的特点，从企业合格供货厂商名录和用户询价厂商名单中选择两家或两家以上厂商（或中间商）作为推荐的询价厂商，编制"项目询价厂商（或中间商）名单"，经审批后，向询价厂商发出询价文件。

报价评审包括技术报价评审、商务报价评审和报价综合评审三个部分。设计工程师负责技术报价评审，采购工程师负责商务报价评审，采购经理根据技术报价评审和商务报价评审的结果，进行报价综合评审，确定报价厂商（或中间商）的排序，报项目负责人审批。

在采购合同中，要明确规定项目对供货厂商（或中间商）的质量管理、环境管理、职业健康安全管理的要求。可包括用户的要求、质量管理体系、人员、交货期、价格、质量等级要求。

（五）催交、验证和包装运输

采购经理负责指令采购工程师对采购产品及其技术文件进行催交，以满足产品设计和生产的需要。

采购产品的验证方式包括供货厂商车间与中间商的货源处验证、到货现场验证和第三方检验。采购产品的验证方法包括检验、测量、察看、查验文件资料和记录等。

通常情况下，采购产品由供货厂商或中间商负责包装和运输，并在采购合同中明确规定包装和运输要求。超限和有危险性的设备材料运输时，要求生产单位提交补充运输方案，按规定程序审批后才能实施。

（六）现场验收和移交

采购经理负责组织采购工程师在到货现场验收采购产品。采购产品同采购经理和生产经理组织有关人员在现场进行移交（图4-6）。

三、质量检验的方式与方法

质量检验的方式可以按不同的特征进行分类。

（一）按检验数量划分

1. 全数检验

全数检验是指对一批待检产品进行检验。一般来说，这种方式比较可靠，同时能够提供较全面的质量信息。如果希望检查得到百分之百的合格品，唯一可行的办法就是进行全数检验，且至少一次以上，同时还要考虑漏检和错检的可能。

（1）全数检验有它固有的缺点：

第一，检验的工作量大。

第二，检验周期长。

第三，检验成本高。

第四，要求检验人员和检验设备较多。

第五，较大的漏检率和错检率。

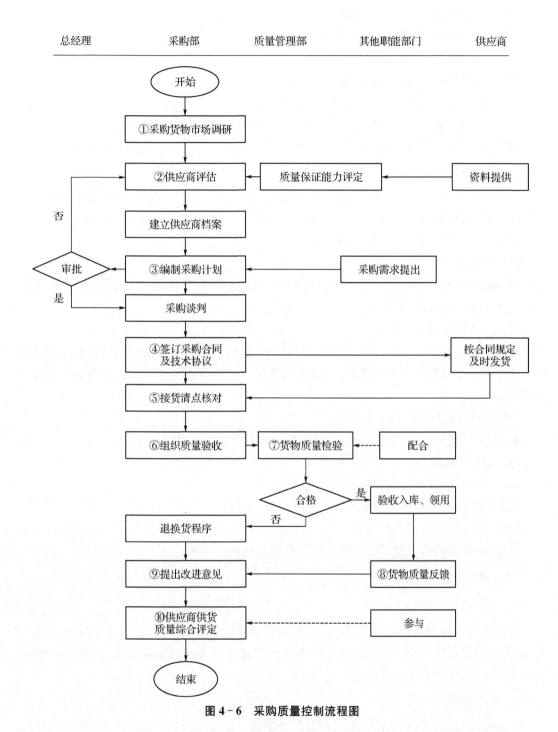

图 4-6 采购质量控制流程图

由于受检验人员技术检验水平的限制,检验人员长期重复枯燥检验的疲劳以及检验工具的迅速磨损,可能导致较大的漏检率和错检率。据国外统计,这种漏检率和错检率有时可能会达到 10% 到 15%。

第六,全检不适合破坏性的检验项目。

(2) 通常全数检验适用于以下几种场合:

第一,精度要求高的产品和零部件;

第二,对下道或后续工序影响较大的尺寸部位;

第三,手工操作比重大,质量不稳定的工序;

第四,一些批量不大,质量方面无可靠保证的产品(包括零部件)和工序;

第五,采用挑选型抽样方案时,对于不合格的交验批次,要进行100%的重检和筛选。

2. 抽样检验

抽样检验是指根据数理统计原理制定的抽样方案,从交验的一批产品中,随机抽取部分样品进行检验,根据检验结果,按照规定的判断准则,判定整批产品是否合格,并决定是接收还是拒收该批产品,或采取其他检验方式。

(1) 抽样检验的主要优点

明显降低了检验工作量和节约了检验费用,缩短了检验周期,减少了检验人员和设备。特别是属于破坏性检验时,只能采取抽样检验的方式。

(2) 抽样检验的主要缺点

有一定的错判风险。例如将合格判为不合格,或把不合格错判为合格。虽然运用数理统计理论在一定程度上减少了风险,提高了可靠性,但只要使用抽检方式,这种风险就不可能绝对避免。

(3) 抽样检验适用于以下几种场合:

第一,生产批量大、自动化程度高、产品质量比较稳定的产品或工序;

第二,带有破坏性检验的产品和工序;

第三,外协件、外购件成批的验收检验;

第四,某些生产效率高、检验时间长的产品和工序;

第五,检验成本太高的产品和工序;

第六,产品漏检或少量不合格品不会引起重大损失的产品。

(二) 按检验性质划分

1. 理化检验

理化检验是指借助物理、化学的方法,使用某种测量工具或仪器设备,如千分尺、游标卡尺、显微镜等进行的检验。理化检验的特点通常都是能够得到具体的数值,人为误差较小。因而有条件时,要尽可能地采用理化检验。

2. 官能检验

官能检验是靠人的感觉器官来对产品的质量进行评价和判断。如对产品的形状、颜色、味道、气味、伤痕、老化程度等,通常依靠人的视觉、听觉、触觉和嗅觉等感觉器官进行检查,判断产品质量的好坏或是否合格。

官能检验又可以分为两类:

第一类,嗜好型官能检验,如美不美、香不香。这类由人的感觉本身作为判断对象的检验,往往因人而异,因为每个人的嗜好可能不同。如每个人都有不同的审美观,对同一事物,其判断的结果可能因人而异。也就是说,这类检验往往具有较强的主观意愿。

第二类,分析型官能检验,通过人的感觉器官进而分析判断被检测对象的特性。如要检测某一设备运转后主轴的发热程度,如果没有适用的温度计,就要通过检验人员用手抚摸的触觉来判断大致的温度。这就不是凭人的嗜好,而是凭人的经验来做出的判断。

(三) 按检验后检验对象的完整性划分

1. 破坏性检验

有些产品的检验带有破坏性,就是产品检验后本身不复存在或是被破坏得不能再使用了。如炮弹等军工用品、热处理后零件的性能、电子管或其他元件的寿命试验、布匹材料的强度试验等,都是属于破坏性检验。破坏性检验只能采用抽检的形式,其主要矛盾是如何实现可靠性和经济性的统一,也就是寻求一定可靠又使检验数量最少的抽检方案。

2. 非破坏性检验

顾名思义,非破坏性检验就是检查对象被检查后仍然完整无缺,丝毫不影响其使用性能,如机械零件的尺寸等大多数检验,都属于非破坏性检验。现在由于无损检测的发展,非破坏性检验的范围在扩大。

(四) 按检验的地点划分

1. 固定检验

所谓的固定检验,就是在生产车间内设立固定的检验站。这种检验站可以是车间公共的检验站,如工段、小组或工作地上的产品加工后,都依次送到检验站进行检验。也可以设立在流动或自动线的工序之间或"线"与"线"的终端。这种检验站属于专门的,并构成生产线的有机组成部分,只固定做某种专门的检验。

在车间内设立固定的检验站既有优点也有缺点。固定检验,适用于某些不便搬动或精密的仪器,有利于建立良好的工作环境,有利于检验工具或设备的使用和管理。但固定的检验站,从心理学的观点来看,容易造成检验人员与生产工人之间的对立情绪。生产工人把产品送去检验看成"过关",同时检验站内,容易造成待检和待检、待检和完检、完检和完检零件的存放混乱,占用较大的空间。所以采用固定检验,要根据具体的情况进行处理。

2. 流动检验

流动检验也是临床检查,就是由检验人员到工作地区检查。流动检查有以下优点:

(1) 有利于搞好检验人员与生产工人之间的关系。检验人员到工作地区检查,如果态度好,并指出工作操作中的问题,减少不合格品的产生,生产工人体会到检验人员不只是检查自己的工作,而是为自己服务,这样便能减少废品的产生,从而降低自身的经济损失,体现了同志式的合作关系。

(2) 有预防作用,检验人员按加工时间顺序到工作地区检查,容易及时发现生产过程中的变化,预防成批废品的出现。

(3) 可以减少被检零件的搬运和取送，防止磕碰、划伤等损坏现象的发生。

(4) 可以提高生产效率，节省操作者在检验站排队待检的时间。

(5) 检验人员当着生产工人的面进行检查，工人容易了解出现的质量问题，并容易相信和接受检验人员的检查结果，减少相互之间的矛盾和不信任感。

（五）按验收时间的不同划分

1. 验收性质的检验

验收性质的检验是为了判断产品是否合格，从而决定是否接收该批或该件产品。验收检查是广泛存在的形式，如原材料、外协件、外购件的进厂检验，半成品入库前的检验，产成品出厂前检验，都属于验收检验。

2. 监督性质的检验

监督性质的检验的目的不是为了判定产品是否合格，是接收还是拒收该批产品，而是为了控制生产过程的状态，也就是检定生产过程是否处于稳定的状态。所以，这种检查也称为过程检查，以预防大批不合格品的产生。如生产过程中的巡回检验、使用控制图时的定时检验，都属于这类检验。其抽查的结果只是作为一个监控和反映生产过程状态的信号，以便决定是继续生产还是要对生产过程采取纠正调整的措施。

◆ 任务小结

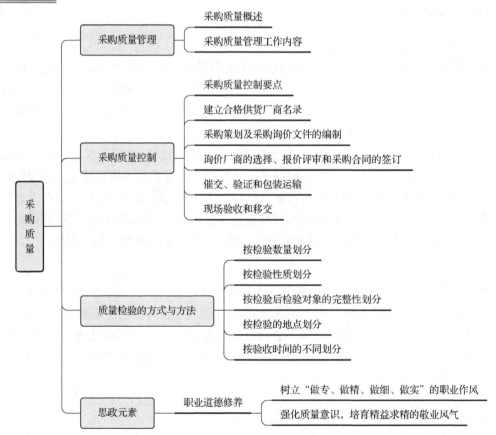

任务二　库存管理

◇ 任务书

安吉智行物流有限公司自2002年成立以来,经过多年的高速发展,现已成为一家拥有32家分公司,业务范围涉及汽车、工业品、高科技、快销、电商、轮胎等多个行业和领域的企业。公司现希望从经验管理向科学管理过渡,通过科学的、系统的采购方法和库存控制来降低成本。小王作为公司的采购员负责汽车零部件的采购工作,他分析采购的零部件过多会导致库存过多,而库存过少又往往会造成缺货影响生产。那么,小王应该怎样控制库存?如何进行采购呢?具体来说,要隔多长时间检查一次库存数量?何时去订货?每次订多少呢?

◇ 思政园地

思政元素:守正固本,勤俭节约

传承中华优秀传统文化,弘扬勤俭节约的传统美德

最近,一些地方积极运用科技手段减少餐饮浪费、倡导节约,令人眼前一亮。有的餐厅推出机器人小锅炒菜、"智能光盘套餐",通过精准定量、科学配比,引导节约用餐;有的单位食堂使用订餐码,鼓励员工线上预订,并根据当日订餐情况精准把控菜品供应量。(人民日报11月2日)

传承中华民族传统文化,倡导勤俭节约的优秀品质。无论是"克勤于邦,克俭于家"的劝勉,还是"俭节则昌,淫佚则亡"的告诫,有关俭与奢的箴言,沉淀着历史的启迪,牵动着中国人对家风与国运的思考。节俭的思想浓缩了中国哲学的智慧。从孔子"饭疏食饮水,曲肱而枕之,乐亦在其中"的幸福观,到老子"去甚、去奢、去泰"的思辨,再到墨子对"节用"理念的提倡……节俭的传统文化大到国家粮食安全大计,小到"谁知盘中餐,粒粒皆辛苦"的启发,不仅对个人有着深刻的影响,也深刻影响着国家社会的发展。

敬畏劳动成果,节俭是应有姿态。从一株秧苗到一碗米饭,从一粒黄豆到一瓶酱油,从一颗蓼蓝种子到一匹蓝印花布,都要历经几十道工序。人们欣羡田园生活,本质上则是对朴素生活的向往、对劳动创造的赞叹。品鲈鱼美,勿忘"出没风波里"的艰辛;食盘中餐,须记"田家秋作苦"的汗水。保持一颗敬畏的心,敬畏天地,敬畏劳动成果,节俭就是尊重劳动成果应该有的姿态。

实现资源优化配置,节俭并不是要拒绝消费。节能家电、共享单车、二手物品售卖平台……近年来,以资源节约为特点的创新,顺应了大众消费趋势,为相关行业拓展了市场空间,催生了许多新业态。新形势下,用好勤俭节约这个"传家宝",有助于激发新的经济价值,创造更大的社会效益。勤俭节约是社会发展的应有之义,是坚持绿色可持续发展的要求,把握传统文化精髓,走出现代化发展之路。

内化提升:深刻理解新发展理念;感受中华优秀文化底蕴,激发文化传承的自信心。

(资料来源:中国网,http://edu.china.com.cn/2020-11/04/content_76875446.htm? a=true&f=pad,2020 年 11 月)

⬥ 准备工作

案例:订货点采购控制库存

某公司为节约成本,降低库存成本,采用了订货点采购控制库存的方法。该公司购入某物料价格为 30 元/件,外购的订购成本为每次 6 元,该物料的年需求量为 8 100 件,储存成本为价格的 10%,订货周期为 4 天,安全库存天数为 2 天。

1. 请确定何时去订货。
2. 请确定每次订多少。

⬥ 任务实施

适时适量,是采购管理的目标之一。采购管理就是要通过改善采购方式和库存控制的方法,降低采购成本,减少资金占用。

要完成上述任务,需要掌握以下问题:

1. 持有库存会给企业带来哪些负面的影响?
2. 影响为非成本的因素有哪些?
3. 如何根据采购项目采取适当的采购方法?

⬥ 学习任务相关知识点

一、库存

(一)库存的概念

▲狭义的库存

指用于保证顺利生产或满足客户需求的物料储备。

▲广义的库存

指一切闲置状态的用于未来的资源,如人、财、物、信息等;从运作管理角度来讲,是指生产过程中处于没有被加工或使用的物资,如原料、半成品、成品、工具与维修配件、各种消耗品。

生产型企业从原材料进料开始就会产生相应库存,如图 4-7 所示。

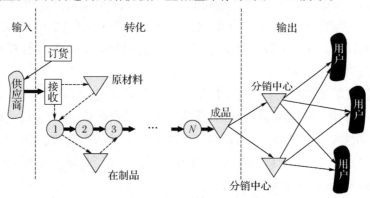

图 4-7 生产型企业物料流

（二）库存的利弊

1. 库存的作用

（1）囤积和保存硬实力

生产和销售类型的企业对产品应当保持一定数额的库存量,面对市场纷繁复杂的变化,尤其是商业中的不确定性因素和巨大的经营风险,保有一定的库存商品或产品是必然的选择。"库里有货,心里不慌"。商场上风云变幻,风雨莫测,企业对市场的判断和评估,往往会出现失误、失灵,以不变应万变,以库存保有量来抗击风险和隐患,是不二法则,以求在关键时刻蓄势待发。

（2）调节的功能

企业在生产经营上,力求做到以最少的投入获得最大的产出,所以库存还起到了一定的调节功能。企业需要根据计划进行采购和储备,但是往往出现的情况是计划没有变化快。在流通领域和相关环节,需要库存来进行调节和平衡。尤其是在有效的沟通之后,要充分利用库存去调整生产关系,调和供求矛盾。库存是企业收支中一个重要的调节砝码,能够帮助企业当好家。

（3）对资金的占用起到平衡作用

库存的商品、产品、半成品以及原材料,都可以随时变现或间接变现。说得通俗一点,就是当家里没钱的时候,把家产变卖换钱。当然企业的库存产品都是一分钱、一分货,变现流通的交易是货真价实的,偶尔也会出现折价或涨价的处理、销售。库存也是战略储备,关键时刻可以应急,对资金的占用起到平衡作用。

2. 库存带来的弊端

（1）占用大量资金

大量库存要占用大量的资金,影响企业资金的周转。如果企业管理制度不健全、管理不善,就会很容易在某个环节,造成不良资产。

（2）发生库存成本

库存成本是指企业为持有库存所需花费的成本,它包括占用资金的利息、储藏保管费、保险费、库存物品价值损失费用等。

（3）掩盖企业生产经营中存在的问题

高库存可能会掩盖企业生产运营管理中存在的一系列问题。如当废品率和返修率很高时,一种很自然的做法就是加大生产批量和在制品库存;掩盖工人的缺勤问题、技能较差问题、劳动纪律松散和管理混乱问题;掩盖供应商的供应质量问题、交货不及时的问题;掩盖企业计划安排不当的问题、控制生产不健全的问题等(图 4-8)。

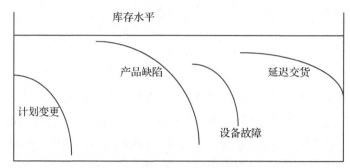

图 4-8 库存掩盖企业生产经营中存在的问题

（三）库存的分类

1. 按库存物品在生产过程和配送过程所处的状态分类

（1）原材料库存

是指等待进入生产作业的原料与组件，如钢铁、面粉、木料、布料或其他物料，以及准备投入产品总装的零件或子装配件等。

（2）在制品库存

当原材料出库后，依次通过生产流程中的不同工序，每经过一道工序，附加价值都有所增加，在未完成最后一道工序之前，都属于在制品库存，在两道工序之间的暂存，也是在制品库存。

（3）产成品库存

在制品在完成最后一道工序后，成为产成品。

2. 按库存的作用分类

（1）经常库存：也叫周转库存，是为了满足两次进货期间市场的平均需求或生产经营的需要而储存的货物。

存货量受市场平均需求、生产批量、运输中的经济批量、资金和仓储空间、订货周期、货物特征等多种因素的影响。

（2）安全库存：是指为防止需求波动或订货周期的不确定而储存的货物。

安全库存与市场需求特性、订货周期的稳定性密切相关。市场需求波动越小或需求预测越准确、订货周期越确定，所需的安全库存就越少。如果企业能对市场做出完全准确的预测、订货周期固定，就可以不必保有这部分库存。

（3）促销库存：在企业促销活动期间，一般会出现销售量一定幅度的增长，为满足这类预期需求而建立的库存，称为促销库存。

（4）投机性库存：是指以投机为目的而储存的物资。

对一些原材料，如铜、黄金等，企业购买并储存的目的常常不是为了经营，而是为了做价格投机。

（5）季节性库存：是指为满足具有季节性特征的需要而建立的库存。

如水果等农产品、空调、冬季取暖用煤、夏季防汛产品。

(四) 库存问题

1. 单周期需求

仅仅发生在比较短的一段时间内的需求,也被称作一次性订货量问题。如圣诞树问题,奥运会组委会发行的奥运会纪念章或新年贺卡,易腐物品或其他生命周期短的易过时的商品。

正因为需求的偶发性和物资生命周期短,所以很少重复订货。对单周期需求物资的库存问题称为单周期库存问题。

2. 多周期需求

在足够长的时间里对某种物品重复的、连续的需求,其库存需要不断补充。

(1) 独立需求

是指对某种物品的需求只受企业外部的市场影响而不受其他种类物品的影响,表现出对这种产品需求的独立性。

(2) 相关需求

又称非独立需求,是指对某种物品的需求直接依赖于其他种类的物品,如自行车车轮和自行车的关系。

(3) 确定性库存和不确定性库存

当需求率和订货提前期被视为确定的时,发生在这种情况下的库存称为确定性库存问题。

现实中,需求率和订货提前期都是受市场需求影响的随机变量。如果将两者中的任一个看作随机变量,发生在这种情况下的库存就是不确定性库存。

独立需求的库存控制与相关需求的库存控制原理是不相同的:

▲对于一定的库存控制系统来说,独立需求是一种外生变量;

▲相关需求则是控制系统的内生变量。图4-9简单表示出库存问题分类形式。

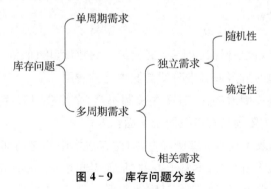

图 4-9 库存问题分类

> ◇ **小看板**：报童问题与单周期库存
>
> 　　报童每天清晨从报社购进报纸零售，晚上将没有卖掉的报纸退回。报童每天如果购进的报纸太少，不够卖的，会少赚钱；如果购进太多，由于报纸的时效性，剩余的报纸就成了废旧报纸，只能折价或卖废品，那么报童会有未售出报纸的损失。他应如何确定每天购进报纸的数量，以获得最大的收入？这就是报童问题，一个典型的单周期随机库存问题。

(五) 库存控制

有人说：库存是"销售的救世主"，因为有库存就不致错失良机，很有必要。也有人说：库存是"企业的坟墓"，因为库存可以在企业经营上造成很多危险，是不好的。事实上，任何企业或多或少都有库存，即使号称"零库存"的企业，本质上是实现精确计划库存，而不是一点东西都不存，所以，对企业而言，库存是不好，但又是必要的。我们要做的是怎样对库存进行合理科学的管理，以使花费在库存管理上的费用尽可能小。这就涉及"**库存控制**"的问题了。

存货的库存控制是指在保证企业生产、经营需求的前提下，使库存量经常保持在合理的水平上；掌握库存量动态，适时、适量提出订货，避免超储或缺货；减少库存空间占用，降低库存总费用；控制库存资金占用，加速资金周转。

1. 库存成本构成

(1) 存货持有成本

包括公司由于所持有的存货量而发生的一切成本。通常包括下列因素：资金利息、报废损失、损坏损失、保险费、存储费用等。

(2) 订货成本

由于发出采购订单向供应商购买物料和向外协加工商发出订单而发生的所有费用之和就是订货成本。

(3) 缺货成本

由于来不及备料或备料无法满足要求而失去客户订单造成已发生的市场费用和失去销售利润等归为缺货成本。

(4) 能力关联成本

与能力有关的成本，包括班次的安排、雇佣员工的数量、培训、停工时间费用。当需要增加或减少能力或能力暂时过多或过少时就会发生这种费用。

正因为这些成本构成因素的存在，库存控制不当，必然会引起存货成本上升，并直接导致企业利润的下降，这主要表现在以下两个方面：

① 库存过多，虽然取得成本会有所降低，但储存成本中的变动部分（如库存品占用资金利息、损耗费等）将大大上升，总成本是上升的，从而引起企业总利润下降。

② 库存过少，企业发生存货短缺的可能性增大，一旦缺货发生，企业就要支付高昂的缺货成本。

由此可见，现代企业库存成本的控制目标应定位于使存货成本的构成因素之和最小，以达到使总的库存成本最小化的目标。

二、库存管理方法

(一) ABC 分类法

ABC 分类法发源于 19 世纪意大利经济学家巴雷特对人口问题的研究。这种方法的基本原理是:对企业库存按其重要程度、价值高低、资金占用或消耗数量等进行分类、排序,以分清主次抓住重点,并分别采用不同的控制方法,其重点是从中找出关键的少数(A 类)和次要的多数(B 类和 C 类),并对关键的少数进行重点管理,以收到事半功倍的效果。

对于现代企业来说,库存品种往往成千上万,单位价值相差悬殊,有些存货数量虽然不多,但价格昂贵,而有些存货数量尽管庞大,但占用的资金并不多。另外,有些存货的需求量巨大,不管其价值如何,总要占据相当数量的资金;而还有一些存货一年中的需求并不大,占用的资金也不多。如果不分主次,面面俱到,对每种存货都进行周密的规划,严格的控制,也就抓不住重点,不能有效地控制存货所占用的资金,使花费在存货上的成本太高。为了实施对存货的有效控制,在工作中必须突出重点,区别对待,ABC 分类法正是针对上述情况而采取的一种体现重要性原则的存货控制方法。其意义在于:使企业能够实现对存货占有资金的有效管理,以最小的成本达到最有效的管理效果。

■ABC 分类法的基本特征

ABC 分类法的意义在于根据库存项目的重要程度的不同而实施不同的库存控制策略(表 4-1)。

表 4-1　ABC 分类法基本特征

物资类别	A	B	C
占品种/%	5~10	20~25	70~75
占全部资金/%	75~80	15~20	5~10
控制程度	重点控制	适当控制	简单控制
采购量计算	精确计算	粗略计算	一般估计
库存检查	经常检查	定期检查	年终检查
安全库存量	低	较高	大量

经过 ABC 分类,企业经营者可以了解所管理物资消耗的基本情况,采取不同策略进行管理。

A 类物资:价值高、品种少的物料,重点管理控制,依生产方式制订物料需求计划。

A 类物料种类少,金额高,存货过高会产生大量的资金积压,因此对于 A 类物料要非常严格地加以控制。A 类物料若购置时间不是非常短,交期不是非常紧,最好不要有存货。对于 A 类物料要有一套完整的记录,一定要有需求或订货时才加以订购,并且要充分计划利用好购置时间,使交货及时,不影响生产计划,也不过早进厂。应尽量降低库存,避免浪费大量的资金积压在仓库。

B 类物资:价值较高、品种较少的物料,重点管理控制,依生产方式制订物料需求计划。

B类物料介于A类和C类之间,种类与金额占的比重一般,但也不能忽视。对于B类物料可以不必像A类物料一样跟单订货,对购置时间控制非常严,也不能像C类物料一样一次性大批量采购,可采取设置安全存量的方式,到了请购点时以经济采购量加以采购即可。

C类物资:价值低、品种多的物料,常规管理控制,制订存量管理标准,集中定量/定期补充。C类物料种类多,金额少,可一次性订购较大的批量,以降低采购成本。

> ◇ **学以致用**:ABC分类法举例
>
> 对于一个汽车服务站而言,汽油属于A类,应该每日或每周进行补充;轮胎、蓄电池、各类润滑油等可能属于B类物资,可以每2~4周订货一次;C类物资可能包括阀门杆、挡风屏用雨刷、水箱盖、软管盖、风扇皮带、汽油添加剂、汽车上光蜡等,可以每两个月或每三个月订货一次。

(二)关键因素分析法

在有些企业里,虽然有些原材料价值很低,对成品总价值贡献很小,被定为C类,如鞋带和螺丝,却是生产过程中不能缺少的,一旦缺货将导致生产无法进行。因此,除ABC分类法外,许多企业也利用关键因素分析法(Critical Value Analysis,CVA)加强对物资的管理。它的基本思想是将存货按照关键性分成最高优先级、较高优先级、中等优先级、较低优先级4个级别,再分别制定不同的库存管理策略(表4-2)。

表4-2 CVA法库存品种及其管理策略

库存类型	特点	管理策略
最高优先级	关键物资或A类重点物资	不允许缺货
较高优先级	基础性物资或B类物资	允许偶尔缺货
中等优先级	较重要物资或C类物资	允许合理范围内缺货
较低优先级	需要但可替代物资	允许缺货

企业为达到理想库存管理目标,可将ABC法与CVA法有机结合起来。这样既能保证生产经营中关键物资的供应,又可有针对性地制定不同管理规则,从整体上提高资源的利用水平,提高客户满意度。

(三)零库存管理

在企业的存货持有成本得到了有效控制的同时,企业的订货成本也不可忽视。因此在库存控制中单靠ABC分类法是不够的,还应与供应商建立长期密切的联系,适时向供应商订货。这就涉及适时制管理模式,也称为准时制管理。

适时制的核心是追求一种无库存或使库存达到最小的生产系统。它也是一种存货——只有在需要时才到达的存货管理系统。适时只要求企业与供应商建立长期密切的联系,同时还需要一个适时的生产系统相配合。

该体系运用到制造企业就是以生产需求推动任何所需物料的采购,并要求立即送货,以取消物料的等待时间和储备时间。采用适时生产方式的目标是使库存物料达到最小化甚至是零,以减少质检、储备、库存和物料处理等非增值活动的成本,从而降低生产成本。

因为如果供应商不能准时送货,就会影响生产的正常进行,为此,企业需要建立连续进货系统。所谓连续进货系统,就是供应商通知企业在什么时间供应多少数量的存货,企业通过复核,如果认为合理,就可以批准订货,这样可以保证存货的及时供应。连续进货系统进入企业的联机数据库,在了解企业的安排后,就可以将企业所需的存货适时地送达企业所需要的地方,这样供应商可以和企业密切配合,如同一个企业一样。

适时制的实现还需要一个适时的生产系统相配合。适时生产系统是指生产线上任何阶段的制造活动都是在下一阶段需要该阶段的产出时立即迅速生产,需求带动了生产流程的每一步。适时制一般适用于稳定的、高产量的产品生产。

(四)供应商管理库存

所谓供应商管理库存(Vendor Managed Inventory,VMI),是供应商等上游企业基于其下游客户的生产经营、库存信息,对下游客户的库存进行管理与控制。它是一种在供应链环境下的库存运作模式。

在传统库存管理模式中,供应链上每个节点的企业都各自为政,分别管理自己的库存。供应商有供应商的库存,制造商有制造商的库存,零售商有零售商的库存,各库存之间都有明显的界线。

而供应商管理库存是零售商把库存管理权交由供应商代为行使,这一模式突破了企业之间的边界,合作双方通过电子数据交换系统实现高效率的信息资源共享,使供应商能及时掌握每一家零售门店的每天进、销、存数据,并根据这些数据预测门店的实际需求,最后再结合即时库存情况,给予科学、合理的供货,其结果是双方都获得了效益最大化,得到了双赢。

通过供应链的整合,使企业之间的关联性加大,也使供应链上的企业能够对市场进行快速反应,满足市场的需求,能在一定程度上避免缺货问题。

◇ **小看板**:VMI合作的成功

宝洁公司与沃尔玛公司早在1987年就开始了供应商管理库存的合作,企业双方通过电子数据交换系统EDI和卫星通信实现了数据对接,借助于这一信息系统,宝洁公司突破了公司之间的边界。以纸尿裤单一商品为例,宝洁公司能在第一时间知晓沃尔玛物流中心纸尿裤的即时库存情况,同时通过与各门店的POS系统对接,掌握了沃尔玛各门店纸尿裤的销量、库存、价格等数据。宝洁公司掌握了这些数据后,在两个方面获得了利益:一是在第一时间掌握了市场需求信息,为制定出符合市场需求的生产和研发计划创造了条件;二是通过销售跟踪,做到了及时补货,防止出现商品结构性问题所带来的损失(即滞销商品库存过多,畅销品断货)。实施了VMI后,沃尔玛获得的利益表现为:一是由于宝洁公司的及时补货,减少了脱销发生的概率,增加了销量;二是减少了不必要的库存备货,降低了库存成本。由于很多作业都是由计算机系统来实现的,双方都减少了人力资源成本。

◇ **归纳与提高**

库存管理的重点在于确定如何订货,订购多少,何时订货。进行库存管理需要明确影响库存水平的因素,正确选择库存管理方法。

◇ **任务小结**

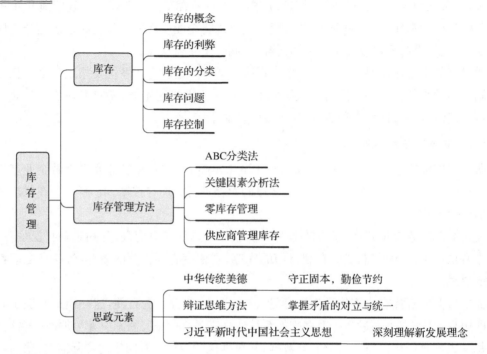

◇ **项目综合测试**

一、思政题

1. 关于采购与库存的关系,以下哪项描述是正确的 （   ）
   A. 采购量越大,库存越多,风险越高　　B. 采购量越小,库存越少,风险越高
   C. 采购量与库存量无关,只取决于需求　　D. 库存量与采购量没有直接关系
2. 请论述在数字经济时代,采购库存控制面临的新挑战与应对策略。

二、单项选择题

1. 同时受库存服务水平、补货提前期、供应和需求的波动程度影响的库存量是 （   ）
   A. 周转库存量　　　　　　　　　　B. 单周期库存量
   C. 安全库存量　　　　　　　　　　D. 多周期库存量
2. 按照 ABC 分类管理策略,对于 B 类物资的补货方式适合采用 （   ）
   A. 定期库存控制补货　　　　　　　B. 最大最小控制补货
   C. 双堆管理补货　　　　　　　　　D. 定量库存控制补货

3. 物资采购管理当然要把以下哪项作为自己的工作准则和基本工作 (   )
   A. 需求分析　　　B. 制定订货策略　　C. 供应商的选择　　D. 库存控制
4. ABC 分类法是按照哪种标准对采购物品进行分类管理的 (   )
   A. 价值大小　　　B. 数量多少　　　　C. 重要程度　　　　D. 质量指标
5. MRP 技术适应于下面哪种库存管理 (   )
   A. 独立需求　　　B. 相关需求　　　　C. 毛需求　　　　　D. 净需求
6. 在 ABC 库存管理法中,对于 A 类库存物资一般采用 (   )
   A. 定期订货方式　　　　　　　　　　B. JIT 订货方式
   C. 定量订货方式　　　　　　　　　　D. 联合库存方式
7. 从库存计划的角度看,如果要降低库存,首先要降低产品的 (   )
   A. 最低库存水位　　　　　　　　　　B. 目标库存水位
   C. 订货点库存水位　　　　　　　　　D. 平均库存水位
8. 库存的补充是按照一定的数量界限或时间间隔进行的是 (   )
   A. 季节性库存　　B. 促销库存　　　　C. 经常库存　　　　D. 安全库存

三、多项选择题

1. 采购商品质量管理与控制的内容包括 (   )
   A. 人事管理　　　　　　　　　　　　B. 供应商管理
   C. 进货管理　　　　　　　　　　　　D. 物流过程中的质量管理
2. 库存周转率高带来的效果是 (   )
   A. 缩短库存周期　B. 增加实际库存　　C. 减少资金积压
   D. 扩大营业规模　E. 提高资金使用率
3. 库存控制要解决的主要问题在于确定库存参数,具体包括 (   )
   A. 补货点决策　　B. 补货间隔期　　　C. 最大库存量
   D. 补货量决策　　E. 订货提前期
4. VMI 是一种供应链环境下的库存控制模式,它的主要价值包括 (   )
   A. 抑制了供应链上的牛鞭效应　　　　B. 减少了缺货率
   C. 增加了采购方的负担　　　　　　　D. 减少了供应链上存货水平
   E. 提升了预测水平

四、判断题

1. 设置库存时,周转库存和安全库存都要综合考虑。 (   )
2. 库存控制的首要任务是随时掌握库存数据并对其进行更新与分析。 (   )
3. 为了降低采购风险,在进货方式上最好不选自提进货。 (   )

五、简答题

1. 物料验收的步骤是什么?

2. 采购质量管理的含义是什么？包括哪些内容？

3. 如何进行采购质量控制？

4. 生产过程中可能因采购而发生的成本有哪些？

5. 简要回答采购成本控制的方法。

6. 你认为如何设定库存现货率的服务水平？如何能更好地控制这些库存？

六、案例分析题

某公司将一位采购员提升为采购经理。新官上任三把火，他准备调整整个供应商群，将采购成本省15%，具体通过与用量大的零件供应商谈判降低价格。可是因为有些供应商还有许多其他零件在该公司使用，用量低但价钱还维持在较高用量的水平，这些使得供应商亏本，只能靠用量大的零件来弥补。

调整的结果是供应商整体利益大幅下降，该公司成为他们不盈利或少盈利公司，他们将主要精力转向更能使他们盈利的公司，使得该公司按时交货率下降。其次，几个主要供应商由于经济低迷和赤裸裸压价，使得他们既没有经济实力也没有动力负担工程技术力量进行产品技术升级。为达到该公司15%的降价要求，他们只能寻找便宜原材料进行零部件生产。结果是等零部件装到该公司最终产品上，运给客户后，客户反映性能不能达标。

产品部门兴师问罪，几百个产品已经发到全球各地，若更换零件，光成本就是几十万，还有巨大的物流成本，同时客户的信任危机和未来生意损失都是无法估量的。

该经理很委屈，认为自己通过降低采购价格帮助公司省了这么多钱，应该得到嘉奖。至于这么大的质量事故，他觉得是质量部门自己的事，与自己无关。

那么，产品质量是否真与采购经理无关呢？

习题答案请扫二维码获取

情景五

05

采购评价

◎ 学习目标

【知识目标】

1. 认识绩效评价在采购管理工作中的意义和目的；
2. 熟悉采购绩效评价指标与指标制定，以及绩效指标的衡量方法；
3. 熟悉采购绩效考核的成员组成及方式；
4. 了解采购风险的概念与种类；
5. 了解战略采购管理的内容与方法。

【能力目标】

1. 明确企业采购绩效考核评价内容、标准，提高廉洁奉公、诚信敬业等职业素养；
2. 理解采购的地位和作用；
3. 掌握回避与防范采购风险的措施，践行社会主义核心价值观，做到公平、公正、公开；
4. 掌握采购绩效评价的基本程序，以评促建，培养具有吃苦耐劳、团结协作和创新能力的奋斗者。

【素质目标】

1. 会制定企业采购绩效考核的指标与标准；
2. 倡导工匠精神、打造质量体系，能对采购绩效进行考核；
3. 会制定回避与防范采购风险的具体措施；
4. 能够独立进行企业采购绩效评价和对采购人员的采购绩效考核；
5. 以科学发展观为指导，进行采购战略策略制定。

项目一 采购绩效评价

◇ 引入案例

提高采购绩效四大纲领

采购绩效是指采购产出与相应的投入之间的对比关系,它是对采购效率进行的全面整体的评价。

埃森哲在为客户提供供应链咨询服务的过程中和对《财富》500强企业的调查中,发现采购绩效优异的公司,在以下四个方面有独到之处:

1. 建立统一的测评机制

在大多数企业中,CEO和负责采购的副总或其他高层主管,对采购业绩各有自己的评价标准。在某种程度上,这属于正常现象,因为企业的高层管理人员,总有一些与自己所担任的职位相联系的具体目标,而对不同的事情有不同的优先考虑顺序。很多公司都要应对这种采购评价标准不连贯的状况。在这方面走在前面的公司,CEO和采购主管使用同一个平衡记分卡来评价绩效,以便使每一个人都能够以大致同样的方式理解采购信息。全公司的平衡记分卡可以帮助各个不同的业务部门调整它们处理业务轻重缓急的顺序,制定目标和期望,鼓励有利于业务开展的行为,明确个人和团队的责任,决定报酬和奖励,以及推动不间断的改进。

2. 积极的领导作用

有眼光的采购领导的一项任务,也是最重要的一项任务,是确立全局的采购策略。一般而言,这个策略应该围绕企业如何采购物资和服务,如何提高绩效水平来规范业务实践、政策,以及优先考虑的事情和做事情的方法。其中最重要的一点,是要把采购和整个供应链管理结合起来。

企业采购供应链管理(Procurement Supplier Chain Management)是以采购产品为基础,通过规范的定点、定价和定货流程,建立起企业产品需求方和供应商之间的业务联系,并逐步优化,最终形成一个优秀的供应商群体的方法。

3. 创造性地思考组织架构

采购业务做得好的公司,最常用的组织架构形式是根据同类物品划分组织。这种架构使公司可以在全局范围内聚合采购量,并且有利于集中供应基地。

按同类物品划分的组织架构也有利于采购人员发展深入的行业、产品和供应商知识,并且学会怎样用同一种声音与供应商对话。但是,这种方式也有不足之处。例如,由于要与公司内跨不同事业部的内部客户打交道,协调和合作可能比较困难。地处一隅的用户可能会觉得自己离供应商的选择和管理流程太遥远,因而可能会禁不住想独自与外界的供应商发展和保持关系。

为了应付这种挑战,有些公司尝试集中发展采购知识,如招标、合同、谈判、服务等这些知识成为采购优化中心。在公司内部,这些知识能帮助增加地方用户的接受程度,降低发展关键技能所花的时间,并且有助于在分散的采购环境中培养符合法律和道德规范的行为。

4. 全企业范围内的整合

为了让有效率的、从企业出发的采购理念取得优势地位,领先的公司常常依靠覆盖全企业范围的采购团队。这些团队的成员包括采购、工程和产品开发的代表,不定期地还会有财务、销售、分销和IT人员的参与。这些团队一起决定策略采购优先考虑的事项,设计物料占有成本模式,发展品种策略,并设计供应商选择标准。

对于大多数的公司来说,在采购方面要取得好的业绩,需要有改变采购能力的意愿。在这些方面做出改进,其效益是明显的。例如据《市场报》报道,河南正龙食品有限公司,仅仅是采购部门实施了零配件采购公示制度,每周对零配件供应商的名称、采购数量、价格公布一次,就使实际使用这些零配件的管理人员、技术部门人员和工人对不同供应商的产品进行比较,并将意见反馈到采购部门。设备维修费从每月8 000元降为4 000元。

美国一家生产贺卡和其他礼仪产品的公司,其下属机构一直是各自独立运作,缺乏集中采购的功能。在埃森哲的帮助下,公司制定了采购管理的远景目标和改变采购能力的规划。新的采购机制注意平衡全球战略和本地实施,提高配合优秀供应商和执行战略采购合同的质量,以及通过招聘、培训和提供恰当的工具等改善采购人员的工作绩效,该公司节省了300万美元的采购费用。

(资料来源:https://www.sohu.com/a/559366016_121364881,2022年6月21日)

任务一 建立采购绩效评价体系

◇ **学习任务描述**

随着经济全球化和高科技更新的加速,采购作为现代企业管理中重要的一环和价值链上的核心之一,是企业利润的主要渠道。由于种种原因,一些企业在采购的管控方面仍存在着较大的差距,往往预期大效果小。采购绩效达不到企业的预期目标,成为制约企业增强盈利能力和持续快速发展的一个瓶颈。如何提高采购绩效,为企业的发展创造更多的利润呢?我们一起来探讨提高采购管理绩效有哪些途径。

◇ **思政园地**

思政元素:知法、懂法、守法的职业观

福建省厦门市思明区市场监管局从速查处一起一次性使用口罩抽检不合格案件

近日,福建省厦门市思明区市场监督管理局从速查处了一起一次性使用口罩抽检不合格案件。5月12日,根据上级下发的《2020年产品质量检验结果通知书》,思明区筼筜辖区的某医疗科技企业生产的一次性使用口罩经抽样检验,判定为产品质量不合格。市场监管所执法人员立即前往生产企业送达了《检验结果通知书》和《检验报告》,依法进行了立案核查,并在一个月内火速查清事实。

经查,抽检不合格的口罩属一次性使用的民用口罩,该批次口罩生产数量10 000个,已全部售出,总货值金额为人民币13 000元。因原料熔喷无纺布质量较差、生产企业缺乏从业经验等原因,该批次口罩经抽样检验有4个项目不合格,其中Nacl颗粒物过滤效率(%)、油性颗粒物过滤效率(%)两个关键项目的检测值不足国家标准(GB/T32610—2016)标准值的一半,构成了生产、销售所明示的质量、功能状况与实际不符的产品的违法行为。

经现场检查,该批次问题产品已无库存。生产企业表示当前由于口罩需求量大,原材料熔喷布质量参差不齐,自己也是上当受骗买到了以次充好的原材料。"你们是口罩成品生产企业,应对产品质量负责。如果原材料供应商存在以次充好的违法行为,你可以向有关部门反映,也可以诉诸法律来追偿。"办案员高耀辉摆事实、讲法理,生产企业对检验结果没有异议,对违法行为认错认罚,并立即启动问题产品召回程序和全面停止生产,表示将积极落实整改,优化完善生产和质检流程,待整改验收通过后才会再行生产。思明区市场监管局依法对其做出责令改正、没收销货款及处罚货值金额3倍,共计人民币5.2万元的行政处罚。

如何优化生产流程才能生产出符合质量要求的产品呢?这让缺乏经验的生产企业犯了难。执法人员在案件办理之余,还密切跟踪落实该企业的整改情况,主动上门服务,指导企业严把原料进货关、优化生产质检关,并提出了将整改后的生产成品再次送第三方检测机构检测的具体建议。"由于我们生产口罩的经验不足,这次产品抽检不合格让我们很焦虑,执法人员没有对我们简单地一罚了之,而是对我们进行耐心地帮扶指导,手把手地教我们怎么规范整改,真的很感谢你们的帮助!"企业负责人黄先生紧紧握住执法办案人员高耀辉的手,感激地说道。

内化提升:倡导工匠精神,打造质量体系,培养服务群众、奉献社会的职业修养。

(资料来源:中国质量新闻网,节选改编 https://www.cqn.com.cn/zj/content/2020-06/30/content_8613761.htm)

◆ 任务书

通用汽车公司物料采购工作按照一系列作业程序进行后,是否达到预期目标、企业对采购的物件是否满意,是需要经过考核评估才能下结论的。采购部门安排王主管制定一个采购绩效评估方案提交经理办进行讨论。那么,王主管对评估工作需要做哪些方面的准备呢?如何开展评估工作?

◆ 准备工作

根据情景,通过查阅资料(如教材、期刊、网络等),对影响本公司采购绩效的因素进行分析,结合采购绩效评估的内容和指标,分析"业务—计划—采购"的流程,研究确定采购绩效评估的方式和方法,提出采购绩效改进意见。

◆ 任务实施

1. 对学生进行分组,每5~6人为一组,进行职业化工作的分工。

2. 教师帮助学生厘清采购绩效评价的业务流程和要求，分析采购绩效评价方式与方法及绩效改进策略。

3. 收集并查阅资料，开展讨论与交流；拟定公司采购绩效评价与改进的方案提纲。

4. 编写公司采购绩效评价与改进的方案报告。

组建学生参加方案论证评审小组，对任务实施过程及撰写的"公司采购绩效评估与改进的方案"的质量进行考核评价[项目评价表见(1)(2)]，可以将评价分为个人评价和小组评价两个层面。对每个方案进行展示、点评，选取优质方案给予表彰和推广，对存在的问题提出改进意见。

(1) 自评、互评、教师评价表

团队名称	自评(10%)	小组互评(30%)	教师评价(60%)	合计

(2) 实训工作评价表

考核项目名称	采购绩效项目评价表			
考核指标	工作态度(20分)	团队合作(20分)	实训任务完成度(20分)	成果展示与汇报(40分)
团队总分				

◇ 学习任务相关知识点

一、采购绩效评价的意义和作用

(一) 采购绩效评价的意义

对商品采购绩效的评价可以分为对整个采购部门的评价和对采购人员个人的评价。对采购部门绩效的评价可以由企业高层管理者来进行，也可以由内部客户来进行；而对采购人员的评价常由采购部门的负责人来操作。

对商品采购绩效的评价是围绕采购的基本功能进行的。采购的基本功能可以从以下两个方面进行描述：

1. 把所需的商品及时买回来，保证销售或生产的持续进行，就像给一辆汽车加油使其可以连续行驶一样；

2. 开发更优秀的供应商，降低采购成本，实现最佳采购。

(二) 采购绩效评价的作用

通过商品采购绩效评价，可以知道采购部门及个人的工作表现，从而找到现状与预设目

标的差距,也可奖勤罚懒,提升工作效率以促进目标的早日实现。具体来讲,采购绩效评价的目的主要有以下几点:

1. 确保采购目标的实现

各个企业采购目标互不相同,如国有企业的采购除注重降低采购成本外,还偏重于"防弊",采购工作以如期、如质、如量为目标;而民营企业的采购则侧重盈利,采购工作除了维持正常的产销活动外,非常注重产销成本的降低。因此,各个企业需要针对采购单位所追求的主要目标加以评价,并督促目标的实现。

2. 提供改进绩效的依据

企业实行采购绩效评价制度,可以提供客观的标准来衡量采购目标是否达成,也可以确定采购部门目前的工作绩效如何。确定的绩效评价,有助于指出采购作业的缺陷所在,从而据以拟定改善措施,起到惩前毖后的作用。

3. 作为个人或部门奖惩的参考

良好的采购绩效评价方法,能将采购部门的绩效独立于其他部门而显示出来,并反映采购人员的个人表现,成为各种人事考核的参考。依据客观的绩效评价,达成公证的奖惩,可以激励采购人员不断前进,发挥团队合作精神,使整个部门发挥整体效能。

4. 协助甄选人员与训练

根据绩效评价结果,可以针对现有采购人员的工作能力缺陷,拟定改进计划,如安排参加专业性的教育训练。如果在评价中发现整个部门缺乏某种特殊人才,可以另行由公司内部甄选或向外招募,如成本分析员或专业营销人员等。

5. 促进改善部门关系

采购部门的绩效,受其他部门配合程度影响非常大。因此采购部门的职责是否明确,表单、流程是否简单、合理,付款条件及交货方式是否符合公司管理规章制度,各部门的目标是否一致等,都可以通过绩效评价予以判定,还可以改善部门之间的合作关系,提高企业整体运作效率。

6. 提高人员的士气

有效而且公平的绩效评价制度,可以使采购人员的努力成果获得适当的回报和认定。采购人员通过绩效评价,可以像业务人员或财务人员一样,对公司的利润贡献有客观的测量尺度,成为受到肯定的工作伙伴,对采购人员和采购部门士气的提升大有帮助。

二、采购绩效评价的原则

采购绩效评价的关键,一是选择适用的衡量指标;二是绩效指标的目标值要设置合理;三是确定绩效指标要符合有关原则。一套完整的绩效评价体系是做好该项工作的必要保证。采购绩效评价的基本原则包括下述几点。

(一) 科学性

指标体系的设置是否科学合理直接关系到评价的质量。

(二) 可比性

评价模型指标体系各项指标要量化，指标值采用相对值，以利于不同时期企业间的对比，促进企业采购工作的进展。

(三) 可行性和操作性

评价模型指标体系建立的目的主要是在企业中得到应用。

(四) 客观、公正性

明确规定评价标准，针对客观考评资料进行评价，避免掺入主观性和感情色彩，做到"用事实说话"。评价一定要建立在客观事实的基础上，做到把被考评者与既定标准做比较，而不是在人与人之间进行比较。

(五) 差别性

评价的等级之间应当有鲜明的差别界限，不同的评价在工资、晋升、使用等方面应体现出明显差别，使评价可以激发员工的上进心。

(六) 反馈性

评价结果一定要反馈给被考评者本人。

三、影响采购绩效评价的因素

采购部门所处的地位不同，用于评价采购绩效的方法也有很大的区别。表5-1是管理层对采购的态度及影响采购绩效评价的因素。

表5-1 管理层对采购的态度及影响采购绩效评价的因素

管理层观点	把采购看成是一项业务职能
	把采购看成是一项商业活动
	把采购看成是综合物流的一部分
	把采购看成是一项战略性活动
采购业务的等级地位	在组织中的地位低
	向管理人员报告
	采购同其他与材料相关的业务构成统一的整体
	采购者进入高级管理层
绩效评价依据	订单数量、订单累计额、供应到货时间管理、授权、程序等
	节约额、降低程度、通货膨胀报告、差异报告
	节约额、成本节约额、货物供应的可靠程度、废品率、供应到货时间的缩短量
	订单数量应有成本分析、早期介入的供应商数量、自制还是外购决策、供应基本额的减少量

四、采购绩效评价指标体系

采购绩效评价指标的设定包括以下几个方面的内容：

一是选择合适的测量指标;

二是要充分考虑绩效指标的目标价值;

三是确定绩效指标要符合的有关原则。

采购绩效指标的选择要同企业的总体采购水平相适应。对于采购体系不健全的企业,刚开始可以选择批次质量合格率、准时交货等来控制和考核供应商的供应表现,而平均降价幅度则可用于考核采购部门的采购成本业绩。随着供应商管理程序的逐步健全、采购管理制度的日益完善、采购人员的专业水平及供应商管理水平的不断提高,商品采购绩效指标也就可以相应地系统化、整体化,并且不断深化。

确定商品采购绩效指标目标值时要考虑一下前提:

一是顾客的需求,尤其是要满足下游顾客,如生产部门、品质管理部门等的需求。原则上,供应商平均质量、交货等综合表现应高于本公司内部的质量与生产计划要求,只有这样,供应商才不至于影响本公司内部生产与质量,这也是"上游控制"原则的体现。

二是所选择的目标以及绩效指标要同本公司内部的目标保持一致。

三是具体设定目标时既要实事求是、客观可行,又要具有挑战性,要以过去的表现作为参考,更重要的是与同行的佼佼者进行比较。商品采购绩效指标的选择是否适当,可应用SMART检查,即符合明确、可测量性、可接受性、现实可行以及时间性要求等。

采购人员在其工作职责上,应该达到"适时、适量、适质、适价及适地"等目标,因此,其绩效评价应以"五R"为中心,并以数量化的指标作为衡量绩效的尺度。具体可以把采购部门及人员的考核指标划分为以下五大类。

(一)数量绩效指标

当采购为争取数量折扣,增加采购物料批量,以达到降低价格的目的时,却可能导致存货过多,甚至发生呆料、废料的情况。

1. 储存费用指标

储存费用是指存货占用资金的利息及保管费用之和。企业应当经常将现有存货占用资金的利息及保管费用与正常存货占用资金的利息及保管费用进行比较考核。

2. 呆料、废料处理损失指标

呆料、废料处理损失是指处理呆料、废料的收入与其获得成本的差额。存货积压的利息及保管的费用越大,呆料、废料处理的损失越高,显示采购人员的数量绩效越差。不过此项数量绩效,有时受到公司营业状况、物料管理绩效、生产技术变更或投机采购的影响,并非一定完全归咎于采购人员。

(二)质量绩效指标

质量绩效指标主要是考评供应商的质量水平以及供应商所提供产品或服务的质量,它包括供应商质量体系、物料质量水平等方面,具体如下。

1. 质量体系

质量体系包括通过ISO 9000的供应商比例、实行来料质量免检的供应商比例、来料免检的价值比例、实施SPC的供应商比例、PSC控制的物资数比例、开展专项质量改进(围绕本公司的产品或服务)的供应商数目比例、参与本公司质量改进小组的供应商人数及供应商比例等。

2. 物资质量

物资质量包括批次质量合格率、物料抽检缺陷率、物料在线报废率、物料免检率、物料返工率、退货率、对供应商的投诉率及处理时间等。

同时,采购的质量绩效可由验收记录和生产记录来判断。验收记录指供应商交货时,为公司所接受(或拒绝)的采购项目数量或百分比;生产记录是指交货后,在生产过程中发现质量不合格的项目数量或百分比。

$$采购物料验收指标＝合格(或拒收)数量/检验数量$$

若以物料质量控制抽样检验的方式进行考核,拒收或拒用比率越高,显示采购人员的质量绩效越差。

(三) 时间绩效指标

这项指标用来衡量采购人员处理订单的效率,以及对供应商交货时间的控制。延迟交货固然可能形成缺货现象,但是提早交货,也可能导致买方不必要的存货成本或提前付款的利息费用的产生。

1. 紧急采购费用指标

紧急运输方式(如空运)的费用是指因紧急情况采用紧急运输方式的费用。利用紧急采购费用与正常运输方式的差额进行考核。

2. 停工断料损失指标

停工断料损失是指停工生产车间作业人员工资及有关费用的损失。除了前述指标所显示的直接费用或损失外,还有许多间接损失。例如,经常停工断料,会造成顾客订单流失、员工离职,以及恢复正常工作的机器必须做的各项调整(包括温度、压力等);紧急采购会使购入的价格偏高,质量欠佳,连带也会产生赶工时间,必须支付额外的加班费用。这些费用与损失,通常都没有估算在此项指标内。

(四) 价格绩效指标

价格绩效指标是企业最重视及最常见的衡量标准。通过价格指标,可以衡量采购人员议价能力及供需双方势力的消长情形。采购价差指标,通常有下列几种:

1. 实际价格与标准成本的差额

实际价格与标准成本的差额,是指企业采购商品的实际价格与企业事先确定的商品采购标准成本的差额,它反映企业在采购商品过程中实际采购成本与过去采购成本的超出额或节约额。

2. 使用时的价格与采购时的价格之间的差额

使用时的价格与采购时的价格之间的差额,是指企业在使用商品时的价格与采购时的价格的差额,它反映企业采购商品时是否考虑市场价格的走势。如果企业预测未来市场的价格走势是上涨的,那么企业应该在前期多储存商品;如果企业预测未来市场的价格走势是下跌的,那么企业不宜多储存商品。

3. 将当期采购价格与基期采购价格之比率及当期物价指数与基期价格指数之比率相互比较

该指标是动态指标,主要反映企业商品价格的变化趋势。不过只要实行商品采购比价管理,就可以取得明显的经济效益。例如,江苏某纺织集团有限责任公司是一家拥有 2 亿元资产的国有棉纺企业,每年要花 1 亿 3 千多万元采购多种原材料,1998 年亏损 298.68 万元,是江苏省的脱困重点户。为加快脱困进程,他们首先从采购环节入手,2002 年初,仅花 2 000 元在当地报纸《京江晚报》上发布了招标采购信息,一下子便引来 80 多个供应商。经过竞价,该集团当年的原材料质量普遍提高了,而价格却下降了 5%～15%,其中编织袋价格更是下降了 26%。该集团董事长说:"一年下来,我们的原材料成本由原来占总成本的 70% 下降到 60%,一年降低成本 600 万元。"到目前为止,该集团已盈利 300 万元,企业管理也步入了良性循环发展的轨道。在江苏省,像该集团这样严格执行比价采购管理的企业已达到国有工业企业的 91.9%以上,其中大型国有企业占 95.8%。

(五) 采购效率(活动)指标

除以上质量、数量、时间及价格绩效指标用来衡量采购人员的工作效果,还可以用采购效率来衡量。

1. 年采购金额

年采购金额是企业一个年度商品的采购总金额,包括生产性原材料与零部件采购总额、非生产采购总额(包括设备、备件、生产辅料、软件、服务等)、原材料采购总额占总成本的比例等。其中最重要的是原材料采购总额,它还可以按不同的材料进一步细分为包装材料、电子类零部件、塑胶件、五金件等,也可以按采购付款的币种分为人民币和其他币种采购额及其比例。原材料采购总额按采购成本结构又可以分解到各个采购员及供应商,算出每个采购人员的年采购额、年人均采购额、各种供应商采购额、供应商年平均采购额等。

2. 年采购金额占销售收入的百分比

年采购金额占销售收入的百分比是指企业在一个年度里商品或物资采购总额占年销售收入的比例,它反映企业采购资金的合理性。

3. 订购单的件数

订购单的件数是指企业在一定时期内采购商品的数量,按照 ABC 分类法,它反映 A 类商品的数量。

4. 采购人员的人数

采购人员的人数是指企业专门从事采购业务的人数,它是反映企业劳动效率指标的重要因素。

5. 采购部门的费用

采购部门的费用是指一定时期内采购部门的经费支出,它是反映采购部门经济效益的指标。

6. 新供应商开发个数

新供应商开发个数是指企业在一定时期内采购部门与新的供应商的合作数量,它反映企业采购部门的工作效率。

7. 采购计划完成率

采购计划完成率是指一定时期内企业商品实际采购额与计划采购额的比率，它反映企业采购部门采购计划的完成情况。

8. 错误采购次数

错误采购次数是指一定时期内企业采购部门因工作失职等原因造成错误采购的数量，它反映企业采购部门工作质量的好坏。

9. 订单处理的时间

订单处理的时间是指企业在处理采购订单的过程中需要的平均时间，它反映企业采购部门的工作效率。

◆ **任务小结**

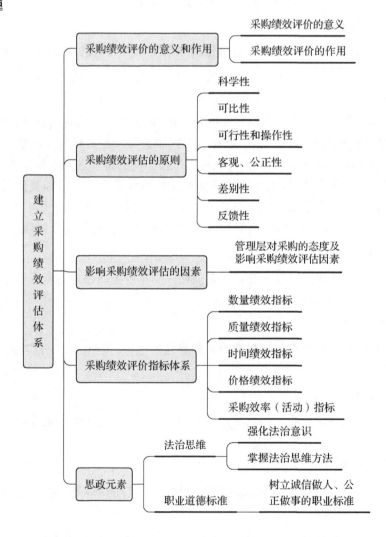

任务二　采购绩效考核实施

◇ **学习任务描述**

采购绩效评价是采购工作的最后环节,利用采购绩效指标体系与标准对采购项目进行评价,通过不同人员、采用不同方式评价采购人员绩效来提升整体采购绩效。

◇ **思政园地**

思政元素:绿色持续发展、互利合作

天合光能入选国家绿色供应链管理典型案例

天合光能通过开展绿色供应链管理工作,获得了良好的经济和环境效益。2021年,天合光能凭借优秀的绿色供应链管理入选第二批绿色供应链管理典型案例。该项目受工业和信息化部节能与综合利用司委托,由工业和信息化部国际经济技术合作中心组织遴选,经专家评审确定。

一、绿色供应链管理实施情况

绿色供应商管理

天合光能注重供应商的可持续发展能力,通过全面的供应商审核评估流程和全方位的供应商沟通互动来不断提升供应链的整体竞争力,构建持续共赢的供应链系统。

天合光能对供应商实施状态管理,在采购系统里分为五种状态:批准、研发、质量异常、冻结、排除。其中,只有批准状态才可以批量采购,研发状态只能以试验单的形式少量采购,质量异常、冻结和排除状态不能采购。天合光能开发了DQMS数字化质量管理系统,其中一个模块是供应商管理,帮助其行之有效地管理供应商信息、状态以及绩效考核等内容,与供应商在线互动,促进供应商改善。

供应商绩效考核

天合光能建立了《供应商业绩效评价管理规范》,根据供应商在质量、成本、交付、服务、创新等多方面的表现定期考评,并根据物料风险等级高低分为每月、每季度及不定期跟踪。根据考评结果,将供应商分为五星级(优秀)、四星级(良好)、三星级(一般)、二星级(待改进)及一星级(不合格)。对于星级较低的供应商,会提供针对性的沟通、辅导,以促进其改善;对于长期无改善的供应商,会逐步限制采购、冻结、淘汰。

根据供应商的年度综合考评结果,评选年度优秀供应商奖、卓越质量奖、技术创新奖等奖项,将单向的引导转变为更积极的双向协作与沟通,以逐步提升供应商各方面的表现。

供应商质量培训

自 2013 年起,天合光能每年组织对供应商相关人员进行质量培训,培训内容包含 QC 七大工具、8D、测量系统分析、精益六西格玛等。2013~2018 年间,天合光能的供应商中约 360 人参与了天合光能组织的质量培训并取得了天合光能发放的培训证书。此外,天合光能每年还组织"天合杯"供应商改善项目大赛,以促进供应商不断提升产品质量,降低制造成本,共享改善成果,共创卓越质量。

供应链合作共赢

天合光能不仅关注自身绿色发展,更积极向全球合作伙伴传达与沟通天合光能可持续发展的愿景与目标,将可持续发展全面融入采购业务,致力于与全球合作伙伴一起从实际情况出发集思广益,为光伏行业可持续发展贡献灵感与创新性的解决方案。例如,天合光能与非洲贸易中心签署战略联盟协议,在"光伏+"解决方案、储能、智慧能源和能源互联网领域挖掘潜力和机会,共同推动低碳、绿色清洁能源在非洲的开发和利用。

二、绿色供应链管理的实施成效

凭借在环境保护、劳工实践和员工权利、商业道德及可持续采购等 4 个方面的突出表现,天合光能在 EcoVadis(一个在线的供应链企业社会责任 CSR 评级公司)发布的 2017 年和 2018 年全球企业社会责任评估中,连续两年荣获"全球企业社会责任成就金奖"。

内化提升:求真务实、科技创新意识

(资料来源:中国绿色供应链联盟,节选改编自 https://news.solarbe.com/202107/15/341714.html,2021-07-15)

◇ **任务书**

目前,家乐福需为其便利店业务开展采买相关设施设备。采购团队由李丽负责,她一年前刚进入公司,主要负责固定资产采购,包括家乐福便利店贩卖机和为家乐福华中地区便利店配货用的配送车辆。她所在的采购部门有 3 名采购员,各司其职:小华负责采购贩卖机上的饮料产品;小张负责采购食品;小明负责采购小零食。下个月公司将对采购部的员工进行年度考核,李丽收集了 3 名员工的相关信息,详见采购部门员工信息表(表 5-2)。

表 5-2 采购部门员工信息表

考核项目	考核对象		
	小明	小张	小华
在公司服务年数/年	5	3	1
是否具备采购职业证书	是	否	完成部分课程

续表

考核项目	考核对象		
	小明	小张	小华
所管理的供应商数量/个	16	8	32
每周处理的订单数量/个	64	34	85
年度采购总额/万元	820	1 530	1 050
上一年度审核合同数量/个	3	6	—
上一年度实现的采购成本节省额/万元	12	35	40
销售部门投诉的次数/次	0	7	2

李丽该如何对本部门3名采购员进行考核呢?

◇ **准备工作**

企业采购绩效考核指标的设置要与企业的总体采购水平相适应。本任务通过到相关企业的采购部门进行调查,了解采购绩效考核方面的相关资料,并以小组为单位研讨、分析,对采购部门的绩效情况进行适当的评价。在此基础上,设计绩效考核评价表,并提出绩效改进的建议。

◇ **任务实施**

1. 学生分组,每5~6人一组。
2. 教师讲解采购绩效考核体系的构架,并提示注意事项。
3. 分工协作,并以考核表格和制度文档的方式完成采购绩效考核体系的制定。

下述有关采购绩效考核的表格给同学作为参考。

(1)采购人员绩效考核表(表5-3)

表5-3 采购人员绩效考核表

被考核者姓名		所在岗位		所属部门	
考核期间	年 月 日 至 年 月 日				
1. 考核得分汇总					
考核内容	权重			考核得分	
工作态度	10%				
工作能力	30%				
工作业绩	60%				
2. 考核评估					
考核内容	考核项目		评价要点		评分

续表

工作态度	主动、积极	严格遵守公司规章制度,积极协助上级领导的工作,热爱本职工作	
	工作责任心	工作一丝不苟且勇于承担责任	
工作能力	语言表达能力	能清晰地表达所要传递的信息	
	沟通能力	掌握一定的沟通技巧	
工作业绩	采购计划完成率	采购任务的完成情况	
	采购及时率	采购工作保证企业生产(经营)的顺利进行	
	采购物资质量合格率	采购物资的质量情况	
	采购成本控制	采购成本的降低情况	
	供应商信息管理	对供应商档案信息、价格信息及其他相关信息的收集和整理工作的完成情况	

3. 综合评价

部门经理评价	
人力资源部评价	

(2) 采购人员绩效改进表(表5-4)

表5-4 采购人员绩效改进表

姓名		所在岗位		所属部门		直接领导	
1. 评估期间绩效未符合工作标准之事实描述							
2. 原因分析							
3. 改善目标及措施(需详细说明工作内容、实施日期、完成日期等)							
4. 改进措施记录							
5. 改进效果评价及后续措施							

(3) 采购人员绩效奖励表(表5-5)

表5-5 采购人员绩效奖励表

编号:				填写日期:	年	月	日
姓名		所在岗位		所属部门			
奖惩事由							
奖惩方式							
部门经理核定	签名:			日期:	年	月	日
人力资源部核定	签名:			日期:	年	月	日
总经理批示	签名:			日期:	年	月	日

(4) 采购人员绩效评价表(表 5-6)

表 5-6 采购人员绩效评价表

采购人员绩效评价表					
被评价者姓名		所在岗位		所属部门	
考核阶段	年　月　日　至　年　月　日			填表日期	年　月　日
考核内容	考核项目	权重	考核要点		评价得分
工作态度	考勤状况	2%	出勤率的高低,迟到、早退情况		
	工作主动性	4%	积极、主动地完成本职工作		
	工作责任感	4%	工作认真,勇于承担责任		
工作业绩	采购计划完成率	10%	90%≤R≤100%		
			80%≤R<90%		
			70%≤R<80%		
			60%≤R<70%		
	采购物资合格率	10%	90%≤R≤100%		
			85%≤R<90%		
			75%≤R<85%		
			70%≤R<75%		
	采购物资及时率	10%	在规定的时间内完成		
	错误采购次数	5%	不得高于　　次		
	采购成本控制	10%	成本降低　　%		
	供应商开发	5%	新增　　家供应商		
	存货周转率	10%	提高　　%		
工作能力	专业知识水平	5%	全面掌握本岗位所需的专业知识		
	语言表达能力	8%	语言清晰,有条理		
	综合分析能力	5%	对工作中出现的问题能做出准确的分析与判断		
	谈判能力	12%	有一定的谈判技巧		

(5) 绩效考核申诉表(表 5-7)

表 5-7 绩效考核申诉表

申诉人	所在岗位	所属部门	申诉日期
申诉事由			
处理意见或建议	1. 2. 3. 受理人签字：　　　　　　　　受理日期：		
处理结果			
申诉人对申诉处理的意见	1. 2. 3.		

(6) 考核结果运用表(表 5-8)

表 5-8 考核结果运用表

等级	等级定义	分值	结果运用
S	优秀	90～100 分	薪酬上调 3 个等级或升职 1 级
A	良	80～89 分	薪酬上调 2 个等级
B	好	70～79 分	薪酬上调 1 个等级
C	一般	60～69 分	薪资待遇保持不变
D	差	60 分以下	减少 5％的工资

可以将评价分为个人评价和小组评价两个层面。对小组结论进行展示、点评,选取优质方案给予表彰和推广,对存在的问题提出改进意见。

(1) 自评、互评、教师评价表

团队名称	自评(10%)	小组互评(30%)	教师评价(60%)	合计

(2) 实训工作评价表

考核项目名称	采购绩效考核项目评价表			
考核指标	工作态度 (20分)	团队合作 (20分)	实训任务完成度 (20分)	成果展示与汇报 (40分)
团队总分				

◇ 学习任务相关知识点

一、采购绩效评价的内容

(一) 业务绩效考核

采购业务绩效考核的内容主要有:
1. 采购成本是否降低?卖方市场的条件下是否维持了原有的成本水平?
2. 采购质量是否提高?质量事故造成的损失是否得到有效控制?
3. 供应商的服务是否增值?
4. 采购是否有效地支持了其他部门,尤其是营运部门?
5. 采购管理水平和技能是否得到提高?

(二) 个人素质考核

对个人采购能力的评价相对灵活一些,因为它不仅包括现有的能力评价,还包括进步的幅度和潜力。其主要内容包括谈判技巧、沟通技巧、合作能力、创新能力、决策能力等。这些能力评价都是与业绩的评价联系在一起的,主要是针对业绩中表现不尽如人意的方面,以便促进采购人员在个人能力上能进一步提高。

二、采购绩效评价的标准

在确定了采购绩效评价指标后,还必须考虑将何种标准与实际绩效进行比较。一般常见的标准有以下几种。

1. 历史绩效标准

选择公司历史绩效标准作为评价目前绩效的基础,是相当可行、有效的做法。但是只有当公司的采购部门,无论是组织或人员等,均没有重大变动的情况下,才适合使用此项标准。

2．预算或标准绩效

如果历史绩效难以取得或采购业务变化比较大,可以使用预算或标准绩效作为测量的基础。标准绩效的设定,要符合下列 3 项原则：

▲固定标准——预算或标准绩效一旦建立,就不能再有变动。

▲挑战标准——挑战标准的实现具有一定的难度,采购部门人员必须经过努力才能完成。

▲可实现标准——可实现标准是指在现有内外环境和条件下经过努力,确实可以达到的水平,通常依据当前的绩效加以测量设定。

3．行业平均绩效标准

如果其他行业公司在采购组织、职责以及人员等方面与本企业相似,那么可与其绩效进行比较,以辨别彼此在采购工作成就上的优劣。数据资料既可以使用个别公司的相关采购结果,也可以使用整个行业绩效的平均水准。

4．目标绩效标准

预算或标准绩效是代表在现在的情况下,应该可以达成的工作绩效。而目标绩效是在现在的情况下,非经过一番特别的努力,否则无法完成的较高境界。目标绩效代表公司管理当局对工作人员追求最佳绩效的期望值。

三、采购绩效的测量

要控制采购过程,必须制定商品采购绩效测量指标,而这首先要对采购过程有深入的了解。商品采购绩效的测量可根据采购范围的划分、采购能力与采购结果等概括成采购效率指标和采购效果指标两大类。采购效率指标是与采购能力相关的采购人员、行政机制、方针目标、程序规章等指标。而采购效果指标是指与采购结果（如采购成本、原材料质量、交货等）相关的指标。商品采购绩效测量的主要范围如表 5-9 所示。

表 5-9 采购绩效测量

采购绩效测量	指标	测量范围
采购效果	原材料价格	采购绩效控制、采购降价
	原材料质量	交货质量、参与设计与质量改进
	交货与库存	交货可靠、交货周期及库存控制
采购效率	采购组织	采购人员、采购管理、采购方针与策略、采购信息系统

四、采购绩效的评价人员与方式

（一）采购绩效评价人员

1．采购部门主管

由于采购主管对所管辖的人员最为熟悉,而且所有工作任务的指派,以及人员工作绩效的优劣,都在其直接监督之下。因此,由采购主管负责评价,可以注意到采购人员的表现,体现公平客观的原则。但是主管进行评价会包含很多个人情感因素,有时因为"人情",而使评价结果出现偏颇。

2. 会计部门或财务部门

当采购金额占公司总支出的比例较高时,采购成本的节约对公司利润的贡献就非常大。尤其在经济不景气时,采购成本的节约对资金周转的影响也十分明显。会计部门或财务部门不但掌握公司产销成本数据,对资金的获得与付出也进行全盘管制,因此,会计部门或财务部门也可以对采购部门的工作绩效进行评价。

3. 工程部门或生产主管部门

当采购项目的品质与数量对企业的最终产品质量与生产影响重大时,也可以由工程或生产主管人员评价采购部门素质。

4. 供应商

有些企业通过正式或非正式渠道,向供应商探询其对本企业采购部门或人员的意见,以间接了解采购作业绩效和采购人员素质。

5. 外界专家或管理顾问

为避免公司各部门之间的本位主义或门户之见,可以特别聘请外部采购专家或管理顾问,针对企业全盘的采购制度、组织、人员及工作绩效,进行客观的分析与建议。

(二)采购绩效评价方式

对采购人员进行工作绩效评价的方式,可以分为定期和不定期。定期评价配合公司年度人事考核制度进行,有时难免落入俗套。一般而言,以"人"的表现,如工作态度、学习能力、协调精神、忠诚程度等为考核内容,对采购人员的激励以及工作绩效的提升,并无太大作用。如果企业能以目标管理的方式,即从各种绩效指标当中,选择年度重要性比较高的项目作为考核目标,年终按目标实际达成程度加以考核,则必能提升个人或部门的采购绩效。使用这种方法可以摒除"人"的抽象因素,以"事"的具体成就为考核重点,因此,比较客观公正。由于使用这种方法时,人们会特意追求考核目标的提高而忽视其他方面,因此对目标选择的要求比较高,要求目标选择全面。表5-10重点罗列采购部门关键绩效评价指标。

表5-10 采购部门关键绩效评价指标

序号	KPI指标	考核周期	指标公式	资料来源
1	采购计划完成率	季/年度	(考核期内采购总金额÷同期计划采购金额)×100%	采购/仓储部
2	采购订单按时完成率	季/年度	(实际按时完成订单数÷采购订单总数)×100%	采购/仓储部
3	成本降低目标达成率	季/年度	(成本实际降低率÷成本目标降低率)×100%	财务部

续表

序号	KPI指标	考核周期	指标公式	资料来源
4	订货差错率	季/年度	（数量及质量有问题的物资金额÷采购总金额）×100％	生产/质检部
5	采购资金节约率	季/年度	[1－（实际采购物资资金÷采购物资预算资金）]×100％	财务部
6	采购质量合格率	季/年度	（采购物资的合格数量÷采购物资总量）×100％	生产部
7	供应商履约率	季/年度	（履约的合同数÷订立的合同总数）×100％	采购部

至于不定期的绩效评价，则是以特定项目方式进行。

◇ **小看板：**

A公司要求某项特定产品的采购成本降低5％，当设定的期限一到，即评价实际的成果是否高于或低于5％，并就此成果给予采购人员奖惩。这种评价方式，特别适用于新产品开发计划、资本支出预算、成本降低专项方案等。

绩效测量的时间和频率没有固定，可根据各企业的具体情况具体确定，一般可以按月度、季度、年度的时间确定，同时遵循特殊情况特殊对待的原则。

五、采购绩效评价的方法

采购绩效评价方法直接影响评价计划的成效和评价结果的正确与否。常用的评价方法有以下几种：

1. 直接排序法。在直接排序法中，主管按绩效表现从好到坏的顺序给员工排序，这种绩效表现既可以是整体绩效，也可以是某项特定工作绩效。

2. 两两比较法。两两比较法是指在某一绩效的基础上把每一个员工都与其他员工相比较来判断谁"更好"，记录每个员工和任何其他员工比较时认为"更好"的次数，根据次数的高低给员工排序。

3. 等级分配法。等级分配法能够克服上述两种方法的弊病。这种方法由评价小组或主管先拟定有关的评价项目，按评价项目对员工的绩效做出粗略的排序。

六、采购绩效考核的实施步骤

采购绩效考核的具体实施步骤如下：

（一）设定采购绩效考核的目标

采购绩效考核的目标应以提升采购工作效率为核心，具体而言，既要能够促使采购部门降低采购成本，又要保证物品供应的质量和时效。由于采购活动的效益背反现象，因此非常有必要在绩效考核之前，明确采购工作的重点和绩效考核的目标。

（二）提前做好沟通工作

由于参加采购绩效考核的既有企业内部相关部门的员工，还可能涉及相关供应商，因此就需要各方面相互配合,最好能提前做好沟通工作,以便在绩效考核时通力配合。绩效考核不只是要找出问题,更重要的是要找到解决问题的办法。

(三)执行绩效考核计划

绩效考核一般定期或不定期进行,无论哪种情况,都需要认真制定并执行考核计划。考核计划要告知采购部门及相应员工,以得到他们的配合。应该说,考核对象在心理上总会有一定的抵制,这主要是来自考核过程的未知,因此,尽可能地降低考核过程的未知性,有利于考核计划的顺利执行。

(四)绩效考核的总结和反思

采购目标的实现要靠整个采购团队,而不是某一个人。绩效考核的结果也同样意味着整个团队的工作情况。姑且不论绩效考核的结果好坏,作为采购团队的每个成员都应对绩效考核的结果认真做总结,梳理并分享经验心得,反思采购工作中存在的问题和不足,以便为下一阶段的采购工作奠定良好的工作基础。

七、采购绩效的改进

采购绩效考评是为了督促、激励采购工作,使采购部门能及时发现问题、改进工作,从而降低采购过程中产生的成本费用,进一步提高采购部门的绩效。因此,实施采购绩效评价后要将结果及时反馈,以便通过绩效考评指导采购工作持续改进。

(一)改进采购绩效的途径

采购绩效的提升可以从营造绩效改进的工作氛围、强化内部管理、采用新技术、与供应商开展良好的合作、开发新的供应商等方面来实现。

1. 营造绩效改进的工作氛围

营造绩效改进的工作氛围包括以下内容:
(1)营造良好的组织氛围,充分发掘潜力;
(2)以业界最佳指标为奋进点,不断寻找差距,优化工作方法;
(3)对采购商品供应绩效进行测评,通过排行榜方式,奖励先进,鞭策落后。

2. 强化内部管理

强化内部管理包括以下内容:
(1)在企业内部建立合适的采购队伍(团队),提供必要的资源;
(2)选聘合格人员担当采购人员,给予必要的培训;
(3)给采购部门及采购人员设立有挑战性但又可行的工作目标;
(4)对表现突出的采购人员给予物质及精神上的奖励。

3. 采用新技术

采用新技术包括以下内容:
(1)建立企业内部网;

(2) 使用国际互联网；

(3) 推行 MRP(物料需求计划)系统；

(4) 使用条形码；

(5) 与供应商进行电子数据交换(ED)。

此外，改进采购绩效的途径还有与供应商开展良好的合作、开发新的供应商等。

(二) 改进采购绩效的措施

1. 质量改善措施

采购物料质量的好坏多以"质量合格率"来衡量。其计算公式为：

$$质量合格率 = (合格数 \div 总物料数) \times 100\%$$

可采取以下改进方法：

(1) 依据"质量合格率"数值大小对供应商进行排名，对排名最差的供应商，督促其在规定的时间内进行改善，否则降级处分；

(2) 对有可能长期合作的供应商，帮助其进行质量改进，派出相关技术人员、质量管理人员、采购人员等组成的小组，现场研究制作工艺，与其一起制订改善方案；

(3) 帮助供应商实施 ISO 9000 标准。

2. 成本降低措施

采购物料的成本一般用"价格差额比率"来衡量。其计算公式为：

$$价格差额比率 = [(合同价格 - 行业平均水平) \div 行业平均水平] \times 100\%$$

可采取以下改进方法：

(1) 按照"价格差额比率"数值大小对供应商进行排名，对排名最差的供应商的合同定价进行分析研究，找出存在的问题及原因，并督促其限期改进；

(2) 对于表现较好的供应商，通过帮助其改善加工工艺、包装运输方式等途径来降低物料成本；

(3) 对于有欺诈行为的供应商，要按合同规定罚款、警告、降比例，直至终止供货合同等；

(4) 对于确实无法降低成本的物料，重新对其社会供应商进行调查，选择新的供应商群体。

3. 挑选供应商措施

挑选供应商多采用"及时供应率"来衡量供应商的好坏。其计算公式为：

$$及时供应率 = (商品及时供应数 \div 商品需求总数) \times 100\%$$

可采取以下改进方法：

(1) 依据"及时供应率"数值大小对供应商进行排名，对排名最差的供应商，分析原因所在，对属于因供应商原因造成物料供应不及时的，督促供应商限期改善；

(2) 对于由计划原因造成物料供应不及时的，应和计划部门一起商讨对策，如在需求时

间内做优化调整,通过需求分析或预测等手段加以改进;

(3) 对于市场行情较好的物料,其稳定性要求较高,应提前一段时间向供应商做预测提醒,以便供应商安排适量的库存;

(4) 如有可能,应优先选取地址较近的供应商,以方便供应协调。

4. 增加采购柔性措施

企业采购的柔性可以体现出供应商的供应能力。采购柔性的计算公式为:

采购柔性=[1-(生产高峰供应及时率-生产低峰供应及时率)÷平均供应及时率]×100%

可采取以下方法增加采购柔性:

(1) 对某一供应商的下订单量不宜大于供应商群体订单容量的60%(推荐数值);

(2) 拓展物料供应商,重点物料应由3家以上供应商供应,尽可能地避免由独家供应商供货及生产饱和的供应商群体供货;

(3) 加强对供应商的调查研究,选择适量的新供应商作为备用。

5. 衡量实力措施

根据以下几个方面的内容,针对具体物料供应商设计"实力问卷调查表",通过打分方法获得有关供应商实力的量化数值:

(1) 技术水平;

(2) 管理水平;

(3) 设备厂房环境配置;

(4) 样件质量;

(5) 二次开发能力;

(6) 指标稳定性;

(7) 合作意识;

(8) 沟通能力。

6. 评价服务措施

针对具体物料供应商设计"服务问卷调查表",从以下几个方面,通过打分的方法获得供应商的服务水平的量化数值:

(1) 商品维修配合;

(2) 商品退货配合;

(3) 上门服务程度;

(4) 设计方案更改配合主动性;

(5) 合理化建议数据;

(6) 公正性竞争表现;

(7) 培训表现;

(8) 服务意识。

7. 评定采购工作效率措施

采购工作效率的计算公式为：

采购工作效率＝（期间采购物料成本总额÷期间工作总人数）×100％

一般采取以下改进方法来提高采购工作效率：

（1）调查行业的平均水平和最高水平，分析研究，寻找差距；

（2）采购工作效率数值的正常度与采购流程设置的合理性有关，流程简单实用，采购工作效率就会提高，因此应改善采购流程。

8. 人员流动比率

采购人员的流动量要与企业的业务需求量相匹配，否则会影响企业采购工作的完成。采购人员流动比率的计算公式为：

人员流动比率＝［（年流入人员数－年流出人员数）÷总人数］×100％

（1）采购人员流动比率取值范围一般为7％～15％，总体保持平衡，并与业务需求相匹配；

（2）若人员流动比率＜7％，则可能因为违反"流水不腐"的自然原则，会产生严重的采购问题，进而影响采购质量、成本、供应及时性等；

（3）若人员流动比率＞15％，则可能导致采购工作的连续性不佳，从而导致工作人员采购操作熟练程度不够等问题。

9. 供应商流动比率

供应商流动比率的计算公式为：

供应商流动比率＝［（年流入供应商数－年流出供应商数）÷总供应商数］×100％

供应商流动比率的取值范围有待研究，总体上应保证采购业务的正常开展。机械、电子、软件的供应商流动比率各不相同。

（1）供应商流动比率常值＜20％，理想数值为"零"；

（2）和设计工艺人员一起研究，通过改变元器件参数或加工工艺方法，提高物料的标准化程度，以便能找到更多的供应商；

（3）对垄断的供应商尽量不用，仅在必要时才找独家供应商；

（4）独家供应商比率在某种程度上也反映企业产品技术的层次，新专利、新技术商品采用独家供应商的可能性较高，大众商品通常不会采用独家供应商提供。

10. 确定订单周期

采购订单周期是指采购人员与供应商签订采购合同时所确定的物料从下单到完成入库的时间。

（1）机械、电子、软件类物料采购周期不尽相同，应针对不断变化的实际情况考查供应商工厂现场、工艺方法、包装运输和环境等方面，制定较为切实可行的订单周期；

（2）订单周期作为采购谈判的条件之一，要在采购合同中反映出来。

11. 提高库存周转率的措施

采购库存周转率的计算公式为：

$$库存周转率＝（当期库存物料金额÷当期销售成本）×100\%$$

可采取以下方法进行改进：

（1）根据市场预测计划和采购市场的供应行情，及时进行采购资源抢占，以支持市场的销售计划，减少积压；

（2）掌握产品的生命周期，对需求不大的老产品，制定采购计划时要小心谨慎。

12. 紧急订单完成率

采购紧急订单完成率的计算公式为：

$$紧急订单完成率＝（紧急订单及时完成数÷紧急订单数）×100\%$$

可采取以下方法进行改进：

（1）拥有先进设备（如数控机床等设备）的供应商能高效提供急单货物；

（2）备货是一种快捷反应方式，对于市场上的急单可以及时满足。

八、应用科学技术提升商品采购绩效

20世纪80年代以后，越来越多的新技术被采购行业所采纳并取得了良好的经济效益，最典型的就是MRP系统的推广使用及被视为新经济时代作业方式的电子商务在采购业的应用。

1. 建立企业内部网（Intranet）及使用国际互联网（Internet），运用网上采购，其优点主要体现在以下几个方面：

（1）节约采购成本。视产品的不同，将至少节约2%～25%的采购成本，节省与采购相关的多项开支。

（2）缩短采购周期。提供的专业化服务将使采购周期缩短2%～25%，大幅度提高采购效率，将过去几周或几个月的采购流程与业务谈判压缩到现在的几天或几周。

（3）增加采购流程透明度。与政府的"阳光采购计划"不谋而合，通过先进的电子商务手段滤除采购中的不良因素。对于已有的固定供应渠道，可能会获得更低的价格。

（4）增加有效供应商。全国背景的专业数据库使企业跳出本地、本行业的限制，在全国范围内提供更适合的供应商。对于难以采购到的产品或服务，可能会找到更多的供应渠道。

（5）促进企业现代化。用电子商务的手段改造企业及企业间的每个沟通环节是时代的必然。以ECantata的服务作为突破口，来追上时代的步伐，全面改造企业的供应链。对于具有大量供应渠道的产品或服务，可以对众多的供应商进行资格预审和优化。

（6）市场信息千变万化，知己知彼，方能百战不殆。充分的市场信息是采购人员决策的重要依据，所以根据近万种产品的分类，保存了几百万家商家的资料信息，为企业会员的决策提供了有效的保证。

> ◇ **小看板：**
> 　　ECantata 国际网络公司是中国第一个最大的在线工业采购网，通过组织在线竞价为来自工业、原材料、日用品、服务行业的买家们提供采购服务，帮助在线采购参与者在价格、效率等方面获得利益。据统计，施乐、通用汽车、万事达信用卡等3个不同行业、不同性质的企业，应用了在线采购后，成本分别下降了83％、90％和68％，可见在线采购的效益是非常可观的。

2. 普及微型计算机及推行 MRP 系统

推行 MRP 系统可以提升整个企业的管理水平。MRP 系统中的数据不仅全面，而且实时性好，许多采购人员所需的数据，如采购历史数据（以前采购量、历史价格、以前向哪家供应商采购等）、供应商的基本情况（地址、联系方式等）、采购前置时间、采购申请单、收货状态、库存量、供应商货款的支付状况等均可从 MRP 系统中查询到。这些数据对采购人员是很重要的，没有这些数据就无法做出适宜有效的采购决策，甚至无法开展工作。MRP 系统的推行与采购有很大关系的另一方面是供应商的货款支付，在没有了 MRP 系统的企业，采购人员要花很多时间在"该不该付款及何时付款"上与财务人员沟通。有了 MRP 系统就大不一样，对于什么时候付款、可不可以付款这些问题，MRP 系统会自动提示财务人员，采购人员可从系统中查到某供应商的某笔款项有没有支付，免去月底对账工作，从而把采购人员从付款这项本属于财务部门的工作中解放出来。MRP 系统的使用对规范采购作业、提升采购绩效有不可替代的作用。

3. 使用条形码及与供应商进行电子数据交换

与供应商之间建立电子数据交换（Electronic Data Interchange，EDI）可极大地缩小采供双方的时空距离，从而更容易将企业内部的优秀管理延伸到供应商，把供应商作为企业的一个部门来管理。实行 EDI 的好处可以归纳为"多、快、好、省"四个字。多：这里所说的"多"有两个方面的含义：第一，传递的信息多，采购方可以通过 EDI 获得供应商的报价、查询供应商的库存、发放订单、发布需求量或交换期更改计划、发送通知或备忘录或电子合同等；第二，采购人员可以做更多的事，由于采购人员从烦琐机械的文书工作中获得解放，因此能把更多的精力与时间用在可以增值的采购活动上，从而把采购工作做得更多、更好。快：电子传输速度之快，是其他任何方式都不可能超越的。由于信息能更迅速地在采供双方之间交换，因此采购人员及供方业务人员能更快地处理相关事务，这样为采购工作赢得了宝贵的时间，对某些事务能及时进行处理，避免了一些不必要的损失。在国际采购业务中，EDI 更有效。好：使用 EDI 能大幅度减少数据的重复输入，从而出错的机会变少，保证了资料或数据的准确性。省：向无纸化采购靠拢，符合国际环保潮流。EDI 的使用可降低采供双方的库存量，供应商根据采购方的最新需求来生产与交货，货款支付也采用电子转账，从而降低采购总成本。

◇ 任务小结

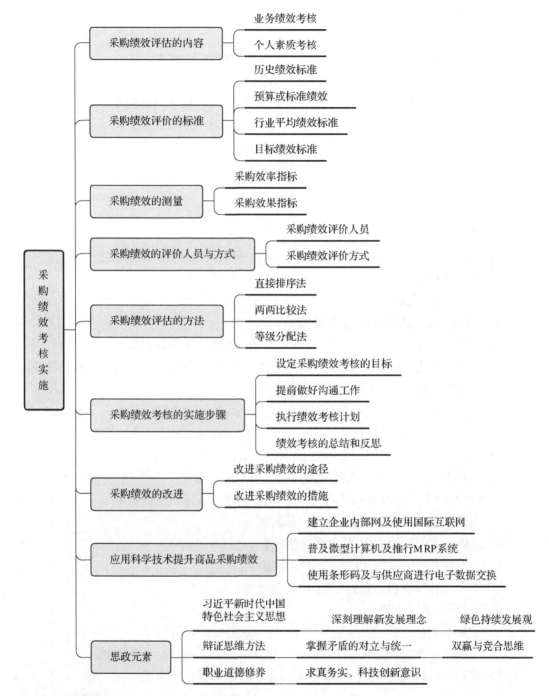

◇ 归纳与提高

通过本项目的学习，同学们应该掌握采购绩效影响的因素分析，会结合采购绩效评价的内容和指标，为企业确定合适的绩效评价方式与方法，提出行之有效的改进措施。

◆ 项目综合测试

一、思政题

1. 采购绩效评估的主要目的是 （   ）
   A. 提高采购效率   B. 降低采购成本
   C. 提升供应商质量   D. 确保采购合规性
2. 分析以下企业在采购绩效评估中存在的问题，并提出相应的解决方案。
     某企业在采购绩效评估中，过分关注采购成本的降低，而忽视了供应商质量和采购风险等因素。导致供应商质量不稳定，采购风险增加。

二、单项选择题

1. 以下不是采购绩效评估的内容是 （   ）
   A. 采购价格/成本   B. 采购服务
   C. 采购产品/质量   D. 采购物流
2. 以下不是采购主管绩效评估指标的是 （   ）
   A. 供货商关系   B. 管理层所得到的信息
   C. 业务层所得到的信息   D. 使申请部门得到所需的材料和设备
3. 参与采购绩效的评估人员包括 （   ）
   A. 生产与工程部门人员   B. 采购部门主管
   C. 会计部门或财务部门人员   D. 供应商
4. 企业最重视及最常见的衡量采购工作绩效的标准是 （   ）
   A. 品质绩效   B. 数量绩效   C. 时间绩效   D. 价格绩效
5. 某供应商对企业持有的态度表现为盘剥状态，意味着该供应商认为 （   ）
   A. 企业业务的吸引力较强、业务价值较低
   B. 企业业务的吸引力较强、业务价值较高
   C. 企业业务的吸引力较弱、业务价值较高
   D. 企业业务的吸引力较弱、业务价值较低
6. 采购过程的最后环节是 （   ）
   A. 鉴别供应商   B. 鉴定和签署订单
   C. 监视和管理交货过程   D. 评价采购活动和供应商
7. 在供应商绩效评价指标中，哪项总是与采购价格和成本相联系 （   ）
   A. 服务指标   B. 供应指标   C. 质量指标   D. 经济指标
8. 在确定评价供应商能力的标准的权重时，企业要考虑的是：在与采购相关的所有评价标准中，应该按照什么来排列这些标准，以及如何量化 （   ）
   A. 数量大小   B. 前后顺序   C. 计算方法   D. 重要性顺序

三、不定项选择题

1. 采购绩效评估必须遵循的基本条件包括 （ ）
   A. 实效性　　　　　　　　　　B. 持续性
   C. 整体性　　　　　　　　　　D. 开放性
2. 影响采购绩效评估的因素有 （ ）
   A. 业务管理活动　　　　　　　B. 商业活动
   C. 综合物流的一部分　　　　　D. 战略性活动
3. 时间指标包括哪几项 （ ）
   A. 准时性指标　　　　　　　　B. 紧急采购费用指标
   C. 品质指标　　　　　　　　　D. 停工断料损失指标
4. 常用的采购绩效评估指标包括 （ ）
   A. 排序法　　　　　　　　　　B. 时间指标
   C. 重点控制法　　　　　　　　D. 采购效率指标
5. 采购绩效评估标准一般有 （ ）
   A. 历史绩效　　　　　　　　　B. 预算或标准绩效
   C. 行业平均绩效标准　　　　　D. 目标绩效标准

四、简答题

采购绩效评价的目的是什么？

五、案例分析题

TISA 公司从供应商处采购各种产品，再销售给客户。公司大约有 50 个产品种类，100 家供应商。由于公司在采购领域不太专业，最近一年来，成本有所增加，客户订单在减少。TISA 公司发现了如下三个问题：

1. 部分供应商未按要求的数量正确交货，部分最受欢迎的产品线断货，客户无法订货。
2. 因产品问题而被客户退回的现象有所增加，公司需要自己承担补货成本。
3. 部分客户可以从别的地方以更优惠的价格订到同样的产品，另外部分客户因为订不到货而不再从公司购买。

近期，公司决定对供应商绩效进行一次评估，以便改进销售状况和提高公司运营效率。评估发现公司需要改进以下五类服务：

1. 收银机维修服务：公司多家门店使用老式机械式收银机或电子机械式收银机，这些机器的维修需要专门的技术人员，而随着技术进步，会修老式机器的人越来越难找了。
2. 配送服务：公司急切希望能找到低价可靠的配送服务公司，为客户提供一系列产品的配送。

3. 印刷服务：有些客户询问是否有可能在订购的文具上预先印制上他们公司的名称。

4. IT 服务：公司通过网络销售的比例越来越大，公司网站的访问量也不断增加。但公司缺乏维修和选择 IT 设备的技术知识。需要寻求一个供应商提供 IT 培训、技术支持和维修服务。

5. 洗熨服务：公司所有职员都穿着统一工作服。为保证公司的形象，公司需指定一家供应商。

问题：以下题目都与案例相关，请根据案例回答。

1. 对发现的三个问题分别提供一个恰当的供应商绩效评估标准。
2. 概述公司对供应商绩效进行准确评估的两个方法。

习题答案请扫二维码获取

项目二 采购风险管理与战略管理

◇ 引入案例

采购人员如何应对风险

在 2016 年底，基础原材料市场迎来了一大波涨价，有人戏称"铜在吼，铝在叫，锌在笑，锡在跳，橡胶在咆哮，铜价铝价万丈高，生铁价格更是嗖嗖跳，运费也在往上飘，不锈钢价格发高烧，纸箱也跟着凑热闹……"

这对采购人员来说真的是一件大事吗？

随后 2017 年上半年消费市场对白电行业和消费电子品行业由此集体涨价行为反应的波澜不惊，说明上游原材料价格上涨是对下游企业影响较小的采购风险。

1. 采购的首要任务是保证物料供应，断货风险远甚于原材料涨价风险

采购的首要任务是保证物料的供应，其次才是以合理的成本获取物料。在企业运营中，由断货造成的影响远甚于由原材料涨价带来的影响。

供应链断货的风险很有可能改变产业的竞争格局。著名的案例就是 2000 年飞利浦美国芯片工厂失火造成芯片断货改变了功能手机市场格局。爱立信市场份额一路下滑最终退出功能手机市场，而诺基亚通过买断货源、更改设计和开发新供应商等一系列事后快速反应

策略一跃成为功能手机市场的龙头老大。

企业采购会面临各种各样的风险，简要归纳无非五种风险事件：汇率波动；原材料价格上涨；供应链断货；实际需求与预测的偏差；缺陷部件引发的产品责任。

其中，影响最大的缺陷部件引发的产品责任往往会给企业造成灾难性的损失。例如，三星 Galaxy Note7 由于电池质量问题召回 250 万部手机的事件，三星电子净利润由此下降 16%，导致 10 亿美元的损失，严重影响了三星的品牌声誉度。

原材料价格上涨造成的影响最小。因为是行业的群体行为，上游材料的价格上涨可以传导给下游需求方，下游客户接受的阻力较小。这时候要求供应商降价或不提价，无疑是采购最愚蠢的行为。

去供应商的工厂现场考察一下，收货工序工作是否饱满？原材料库中是否保持着安全库存？产线的班次安排是否正常？或者通过企业信息查询平台看一下供应商最近是否有任何付款方面的诉讼案件，都是不错的办法。

处理实际需求与预测的偏差和避免供应链断货是采购经常要面对的事情，几乎占据 80% 的日常工作。这些风险也是采购真正能够事先影响的。

S&OP（Sales&Operations Planning，销售与运营计划）、提前或推后发货、缺料管理、库存优化、VMI、JIT 和开发新的货源等一系列工作都是围绕这两种风险展开的。而建立采购风险监控的事前管理和快速反应的事后管理是实践证明应对采购风险卓有成效的举措。

2. 采购风险监控的事前管理

能够事先发现鉴别采购风险，采取措施将风险遏制在萌芽过程中，是衡量一个公司采购管理体系成熟度的关键指标之一，也是资深采购专业人员的职业素养体现。

每天忙着救火的采购绝对不是好采购。制定公司层面的采购风险管理流程，将采购风险监控列为日常性或周期性的工作。针对不同的行业或不同的产品，侧重点略有不同。

品类采购经理负责具体品类的采购风险监控，针对不同类型的风险点采取相应的预防措施，将风险消弭于无形。虽然事前管理很难通过具体关键绩效指标评估衡量在成本或收入方面给企业的具体贡献，但持之以恒将这个措施执行下去，对采购流程效率和采购绩效会取得事半功倍的效果。

3. 快速反应的事后管理

任何采购风险事件的发生都应引起足够的重视。因为这些事件具备蝴蝶效应，对小事件的忽视有可能造成灾难性后果。

2011 年 3 月 11 日日本大地震发生后，一开始并没有引起下游企业的高度关注，按惯例了解受灾地区的直接供应商的受损情况和复产安排。但随着事态的发展，大家逐渐意识到这是电子元器件行业前所未有的危机。因为在受灾区域，供应着当时全球 90% 用于连接芯片及印刷电路板的 BT 树脂、90% 用于在 LCD 面板贴合 IC 用的异方性导电胶（ACF）、81% 片式电感、76% 固态电容和铝制电容、60% 半导体硅料、52% MLCC（片式多层陶瓷电容器）、

36%FLASH 存储器……

从基础材料到元器件再到组件，最终影响终端市场。这已不再是供应商在不在受灾区域的问题，而是需要将触角延伸到整个上游供应链。

处于受灾区域的瑞萨电子(RENESAS)供应着全球汽车行业40%的微控制单元(MCU)，用于博世、德尔福、大陆和电装等汽车一线供应企业的产品，最终组装在宝马、通用、大众、丰田等品牌的汽车上。受此影响，2011年，各大汽车厂商纷纷下调了销售预期目标。

当风险事件发生后，品类采购经理应该第一时间了解事件的细节，评估事件带来的潜在影响。如会造成严重影响，采购经理应立即牵头组成跨职能应急处理团队，跟踪事态进展、制定应急方案和确定事态升级程序。应急方案通常包括：

(1) 协调供应商、销售和计划部门制定切实可行的需求供应计划；
(2) 协调研发或工艺部门评估替代产品、替代材料和替代标准；
(3) 协调研发部门更改工艺设计；
(4) 启动备用货源渠道或开发新货源渠道；
(5) 管理层沟通拜访，采购量承诺或买断货源。

采购风险事件事后管理的水平高低体现在能否快速掌握事态的细节，依据专业洞察力迅速做出判断，实施有效的应对措施。而专业洞察力的培养来源于采购风险监控事前管理实践。

博世由于铝制壳体断货造成转向齿轮断供，最终导致宝马全球工厂停产就是很好的案例。2017年5月29日，宝马发表声明数家工厂停工；2017年6月1日，博世宣布买下断货供应商意大利 Alertini Cesare 公司，快速控制了事态的进一步恶化。如果不能迅速控制局面，估计博世付给宝马的赔偿足够买下好多个 Alertini Cesare 公司。

在当下地缘政治冲突日益加剧、需求快速变化和技术迭代加速的大背景下，采购风险事件的预防和处理逐渐变为采购的核心职能，也是采购职能对于提升企业收入和利润、提高客户满意度和构建供应链竞争优势的价值所在。切实有效地实践采购风险监控，提升专业洞察力是采购专业人员职业素养发展的必由之路。

(资料来源：https://www.163.com/dy/article/EUBF9HFI054498T3.html，2019年11月19日)

任务一　采购风险管理

◇ 学习任务描述

据调查显示，2022年遭受重大采购风险事件的企业超过一半，其中发生1~3起重大事故的企业占49%，发生4~6起重大事故的企业占6%。由此可知，采购风险对企业的影响还是很大的。企业应系统分析本企业采购过程中存在的风险，采取有针对性的方法及策略，有效降低采购风险的发生率，使企业能够顺利地进行采购活动，为企业节省各项成本，提高采购效率。

◇ **思政园地**

思政元素：政治认同，关注社会热点，创新思维与能力

小小一块芯片，从来都不简单

半导体需求巨大，而上游制造厂商产能不足——这一矛盾在2021年"缺芯"危机中尤为突出。

上亿个晶体管在指甲盖大小的硅晶片上精确排布，前后经过近5 000道工序，每次迭代，总能深刻影响半导体领域的行业格局。

钱学森曾感慨："60年代，我们搞两弹一星，结果得到很多；70年代我们没有搞半导体，结果失去很多。"中国芯片产业历经60余年风雨，"缺芯少魂"仍然是产业发展的一大困境。

1953年，半导体被列入第一个五年计划的重点攻关项目。此后由于国内外局势变化，项目不得已暂停。改革开放后，民生问题被摆在首要位置，直到1990年"908工程"出台，我国才第一次对微电子产业制定计划。2014年，国家成立千亿规模集成电路投资基金，意在扶持中国企业发展。在美国禁令后，该基金发挥了重要作用，通过注资力挺国内芯片行业渡过难关。

安邦智库认为，不同产业的市场化程度不同、全球化程度不同，"举国之力"的效果也完全不同。"两弹一星""北斗系统"都是战略型产业领域，其市场化程度不高。严格来说，这些战略型产业系统的直接客户只有一个——国家。这意味着，相关的产业系统是封闭的，不需要考虑成本和市场化竞争，相对容易。

但对于半导体产业来说，涉及的则是市场化的、开放的产业大系统。从芯片基础架构、IC设计、芯片制造到封装测试、半导体设备、关键材料等，半导体产业链是全球化程度最高的产业链，必须以合作的方式才能实现产业目标。

在高铁、家电等诸多工业领域，我们都成功实现了跨越赶超，为什么在芯片等方面却没能看到这种景象？为什么一再被别人"卡脖子"？

"因为我们有短板。"中国工程院院士倪光南坦述，这些短板包括芯片设计和制造、大型工业软件、移动操作系统等基础软件方面。"实践反复证实，关键核心技术是要不来、买不来、讨不来的，只能通过自主创新、自主可控的途径获取。"

"十四五"规划和2035年远景目标纲要提出，要深入实施制造强国战略，加快补齐基础零部件及元器件、基础软件等瓶颈短板，推动集成电路等产业创新发展。

目前，中国已经是全球规模最大、增速最快的集成电路市场。立足自身，不断加强集成电路相关领域的科技创新，提升技术创新能力和产业发展的质量和自主权，是实现高质量发展的题中应有之义。

针对芯片制造环节，中国已经开始发力。日前，中国电科旗下装备子集团成功实现离子注入机全谱系产品国产化，可为全球芯片制造企业提供离子注入机一站式解决方案，累计形成核心发明专利413项，实现我国芯片制造领域全谱系离子注入机自主创新发展，有望缓解我国芯片制造领域断链、短链难题。

内化提升：责任、使命、担当，科技兴国

（资料来源：中国纪检监察报，节选改编 http://www.cqtimes.cn/news/yaowen/20210325/54705.html，2021-03-25）

◇ 任务书

全球缺"芯"的情况下,如何存活与突破是每家车企当下最关注的问题。

受全球新冠疫情的影响,大部分欧美国家成为新冠疫情重灾区,为了响应隔离政策,半导体企业只能停产或者减产;一些意外因素如2021年2月美国半导体重镇德州遭遇暴雪侵袭,雪灾导致德州数家芯片供应商被迫停产;2021年3月日本AKM(旭化成半导体)工厂发生火灾,持续91个小时的火情让核心晶圆厂损失殆尽;手机、电脑等消费类芯片严重抢占了芯片产线;各大车企疯狂囤货……种种因素导致困扰全球汽车业的半导体短缺问题持续恶化。

受供应链影响,芯片生产周期较长。而现在一辆普通汽车上有多达1 400个芯片,伴随着智能化的发展,这个数字还将进一步增加。由于全球芯片短缺的问题持续恶化,通用汽车公司表示,2021年第二季度将是受影响最严重的季度,因为缺少必要的零部件可能被迫暂停运营,公司整年也将面临20亿美元的利润损失。

请同学们根据情境,通过查阅资料(教材、网络、期刊等),运用相关知识和技能制订一份企业采购风险防范的管理方案。

◇ 准备工作

在市场经济条件下,企业客观存在着采购风险。特别是在互联网＋经济发展的今天,企业采购所面对的供应市场范围进一步扩大,不确定因素增多,采购风险加大,企业迫切需要加强采购风险管理,采取有效措施防范和处理采购风险,确保采购安全。企业采购风险管理由采购风险分析和采购风险防范两部分组成。其中,采购风险分析是基础,采购风险防范是核心。

◇ 任务实施

1. 对学生进行分组,每5~6人为一组,进行职业化工作的分工。
2. 教师帮助学生厘清采购风险管理的要求和重点,拓展思考"互联网＋"及大数据时代企业的采购风险规避问题。
3. 收集并查阅资料,开展讨论与交流,拟定采购风险管理的方案提纲。
4. 编写通用汽车公司采购风险管理的方案报告。

可以将评价分为个人评价和小组评价两个层面。对小组结论进行展示、点评,选取优质方案给予表彰和推广,对存在的问题提出改进意见。

(1) 自评、互评、教师评价表

团队名称	自评(10%)	小组互评(30%)	教师评价(60%)	合计

（2）实训工作评价表

考核项目名称	采购风险管理项目评价表			
考核指标	工作态度（20分）	团队合作（20分）	实训任务完成度（20分）	成果展示与汇报（40分）
团队总分				

◇ 学习任务相关知识点

一、采购风险概述

（一）概念

所谓风险，是指损失发生的不确定性，是人们因为未来行为决策及客观条件的不确定性而可能引起的后果与预定目标发生多种偏离的综合。简而言之，风险就是造成损失的可能性。风险可能表示为事件发生的概率及其后果的函数

$$R = f(P, C)$$

式中：R——风险；

P——事件发生的概率；

C——事件发生的后果。

企业采购风险是指在采购过程中因采购人员工作失误、采购单位管理失控、供应商进行行业欺诈等违规、违法行为，造成企业采购政策不合理，采购程序不规范，评标过程不公正，采购成本过大，合同执行中超支，延期交货，所购入商品及接受的劳务非企业所需要、规格不合适、质次价高等。采购风险是客观存在的，贯穿于采购的全过程，只能控制并尽可能将其发生的损害降低到最低限度。研究采购风险的目的在于预防、控制和转移采购风险。

（二）分类

企业采购的风险是多方面的，但按来源可划分为以下几个方面：

1. 供应商造成的风险

供应商一个显著的特点是，他们都是与采购企业独立的利益主体，是追求利益最大化目的的利益主体。供应商和采购企业是利益互相冲突的矛盾对立，供应商希望从采购者手中多赚一点。为此，供应商会想尽办法讨价还价和提高价格，从而造成商品价格波动。价格波动带来的风险会随着市场竞争的加剧、供应商讨价还价能力的提高而加大。有些供应商盲目追求利润，在商品的质量、数量上做文章，以劣充优、降低质量标准、减少数量，甚至制造假冒伪劣商品坑害采购企业。

2. 企业采购人员造成的风险

企业采购是一项政策性强、涉及面广的工作，需要采购人员掌握社会科学方面的知识和自然科学方面的知识。采购人员在采购过程中不可避免地存在一定的风险，可以归纳为以

下几个方面：

(1) 工作技能风险

采购人员是运用专业技能知识提供技术服务的，因此，有时尽管履行了自身的职责，但由于其本身所掌握的专业技能的限制，给企业造成损失的风险。例如，对财务结算不精通，付款失误造成损失。

(2) 技术资源风险

采购人员即使在工作中并无行为上的过错，但仍有可能承受技术、资源带来的工作上的风险。例如，购入的叉车等商品在验收时可能无法发现其存在的质量问题，甚至在相当长的一段时间内都无法发现其隐患。另外，由于人力、财力和技术资源的限制，无法对购入商品进行细致全面的检查，因此造成向供应商索赔的风险。

(3) 行为责任风险

采购人员违反了规定的责任义务，超出了工作范围，并造成直接经济损失，就可能因此承担相应的责任：一方面是由于未能正确地履行义务和规定的职责，在工作中发生失职行为；另一方面是由于主观上的无意行为不能严格履行自身的职责，并因此而造成直接经济损失。

(4) 职业道德风险

一些采购人员不遵守职业道德，自私自利，在采购中暗箱操作、以权谋私、弄虚作假、舍贱求贵、收受回扣，损害企业利益，必然会因此而面对相应的风险。

3. 企业采购管理失控的风险

对采购市场行情动态调查了解不够，利用互联网采购时遇到运行速度慢、网络病毒等影响，对所购物料价格、性能、规格等要素纵横比较不全面，导致以较高价格采购的风险。采购项目论证不充分、不科学的风险表现为以下几个方面：

(1) 企业选购商品的各项技术参数是临时和随意让非专业人员制定的，如果缺乏和供应商沟通就制定采购品牌和配置，就会造成采购商品过时或不满足企业需求。

(2) 企业管理部门审核计划时考虑资金不够，压缩关键技术参数，忽视专家和供应商的合理建议。

(3) 对采购项目论证缺乏先进的技术检测等多种手段，以致进行综合长远评价时，造成采购项目还没有完工，就已经过时。

(4) 采购盲目攀比，造成超前消费。采购商品时要最好的、最高档的、配置齐全的，一味追求高、精、时尚性、品牌性，花企业的钱，没有节约之心，造成采购支出超过计划的风险。

4. 企业在采购过程中操作不当的风险

在企业采购过程中，存在很多不确定的因素，所以会存在很多风险，具体体现在：

(1) 招投标过程风险

招投标的每一步都会存在风险，如招投标信息不够公开，招标方式选择不合理，招标文件中存在缺陷，资格预审把关不严格致使不合格供应商中标，投标人与招标人串通投标，造成损害企业利益或者他人的合法权益的风险等。

(2) 评价、定标风险

评标、定标风险包括与投标人有利害关系的人进入采购项目的评标委员会没有回避；评标委员会成员的名单在中标结果确定前已经透露给供应商；评标委员会成员没有客观、公正地履行职务，违反职业道德，在评标过程中不能客观公正地履行职责；评标委员会成员私下接触投标人，收受投标人的钱财或者其他好处；评标委员会成员参加评标的有关工作人员，向他人透露对投标文件的评审和推荐中标候选人以及与评标有关的其他情况；招标人不将评标小组确定的排名第一的中标候选人确定为中标人，从而造成损害企业利益的风险。

(3) 签订合同过程中的风险

合同文件前后矛盾或用词不严谨，导致双方对合同条款的不同理解，造成相互扯皮或遗漏一些重要条款而导致的风险等。签订合同时务必要注意签字盖章是否与签约单位及其负责人（或授权人）相符，现实中常有因一字之差而使合同无效导致风险发生。

5. 法律风险

采购在我国国民经济发展中所处的地位非常重要，国家在不断地加强对采购方面的监管，制定了包括《政府采购法》《国有企业物资采购管理的暂行条例》《招标投标法》等大量的法律、法规和规章。这些法律、法规和规章的公布与实施，对于加强采购活动的监督管理，规范采购行为，促进和保障采购的健康发展，具有重要意义。它要求企业必须依法采购，如果企业在采购过程中违规操作，将会受到严厉的处罚。企业采购主要采取公开招标、竞争性谈判、询价等方式进行，如果供应商认为采购单位和中介组织在采购方式的应用、招标文件的发布、招标程序的操作等方面违反法律规定，会导致其利益受损，采购单位可能会承担法律的风险。采购人员违法犯罪，触犯刑法的罪有：滥用职权、玩忽职守、履行合同失职罪；贪污罪；受贿罪。

6. 政治变动和自然灾害影响企业采购的风险

政治变动是指由国际、国内政治环境变化而带来的不确定性影响企业采购的风险，如战争、政变、一国领导的换届、外交破裂、恐怖事件等。美国的"9.11"恐怖事件就使得很多企业的采购延期，造成生产经营损失。自然灾害如台风、地震、洪水、火灾、山体滑坡、病毒影响等来自大自然的破坏，也时刻威胁着企业的采购。自然灾害造成的交通系统瘫痪，致使商品难以运输，不能够及时送达或者影响采购环境。例如，2003年发生的"非典"事件，严重影响了人们的生活、生产环境，致使部分企业无法正常组织采购，从而影响了企业正常的生产经营秩序，造成部分企业经济效益下降。

二、回避与防范采购风险的措施

(一) 建立健全的企业采购组织

企业采购组织是企业采购活动的主体，直接决定企业采购的效益。健全的采购管理组织是企业对采购实行统一领导、分级管理、防范风险的基础。企业要从组织建设上加强采购工作的领导力量，成立由总经理和各部门负责人组成的"采购工作委员会"，直接领导采购部门的工作。企业采购组织在运作过程中，要力求规范运作。法制化管理是企业采购最主要、最高级的管理方式。用法制化管理确保企业采购贯彻公开、公平、公正的原则，实现企业采购"物有所值"和"物美价廉"的目标。对采购工作实行统一管理,只能进行职能分离。将企业采购人员的权利按职能分配,形成相互制约的监督机制。对采购环节中的主要业务,如确定商品的需要量、寻找合适的供应商和合适的价格、审批供应商、与供应商签订合同、检查收到的商品、储存商品、登记明细账、核准付款等,都要设专人负责,严格把关。审批人不能同时办理寻找供应商和索赔业务;商品的采购人员不能同时担任商品的验收工作;审核付款人不能同时是付款人。

(二) 加强采购人员岗位责任制

采购人员是采购项目的责任人,要在增强职业素质、提高工作技能、加强职业道德约束等方面控制风险。

1. 建立健全采购岗位责任制

监督采购人员履行岗位职责义务,遵守有关的法律、法规。加强内部控制管理,让风险意识和质量意识根植于每位工作人员的脑海中,贯彻落实到日常的每一项工作中。做好采购人员的选拔、聘用、培养和造就一批技术水平高的采购人员,从人力资源上为降低质量风险提供保障。

2. 加强职业道德约束

实施采购人员职业道德教育工程,通过多种形式的舆论宣传教育,创造良好的工作气氛,让采购人员时刻意识到,高尚的职业操守是采购人员生存的基本原则。另外,要创建浓郁而积极的企业文化,在潜移默化中增强采购人员的职业道德情操,减少采购风险。

3. 定期实行采购人员轮岗制度

对采购工作各个岗位进行分析评价,明确各个岗位的职责,制定量化考核指标。对采购人员的技能素质、心理素质和潜质等进行分析。通过轮岗制度,实现采购人员和岗位的最佳配置,从而实现既有利于发掘个人潜能,找到最适合自己的岗位,又有利于创造性发挥,进一步降低采购人员的采购风险。

(三) 建立健全供应商选择和管理制度

供应商的选择和管理是企业采购防范风险的基础工作。一批适合企业的供应商是企业的宝贵资源,它们不仅能使企业商品采购稳定可靠、质优价廉、成本降低,而且可以做到双方关系融洽、互相支持、共同协商,降低采购风险。企业要建立供应商准入制度,科学确定供应商标准。在对供应商调查了解的基础上,挑选一批生产能力强、技术水平高、管理科学、服务到位的供应商作为企业正式的供应商,并为这些供应商建立档案。具体记录供应商的联系方式、地址、注册资金、营业执照号、供应商品的质量、规格、付款条件、交货条款、交货期限、银行账号等。在了解主要商品采购价格水平、国内同行业商品采购价格水平的基础上,建立主要商品采购价格档案。如出现采购商品价格高过档案价格,要加以说明,并提请企业采购工作委员会讨论,进行价格评价后才能辅助实施。发展多供应商、多地域的供应渠道,防止独家供应商带来的商务风险。

(四)建立供应链的采购体系,运用先进的采购技术

供应链是围绕核心企业,将供应商、制造商、分销商、零售商,直到最终用户连成一个整体的功能网络结构模式。供应链管理的基础是在参加供应链的企业之间建立起一个齐心协力、统筹兼顾、责任共担、利益共享的战略伙伴关系。在供应链管理中,企业要引进 MRP 或 ERP 技术,计算确定企业的物料需求计划,解决商品需求数量、需求时间等问题,通过互联网与供应商共享供需信息,由供应商来管理企业的库存。这种模式的好处是可以降低企业采购风险,减少企业库存,供应商可以根据需求变动情况,实时地调整生产计划和送货计划。在供应链采购中,企业是小批量采购,需要多少采购多少,什么时候需要就什么时候采购。供应商自己的责任与利润相连,所以自我约束力强,保证送货质量,从而减少企业采购风险。

(五)建立健全采购作业标准和制度

1. 制定标准化采购操作流程,编制详细作业手册。把采购作业过程分成若干步骤,每个步骤应该怎么做,达到什么要求,应该做什么记录。每个操作步骤又分成各种不同情况,在每种情况下应当怎样处理,达到什么要求,都分别做出具体的规定。这个操作手册,既是采购作业操作手册,也是采购作业控制监督的标准。为了监控的需要,在各个步骤设立采购作业控制点,如时间、地点、作业指标、证明人等。设置流程记录,如原始单据、合同、采购人员工作记录、书面汇报材料等。

2. 明确规定采购人员的权限范围。采购人员在外单独工作,应当具有一定范围的决策权、主动权。这样有利于调动采购人员的积极性,提高工作效率。但是,采购人员的权限也应当限制,避免滥用职权,给企业造成较大的损失。采购人员在处理超出权限范围的业务时,应请示有关主管人员,避免自作主张。例如,签合同、改变有关作业程序、作业指标等,要向采购部门主管人员请示汇报。采购人员能够自主支配的资金的数额、住宿标准等,也应做出具体的规定。为了操作方便,企业也可以实行采购费用包干、凭票报账的方式。

3. 建立采购评价制度,评定采购工作业绩。总结经验,纠正缺点,改进工作,同时也发挥监督作用,促使采购人员努力工作,降低采购风险。

(六)招投标过程的风险防范

企业要加强法律、法规的学习和普及,认真检查采购业务操作的规范性和合理性,建立健全企业采购内部监督管理制度,规避法律风险。采购活动的决策和执行程序应当明确,并相互监督、相互制约。经办采购的人员与负责采购合同审核、验收人员的职责权限应明确,并相互分离。采购项目的每一步都需要两个经办人员参与。对下达采购计划、安排采购计划、制定采购文件、发布采购信息、签订采购合同、合同履行、业务资料归档等环节的工作程序都要做出明确的规定,有效地避免采购风险。建立质量体系认证制度,完善采购工作的程序性和标准化,通过认证制度进一步规范采购业务操作程序,建立、健全相互制约的监督机制,提高采购工作的质量和效率。

(七)签订合同和履行合同过程中的风险防范

企业在订立采购合同之前要了解供应商资格、信用状况,注意供应商的营业执照是否进

行年检、是否有经营场所、是否濒临破产或经营境况日益恶化、是否违法经营、是否有高额回扣引导等。采购人员应到供应商经营场所察看，不要轻信电话、传真。订立采购合同时，要确认供应商的身份和资格以及相关的书面证明，核实对方身份证、授权委托书；了解对方是否有恶意串通的嫌疑，切忌急于求成或因小恩小惠勉强签订合同。注意关键条款是否讲清楚，合同条款的商榷、取舍应当取得双方单位的同意。

要对合同进行公证或律师见证，由其他机构来共同承担代理风险。公证机关和律师事务所对合同进行公证和见证时，一般都要求合同当事人出具相关的证明文书，进行"第二次审查"。合同经公证或见证后，合同的有效性会进一步提高。设备安装或工程施工是承包合同的履行。对于合同时间长、情况复杂的情形，对合同外的风险要有足够的认识，发现问题及时处理。如设计变更，工作量增大，或其他因招标人的问题出现增加工程量、延误工期时，要及时签证。对原材料供应、设备供应、货物运输等要与供应商规范地签订合同，并监督执行，在遇到有意外因素需要索赔时，要及时索赔，防止风险。

（八）建立健全资金使用、运输进货控制制度

企业要建立健全采购资金使用的管理制度，具体规定资金的领取、审批、使用的权限范围、审批制度、书面证据制度等。货款的支付，应根据对方信用程度、具体的风险情况进行稳妥处理。一般货款的支付要等到货物收到并验收合格以后，再付全部货款。

运输进货是采购过程中的重要环节，随机因素多、风险大，要加强对这个环节的控制，降低进货风险。在签订运输合同时，把进货风险责任人明确规定下来，把风险赔付方式写清楚，可以采取让供应商或者运输部门来承担责任的方法以监督控制供应商。如果是自提商品或自运商品，则必须要由承办人承担风险。承办人在每个步骤都要认真操作，防止发生风险。有些贵重货物，最好办理运输保险业务，把风险损失降低到最小。为应对突发的采购风险，企业要在调查经营所需商品的基础上，根据历史同期商品消耗情况与企业近期需要，编制库存规划，做到以需定存，保证库存结构合理和控制库存规模，避免自然灾害等情况发生造成的采购风险。合理库存数量应从企业实际出发，根据保障任务的特点选择科学计算方法。

◇ **小看板：**

在分析企业采购风险的基础上，必须进行采购风险的处理与防范，采取相应的措施或方法使风险减少到最低或者回避风险。

采购风险管理可分为四个阶段：

风险识别 ➡ 风险分析 ➡ 风险应对 ➡ 风险监控

◇ **任务小结**

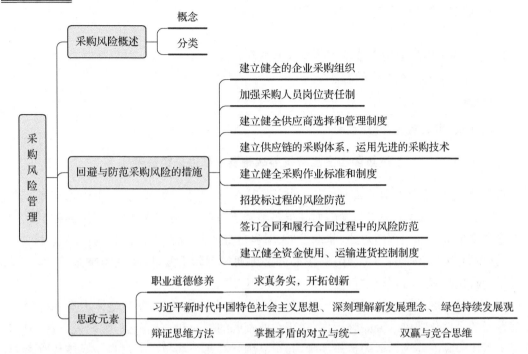

任务二　采购战略管理

◇ **学习任务描述**

与我国大型国有企业相比,通用集团的采购体系没有经历体制、机构改革后的阵痛,全球集团采购策略和市场竞标体系自公司诞生之日起,就自然而然地融入了世界上最大的汽车集团——通用汽车的全球采购联盟系统中。相对于尚在理论层次彷徨的众多国有企业和民营企业而言,通用的采购已经完全上升到企业经营策略的高度,并与企业的供应链管理密切结合在一起。

据统计,通用汽车在美国的采购量为每年 580 亿美元,全球采购金额总共达到 1 400 亿~1 500 亿美元。1993 年,通用汽车提出了全球化采购的思想,并逐步将各分部的采购权集中到总部统一管理。目前,通用下设四个区域的采购部门:北美采购委员会、亚太采购委员会、非洲采购委员会、欧洲采购委员会。四个区域的采购部门定时召开电视会议,把采购信息放到全球化的平台上来共享,在采购行为中充分利用联合采购组织的优势,协同杀价,并及时通报各地供应商的情况,把某些供应商的不良行为在全球采购系统中备案。

在资源得到合理配置的基础上,通用开发了一整套供应商关系管理程序,对供应商进行评估。对好的供应商,采取持续发展的合作策略,并针对采购中出现的技术问题与供应商一起协商,寻找解决问题的最佳方案;而对表现糟糕的供应商,则请其离开通用的业务体系。同时,通过对全球物流路线的整合,通用将各个公司原来自行拟订的繁杂的海运线路集成为简单的洲际物流线路。采购和海运路线经过整合后,不仅使总体采购成本大大降低,而且使各个公司与供应商的谈判能力也得到了质的提升。

问题:

1. 你认为上面的案例中涉及了哪些采购的新趋势?
2. 结合中国实际谈谈你的看法。

◇ 思政园地

思政元素:求真务实,开拓创新

上汽集团自主品牌发展战略及零部件采购策略

近几年,中国车市告别了高速增长态势,进入了一个"微增阶段"。对于中国汽车产业,尤其是自主品牌产业,下一步的发展面临很多不确定因素,上海汽车集团(以下简称上汽)一直在思考新形势下如何创新思路、驱动发展、增强自身实力,实现自主品牌的可持续发展。

"创新"是关键,未来5~10年,自主品牌必须通过创新手段,以实现跨越式发展。上汽通过搭建自主品牌平台,落实"创新驱动 转型发展"战略。

通过差异化的品牌定位,使得产品占据不同偏好的细分市场,提高整体占有率,满足不同消费者的个性化需求。分品牌运作,对于企业资源的投入和合理配置,如研发、营销成本,都提出了比较高的要求。首先运作品牌,几个品牌就有几个部门。上汽自主品牌成立之初,从规模上讲,并没有完全具备多品牌资源。上汽自主品牌拥有了荣威和MG两大品牌,双品牌整体定位中高端,两者实现差异化的发展战略。基于品牌基因和内涵,集团突出两者之间差异化,对于荣威品牌实现品牌核心价值。立足中高端品牌形象,立志将其打造成中国的国货精品。对于MG品牌,这个来自英国的品牌,到今天已经有90年历史,国际知名度比较高。上汽充分运用品牌效应,将MG确立为上汽自主品牌国际经营的统一品牌。但是,上汽要塑造品牌,关键要看产品质量和消费者体验。上汽集团,在成立自主品牌之初,就明确质量是自主品牌的生命这一原则。

当前空气污染、能源紧缺等问题已经是社会关注的重点。建设美丽中国,生态文明建设已成为国家战略。上汽一方面做好传统产品的节能减排工作,另外一方面加快新能源汽车的研发。上汽发展思路就是:贯穿国家的能源战略、环保战略,瞄准世界,重点加快推进混合动力汽车、纯电动汽车的产业化。2009年1月,上汽成立上海节能技术有限公司,主要是开发新能源,并切入中混、插电强混、纯电动、燃料电池四条技术路径。2013年底插电强混大批上市,2012年12月,荣威150纯电动实现投产。虽然上汽自主品牌时间不长,但已形成了四种发展方式:整车出口、散件出口、海外合资建厂、试水成熟市场。

上汽自主品牌通过以整车厂为引导的"整零合作",从上下游配套关系向横向战略合作伙伴过渡转型,形成发展合力。因为上汽的零部件,在国内也是非常有竞争力的。但是在自主创新方面,上汽的整车自主,给提供配件的零部件企业带来了新的问题。供应商必须和上汽同步开发,才能牢牢抓住新能源这个舞台。因为几十年以来习惯国产化,形成了优势互补的发展潜力,所以在传统汽车方面,通过与供应商整车研发项目的全方面合作,基本上80%

以上的供应商所提供零部件和上汽整车大众系列完全属于一个体系。通过技术透明共享，在商业领域上做到互利共赢，同时将这种模式拓展到新能源。

内化提升：绿色持续发展观，双赢与竞合意识

（资料来源：http://special.ceweekly.cn/2014/0411/80766.shtml. 2022-11）

◇ **准备工作**

采购作为企业中的基础职能，其战略必然是由企业战略所决定的。在充分考虑企业战略的基础上，采购部门必须制定自己的采购目标和采购战略。根据上述情景，通过查阅资料（教材、网络、期刊等），运用相关知识和技能制定一份企业的战略管理方案。运用战略采购的方法说明制造业采购业务中短期战略、长期战略在企业战略管理中的地位。

◇ **任务实施**

1. 对学生进行分组，每5~6人为一组，进行职业化工作的分工。
2. 教师帮助学生厘清采购战略管理的业务流程和要求，分析采购战略管理实施的条件。
3. 收集并查阅资料，开展讨论与交流，拟定采购战略管理的方案提纲。
4. 编写通用汽车公司中长期采购战略管理的方案报告。

可以将评价分为个人评价和小组评价两个层面。对小组结论进行展示、点评，选取优质方案给予表彰和推广，对存在的问题提出改进意见。

（1）自评、互评、教师评价表

团队名称	自评(10%)	小组互评(30%)	教师评价(60%)	合计

（2）实训工作评价表

考核项目名称	采购战略管理项目评价表			
考核指标	工作态度（20分）	团队合作（20分）	实训任务完成度（20分）	成果展示与汇报（40分）
团队总分				

◇ **学习任务相关知识点**

随着当今企业利用全球化的力量来扩大绩效，高效地从供应商那里采购商品和服务发挥着至关重要的作用。采购正在转变为与企业目标一致的战略采购。此外，经济和政治动荡、技术中断等问题使市场竞争更激烈。因此，对于企业而言，采用有效的战略采购技能和流程，有助于最大化其业务绩效和效率，从而获得竞争优势。

一、战略采购的定义

战略采购(Strategy Sourcing)是一种有别于常规采购的思考方法,它与普遍意义上的采购区别是前者注重要素是"最低总成本",而后者注重要素是"单一最低采购价格"。所谓战略采购是一种系统性的、以数据分析为基础的采购方法。简单地说,战略采购是以最低总成本建立服务供给渠道的过程,而一般采购是以最低采购价格获得当前所需资源的简单交易。

战略性采购涉及对企业中的采购活动进行主动、全面、持续的评估和重新评估。战略性采购旨在实现最低的总拥有成本(TCO)以及最小的供应链风险。因此,它反映了企业与供应商之间的伙伴关系,这是一个循环而非单向的过程,即对供应商及其核心能力的深入了解,并定期使其与企业的采购要求保持一致。

战略采购将供应商视为关键的价值合作伙伴,并致力于建立持续的协作关系。在其生命周期的每个阶段都评估客户供应商循环,以确保持续有效地满足企业的需求。为实现这一目标,战略采购利用成本分析、供应商评估、供应商关系管理和详细的市场研究。因此,战略采购是一个长期过程,要成功实施,需要熟练的人员以及相关的技术平台和工具。

二、战略采购与战术采购的区别

相比之下,战术性采购是涉及管理组织的采购活动的一种短期和传统的方法。它的目标是在不考虑其他因素(如供应商关系管理、减小供应链风险等)的情况下实现最低的成本。因此,与供应商建立长期关系和了解他们的核心能力如何满足企业受到的关注是最少的,只有当问题出现时,与供应商的沟通才会发生。

虽然战术性采购可以在短期内带来收益,但它不会对采购活动进行持续优化。此外,与战略采购相比,战术采购无需在先进的技术平台和人员技能上进行大量投资。

三、战略采购的构成

战略采购作为整合公司和供应商战略目标和经营活动的纽带,包括四方面的内容:供应商评价和选择、供应商发展、交易双方关系的建立和采购整合。前三个方面发生在采购部门和外部供应商群之间,统称为采购实践;第四个方面发生在企业内部。

(一) 供应商评价和选择

供应商评价和选择是战略采购最重要的环节。供应商评价系统(Supplier Evaluation Systems,SES)包括:

(1) 正式的供应商认证计划;

(2) 供应商业绩追踪系统;

(3) 供应商评价和识别系统。

供应商业绩评价的指标体系通常由定价结构、产品质量、技术创新、配送、服务等几方面构成。但根据公司战略不同,在选择供应商时所重视的业绩指标也有所不同。如公司战略是技术在行业中领先,则供应商现有技术在行业中的领先程度和技术创新能力是首要的评价标准和选择供应商的标准,其次考虑产品质量、定价结构、配送和服务。而对于战略定位领先于成本的公司,定价结构是最为敏感的指标,同时兼顾质量、技术、配送和服务。企业根据评价结果,选出对公司战略有直接或潜在贡献能力的目标供应商群。直接贡献能力是指供应商已具有的,在其行业中居领先地位的,与买方企业战略目标相一致的能力。潜在贡献能力是指那些由于供应商缺乏一种或几种资源而暂时不具备的,通过买方企业投入这些资源就能得到发挥的,对买方企业战略实现有重要帮助的能力。

(二) 供应商发展

由于在选择供应商时对供应商业绩有所侧重,有时目标供应商的业绩符合了买方企业主要标准,而在其他方面不能完全符合要求;或有些潜在贡献能力未得到发挥,买方企业就要做一系列的努力,提高供应商的业绩。有专家称供应商发展(Supplier Development)是"买方企业为提高供应商业绩或能力以满足买方企业长期或短期供给需求而对供应商所做的任何努力"。这些努力包括:

1. 与目标供应商进行面对面的沟通;
2. 公司高层和供应商就关键问题进行交流;
3. 实地帮助供应商解决技术、经营困难;
4. 当供应商业绩有显著提高时,有某种形式的回报或鼓励;
5. 培训供应商员工等。

(三) 交易双方的关系建立

战略采购要和目标供应商完成战略物资的交易。战略采购使买方和卖方的交易关系长期化、合作化。这是因为战略采购对供应商的态度和交易关系的预期与一般采购不同,战略采购认为:

1. 供应商是买方企业的延伸部分;
2. 与主要供应商的关系必须持久;
3. 双方不仅应着眼于当前的交易,也应重视以后的合作。

在这种观点的指导下,买方企业和供应商致力于发展一种长期合作、双赢的交易关系。采购部门改变采购多家进行比较和签订短期合同的采购手段,减少供应商的数量,向同一供应商增加订货数量和种类,使供应商取得规模效应,节约成本;并和供应商签订长期合同,使其不必卷入消极的市场竞争中,获得资源更高效的利用。在这种长期合作的交易关系中,供应商对买方企业有相应的回报:

1. 供应商对买方企业的订单要求做出快速的反应;
2. 供应商有强烈的忠诚于买方企业的意识;
3. 愿意尽其所能满足买方企业的要求;
4. 运用其知识和技术,参与买方企业产品的设计过程。

建立长期的交易合作关系还要求双方信息高度共享,包括公开成本结构等敏感的信息。忠诚是长期交易合作关系的基础,但单纯靠双方自觉的忠诚显然不够。为提高交易效率和交易双方经营绩效,并保证双方致力于长期合作关系,交易双方共同对与交易有关的资产进行投资。这种资产离开了交易双方的特定关系会失去价值,称为交易特殊性资产。

(四) 采购整合

随着采购部门在公司中战略地位的提高,采购逐渐由程序化的、单纯的购买向前瞻性、跨职能部门、整合的功能转变。采购整合是将战略采购实践和公司目标整合起来的过程。与采购实践不同,采购整合着眼于企业内部,目的是促进采购实践与公司竞争优势的统一,转变公司高层对采购在组织中战略作用的理解。

采购整合包括:

1. 采购部门参与战略计划过程;
2. 战略选择时贯穿采购和供应链管理的思想;
3. 采购部门有获取战略信息的渠道;
4. 重要的采购决策与公司的其他战略决策相协调。

四、战略采购的原则

(一) 总购置成本最低

总购置成本不仅仅是简单的价格,还承担着将采购的作用上升为全面成本管理的责任,它是企业购置原料和服务所支付的实际总价,包括安装费用、税、存货成本、运输成本、检验费、修复或调整费用等。低价格可能导致高的总购置成本,却更容易被忽视,总成本最优被许多企业的管理者误解为价格最低,只要购买价格低就好,很少考虑使用成本、管理成本和其他无形成本。采购决策影响着后续的运输、调配、维护、调换,乃至产品的更新换代,因此必须有总体成本考虑的远见,对整个采购流程中所涉及的关键成本和其他相关的长期潜在成本进行评估。

(二) 建立双赢关系

不同企业有不同的采购方法,企业的采购手段和企业管理层的思路与文化风格是密切相关的,有的企业倾向于良好合作关系的承诺,有的企业倾向于竞争性定价的承诺。战略采购过程不是零和博弈,一方获利一方失利,战略采购的谈判应该是一个商业协商的过程,而不是利用采购杠杆,压制供应商进行价格妥协,而应当是基于对原材料市场的充分了解和企业自身长远规划的双赢沟通。

(三) 建立采购能力

双赢采购的关键不完全是一套采购的技能,而是范围更广泛的一套组织能力:总成本建模、创建采购战略、建立并维持供应商关系、整合供应商、利用供应商创新、发展全球供应基地。很少有企业同时具备了以上六种能力,但至少应当具备以下三种能力:总成本建模能力,它为整个采购流程提供了基础;创建采购战略能力,它推动了从战术采购观点向战略观点的重要转换;建立并维持供应商关系能力,它注重的是双赢采购模式的合作部分。

(四) 制衡是双方合作的基础

企业和供应商本身存在一个相互比较、相互选择的过程,双方都有其议价优势,如果对供应商所处行业、供应商业务战略、运作模式、竞争优势、稳定长期经营状况等有充分的了解和认识,就可以帮助企业本身发现机会,在互赢的合作中找到平衡。已有越来越多的企业在关注自身所在行业发展的同时开始关注第三方服务供应商相关行业的发展,考虑如何利用供应商的技能来降低成本、增强自己的市场竞争力。

五、影响战略采购的因素

影响战略采购的因素可以从以下两个方面来看。

首先,从正面影响来看:

(一)采购部门地位对战略采购的正影响。采购部门地位是指企业高层、其他职能部门及采购部门自身对采购部门重要性、能力和战略贡献的认可程度。如果在一个企业中,采购部门被认为和其他职能部门同等重要,采购部门的能力被看好,采购部门的战略贡献被认可,那么该企业采购部门的地位就是高的。采购部门地位反映了企业对采购部门的信心。采购部门作为采购职能的主要执行者和战略采购的重要参与者,其在企业中的地位将直接影响采购与战略管理过程的整合。研究表明,采购部门地位对战略采购有显著的正向影响。

(二)合作历史和商誉对战略采购的正影响。战略采购是一个由涉及供应商基础、外包、发展长期合作交易关系和买方—供应商整合一系列战略性采购决策构成的过程,其最终目标是贡献企业持续竞争优势。信息和信任是战略采购的两大基石。专家 Keough 指出,信息不全是企业实施战略采购的障碍之一。战略采购中的信息共享,不仅需要互通市场信息和技术信息,甚至要求相互公开成本信息,以共同寻求成本下降空间。这种充分的信息共享需要足够的信任做保障。

交易伙伴间信任的来源,一是合作历史。企业在判断一个合作伙伴是否值得信任时,首先会对其发生的交易活动的历史进行回顾。合作历史不应局限在交易双方之间,还应该考察供应商与其他企业的合作历史。二是企业商誉。企业商誉是该企业在经营活动过程中所获得的其他企业关于该企业能力、效率、经营理念和企业文化等多个方面的综合评价。对一个企业的商誉的判断也是基于历史合作经验的考察,但与合作历史不同的是,企业商誉是多个企业共同考察和评价的结果,它更具有客观性。由于战略采购需要买方企业和供应商的共同参与,买方企业的合作历史和商誉也同时被供应商所考察,所以交易双方的合作历史和商誉都会影响战略采购的成功实施。

(三)民族文化对战略采购、采购部门地位及合作历史和商誉的影响。民族文化与企业的经营活动密切相关。企业的一切经营活动都是在一定的文化氛围中进行并受其影响和制约。我国经历了两千多年的封建统治,以儒家学说为核心的传统文化已深深融入人们的思想意识和行为规范中。专家刘翌认为,民族文化包括社会信任结构、不确定性回避程度、权力距离和社会信息特征等方面。

其次,对战略采购产生负面影响的有:

(一)社会信任结构对企业合作历史和商誉及战略采购的负影响

专家 Fukuyrama 将社会信任结构分为高信任文化和低信任文化两种模式。在高信任文化中,信任可以超越血缘等特殊关系,自发性社会交往很多,社会中间组织很发达,其直接的结果就是很容易形成组织间的合作或联盟。而低信任文化中,信任往往局限于血缘关系,自发性社会交往很少,社会中间组织不发达,其直接的结果就是组织间合作或联盟较难形成,即使形成这种合作或联盟关系也较不稳定。

我国属于低信任文化。究其历史原因,我国位于儒教文化的中心,社会资本天赋最低。信任一般局限于血缘等关系,人际关系更带有特殊主义和集团主义色彩。社会中存在各种由特殊人际关系编织而成的"圈子"。分析现实原因,我国的经济体制改革采取了渐进式的改革模式,在从传统的计划经济体制向现代市场经济体制转变的过程中,社会利益关系发生了巨大的调整。由于产权制度改革的相对滞后,企业预算软约束、法律法规不健全和不良社会风气等方面的原因,我国的社会信任结构遭到了很大程度的破坏,在经济领域尤其严重,这一点已经在我国四大国有商业银行的巨额不良资产以及企业间大量的三角债等问题上反映出来。低信任文化不利于微观层面的目标企业间信任关系的建立。同时,由于信任是战略采购的基础,低信任文化对企业实施战略采购有负面影响。

(二)不确定性回避程度对战略采购的负影响

不确定性回避程度是指人们回避或接受风险的程度。不确定性回避程度高,说明社会趋向于规避风险,喜欢确定和安全;反之,说明社会喜欢冒险,追求新奇的解决问题的方法。

我国企业的不确定性回避程度较高,不确定性回避程度会降低企业采购部门挑战供应商市场、发掘供应商市场机会的主动性。

(三)权力距离对采购部门地位的负影响

权力距离是指社会期待甚至喜好权力的差异程度。权力距离大的社会认为每个人都应该有恰当的地位,这样会有很好的社会等级秩序;反之,表明社会认为每个人都应该有相等的权力的机会,从而能改变自己在社会中的地位。我国的权力距离大,上下级之间等级分明,集权程度高。下级往往比较被动,自主权小,参与上层决策的机会少;上级总是处于主动、支配地位。在我国企业中,一方面有的企业总经理在战略决策过程中一个人说了算,不重视下级的意见;另一方面下级在参与战略制定过程中常常会揣摩上级的意思,顺着上级的意思说话,有意无意地歪曲信息。这就造成部门主管,如采购部门主管的意见常常不能被真实表达,或表达出来不被重视。权力距离造成了采购部门实际地位的降低。

(四)社会信息特征对企业合作历史和商誉的负影响

信息层次高低的主要指标是其规范度和分散度。中国社会的信息不规范且比较集中。

信息不规范降低了企业间信息交流的效率，而信息集中造成企业间信息资源处于不平等状态，降低了企业间信息交流的意愿。

六、建立战略采购的方法

(一) 战略分析

谈判不是简单的货比三家，而是要进行供应市场分析。这种分析不仅包括日常成本信息和数据的收集、以往项目的成本分析积累、价格曲线走势的研判、物料质量等，还包括对采购物料的行业分析，甚至对宏观经济形势进行预判。这样才能掌握谈判的主动权，控制整个谈判的进程和大局。例如，一个建筑行业的采购商需知道未来宏观政策会对哪些原材料的价格造成冲击。此外，企业还要对供应商的经营战略做出判断，以此来判断采购关系是否可靠。

(二) 战略联盟

这是基于核心能力要素组合的战略采购理念。企业要与少数战略合作伙伴建立相互参股和控股的战略联盟关系而非简单的买卖关系，进行生产要素和物流的优化组合，以此来降低采购成本。此时，进行供应商的评估和管理不再是以交易为第一要则，而应该首先考虑是否符合战略匹配。

(三) 引入供应竞争

通过招标方式，扩大对供应商的选择范围，引入竞争机制，科学公正地选择最符合自身利益需求的供应商。

(四) 集中采购

通过增加采购量来提高议价的能力、降低单位采购成本，这是战略采购的根本。进行集团化采购的规划和管理，在一定程度上减少了采购工作的差异性，提高了物流服务的标准化，减少了采购管理的工作量。但对采购物品差异性较大的企业来说应慎用集中采购。

(五) 采购管理优化

企业在将"物料采购数量"和"供应商数量"这两个影响采购成本的硬指标进行优化之后，就应当将成本降低工作转向管理优化方面：一是通过电子商务降低采购成本；二是通过对经济批量的计算来合理安排采购的频率和批量，降低采购费用和仓储成本；三是优化生产—采购界面的流程，减少操作环节。

事实上，供应商提供的任何服务都是有成本的，以直接或间接的形式包含在价格中。企业只有将其细分，选择所需，才能降低采购总成本。

(六) 标准化

采购不仅是定价与付款的问题，还包含了产品设计、运输管理、质量管理和生产管理等。一些企业往往认为如何将客户需求转化为产品设计是公司内部的事情，其实不然。

例如,采购部门和设计部门如果不能与包装箱供应商共同合作讨论包装设计,其结果是产品虽然满足了客户的需求,但包装却往往满足不了最终客户的需求。因此,在产品设计阶段就应当充分考虑未来在仓储、运输、生产和销售等环节的成本和服务,提高物料、工艺和服务的标准化水平,减少差异性带来的后续成本。这是战略采购在供应链整体优化上的充分体现。

七、实施战略采购的方式

(一) 集中采购

通过采购量的集中来提高议价能力,降低单位采购成本,这是一种基本的战略采购方式。虽然有企业建立集中采购部门进行集中采购规划和采购管理,以期减小采购物品的差异性,提高采购服务的标准化,减少了后期管理的工作量,但很多企业在发展初期因采购量和种类较少而无法进行集中采购,随着企业的集团化发展,在采购上就出现分公司各自为政的现象,在很大程度上影响了采购优势。因此,坚持集中采购方式是企业经营的根本原则之一。

(二) 扩大供应商基础

通过扩大供应商选择范围引入更多的竞争、寻找上游供应商等来降低采购成本是非常有效的战略采购方法,它不仅可以帮助企业寻找到最优的资源,还能保证资源的最大化利用,提升企业的水准。

(三) 优化采购流程

制定明确的采购流程有助于企业实现对采购的控制,通过控制环节(要素)避免漏洞,实现战略采购的目的。流程可采用的要素有:货比三家引入竞争,发挥公开招标中供应商间的博弈机制,选择最符合自身成本和利益需求的供应商;通过电子商务方式降低采购处理成本(交通、通信、运输等费用);通过批量计算合理安排采购频率和批量,降低采购费用和仓储成本;对供应商提供的服务和产品进行"菜单式"购买。

需要注意的是:供应商提供的任何服务都是有价格的,只不过是通过直接或间接的形式包含在价格中。企业可以通过"菜单"选择所需的产品及服务,往往这种办法更能有效降低整体采购成本。

(四) 产品和服务的统一

在采购时就充分考虑未来储运、维护、消耗品补充、产品更新换代等环节的运作成本,致力于提高产品和服务的统一程度,减少差异性带来的后续成本。这是技术含量更高的一种战略采购,是整体采购优化的充分体现。

采购产品差异性所造成的无形成本往往被企业所忽略,这就需要企业决策者的战略规划及采购部门的执行连贯性。

战略采购是企业采购的发展方向和必然趋势。在企业创业之初由于采购量和种类的限制,战略采购的优势并不明显,但在企业向更高层次和更大规模发展的过程中优势会日益明显,有远见的企业应该在发轫之初就有组织地构建战略采购框架,实施战略采购。

八、战略采购使用模型

(一) 采购项目定位模型

采购项目定位理论作为采购管理领域的重要内容,最早由彼得·卡拉杰克在 1983 年提出,这是第一个较为完善的综合性采购项目定位模型。时至今日,它依然是采购项目定位及采购战略制定的基本理论。

1. 对物资进行定位的原因

在实际采购中,企业不可能也没有必要对每项采购物资和供应商评价都付出同样的时间、精力,所以应对不同的采购物资采用不同的采购策略。针对不同类别的采购项目,对供应商的评价应重点考虑的标准也是有差别的,即"关键的少数原则"。

2. 采购物资定位模型

根据采购物资在企业中的重要性(消耗量)和对供应商的依赖性(供应风险)进行分类,针对不同类别的物资采用不同的供应策略。按"采购物资的年消耗量"和"采购物资的重要性/供应风险"两个维度,将各项采购物资分成 4 种类型,这里的年消耗量低主要指 80％的项目占用 20％的资金,年消耗量高主要指 20％的项目占用 80％的资金。重要性/供应风险程度高且年消耗量高的采购物资定为关键物资,重要性/供应风险程度低且年消耗量高的采购物资定为杠杆物资,重要性/供应风险程度高且年消耗量低的采购物资定为瓶颈物资,重要性/供应风险程度低且年消耗量低的采购物资定为一般物资,由此定位分成 4 个区域而构建定位模型,每类物资各具特点,如表 5-11 所示。

表 5-11 四类物资的特点

	一般物资	杠杆物资	瓶颈物资	关键物资
重要性/供应风险/供应机会	低	低	高	高
标准还是非标准采购项目	标准	标准	通常是非标准,但可能是标准项目	通常是非标准,但可能是标准项目
供应商数量	多	多	少	少
年消耗量	低	高	低	高
业务对供应商的吸引力	低	高	低	高

3. 改善采购物资的定位

一般来说,在采购管理中,采购量比较大、在交易中处于强势并能规避供应风险的状态即属于比较理想的位置。在理想位置中,企业拥有相当强的议价能力,而许多互相竞争的供应商也对企业业务感兴趣。这样,采购方能够在不冒什么风险的情况下完成公司所需的交易。

有两种方法可以实现向理想位置靠近的目标,主要是从重要性/供应风险程度和年消耗量来改变:其一是降低瓶颈物资和关键物资的采购风险;其二是增加一般物资的采购量。降低重要性/供应风险程度的方法有选择替代品设计方案、实行采购品的内部标准化来避免出现过度的采购多样化和零碎化、开发新的供应源等。增加采购量的方法有采购物品的标准化、尽可能将采购物品组合、选择集中采购或与其他公司合作形成采购联盟。

(二) 采购战略的制定

物资定位模型可以帮助企业分析哪些物资是管理的重点，针对不同类别的物资选择不同的采购供应策略。但需要注意的是，对于同类型物资的不同情况，其供应策略也可能会不同（表5-12）。

表5-12 不同采购物资的战略选择

	一般物资	杠杆物资	瓶颈物资	关键物资
物资特点	价值低、量多	价值高、量多	价值低、量少	价值高、质量要求高
库存水平	低库存或零库存	较低库存	较高库存	中等或零库存
管理重点	成本最低	目标价格	保证供应连续	供应链管理（SCM）
采购方式	网上间接	集中竞标	远期合同	远期合同
采购战略	一般交易（保证供应）	长期合作（降低成本）	发展关系（供应支持）	一体化联盟（竞争优势）

1. 一般物资的采购战略——保证供应战略

一般物资有许多供应商，且采购比较容易。在采购一般性物资时，应尽量简化采购、收货和付款的处理过程，减少对供应商的干涉，将实际的购买授权给最终用户。

对于一般物资的采购，应尽可能选择单一的、守信用的供应商，签订一份固定合同。该合同应包括尽可能多的一般物资，合同期限可以为1年、2年或更长，在合同中应明确价格保护条款。

2. 杠杆物资的采购战略——降低成本战略

杠杆物资一般为标准件，年度采购费用高，有许多供应商，且要采购的物资容易获得，采购时的关注点在于价格。

其可采用的采购策略有需求预测、招投标、反向拍卖、检验、合并账单等。

3. 瓶颈物资的采购战略——供应支持战略

瓶颈物资对公司具有高风险，这类物资的供应商数量少，多为非标准件，年度采购费用低，对供应商缺乏吸引力。

其采购策略的重点在于降低风险，尽可能从一个供应商处采购，以增加业务的吸引力；也可使用两个供应商，以避免风险；同供应商发展紧密的、长期的合作关系。

4. 关键物资的采购战略——论争优势战略

关键物资对企业具有高风险，供应商数量少，多为非标准件，替代品极少或没有，年度采购费用高，业务对供应商有吸引力，供应商通常只拥有少量的大客户，可供选择的供应商数量有限。其采购策略应同时使风险和成本最小化,尽量与一个供应商发展为长期的合作伙伴关系。

◆ **任务小结**

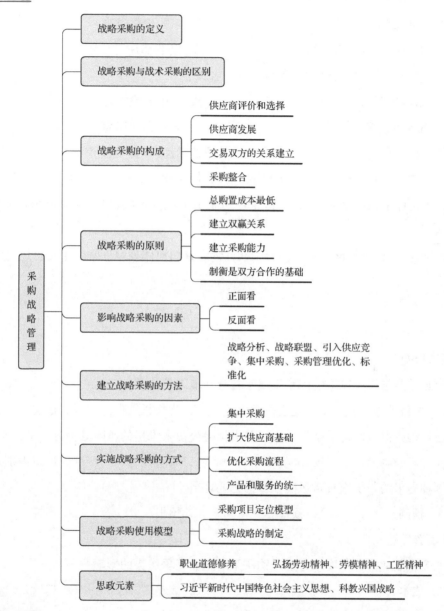

◆ **归纳与提高**

战略指的是企业在总结历史经验、调查现状、预测未来的基础上,为谋求生存和发展而做出的长远性、全局性的谋划或方案。战略具有全局性、长远性、整体性、风险性、社会性的特征。通过本项目的学习,同学们应掌握企业采购风险管理由采购风险分析和采购风险防范两部分组成,学会正确规避采购风险,帮助企业制定并实施战略采购计划。

◆ 项目综合测试

一、思政题

1. 采购过程中面临的主要风险类型是　　　　　　　　　　　　　　（　　）
   A. 供应商延迟交货　　　　　　　B. 采购价格过高
   C. 采购产品质量不达标　　　　　D. 以上都是

2. 在采购风险管理中，对供应商的信誉评估属于　　　　　　　　　（　　）
   A. 事前风险管理　　　　　　　　B. 事中风险管理
   C. 事后风险管理　　　　　　　　D. 合作期风险管理

3. 某大型国有企业计划进行一次大规模的采购活动，以降低生产成本。采购部门在制定采购计划时，充分考虑了市场价格波动、供应商的信誉和产品质量等因素。同时，为了确保采购活动的顺利进行，企业还制定了应急预案，以应对可能出现的风险和问题。

   请结合材料分析，该企业在制定采购计划时是如何体现辩证唯物主义思想的？

二、单项选择题

1. 导致采购与供应风险的因素不属于社会环境因素的是　　　　　　（　　）
   A. 经济政策变化　　B. 政治事变　　C. 公共紧急事件　　D. 地震

2. 通过购买保险使得采购与供应风险由保险公司来承担的风险处理方式是（　　）
   A. 风险自担　　B. 风险转移　　C. 风险控制　　D. 风险识别

3. 哪种是采购与供应日常风险预警的首要环节　　　　　　　　　　（　　）
   A. 预测　　　　B. 预审　　　　C. 预报　　　　D. 预控

三、不定项选择题

1. 如今企业从哪种角度来考虑采购决策对企业竞争优势的影响　　　（　　）
   A. 成本　　　　B. 战术　　　　C. 战略　　　　D. 运营

2. 进一步提高供应商的积极性可以采取的措施包括　　　　　　　　（　　）
   A. 证明企业是供应商的一个优质的客户
   B. 提供生产资金
   C. 增加从该供应商处的采购量
   D. 帮助供应商整合其 IT 系统

3. 采购与供应风险处理的方法包括 （ ）
   A. 风险回避 B. 风险自担 C. 风险转移
   D. 风险控制 E. 风险损失

4. 风险的保险转移和非保险转移的区别是 （ ）
   A. 保险转移的风险受让人是经济单位，而非保险转移的风险受让人是保险
   B. 保险转移的风险受让人是保险人，而非保险转移的风险受让人是其他经济单位
   C. 保险转移的受让人——保险人是专业经营风险的，其有意识地接受大量的风险单位，并进行与之相关的风险分析，而非保险转移的风险受让人往往不能这样做
   D. 保险转移是通过专门的契约保险合同来实现风险的转移，而非保险转移通常是附属于其他的契约来完成风险的转移

四、简答题

1. 使用多家供应商的原因。

2. 如何进行战略采购的选择。

3. 降低采购风险的关键是什么？

习题答案请扫二维码获取

参考文献

[1] 谭华. 采购管理[M]. 长沙:湖南师范大学出版社,2021.
[2] 崔凌霄,宋卫. 采购管理与精准化(慕课版)[M]. 北京:人民邮电出版社,2022.
[3] 张晓琴. 采购管理实务[M]. 北京:人民邮电出版社,2021.
[4] 曾益坤. 采购管理实务[M]. 北京:中国人民大学出版社,2016.
[5] 唐振龙. 采购管理实务[M]. 北京:中国人民大学出版社,2016.
[6] 高文华,李为民. 采购管理实务[M]. 北京:中国人民大学出版社,2015.
[7] 蔡改成. 采购管理实务(第2版)[M]. 北京:人民交通出版社,2014.
[8] 宫迅伟. 如何专业做采购[M]. 北京:机械工业出版社,2015.
[9] 邵贵平. 电子商务物流管理[M]. 3版. 北京:人民邮电出版社,2018.
[10] 维克托迈尔·舍恩伯格,肯尼思库克耶. 大数据时代:生活、工作与思维的大变革[M]. 杭州:浙江人民出版社,2013.
[11] 谭华,沈焰,王峰,等. 采购管理[M]. 长沙:湖南师范大学出版社,2014.
[12] 徐家骅,沈珺. 物流运输管理实务[M]. 北京:清华大学出版社,2008.
[13] 李陶然. 采购作业与管理实务[M]. 北京:北京大学出版社,2013.
[14] 胡建波. 供应链管理实务[M]. 成都:西南财经大学出版社,2013.
[15] 许国君,蔡远游. 采购管理[M]. 厦门:厦门大学出版社,2012.
[16] 孙铁玉. 新编采购管理[M]. 南京:南京大学出版社,2011.
[17] 李严锋,罗霞. 物流采购管理[M]. 北京:科学出版社,2011.
[18] 王为人. 采购技巧[M]. 北京:中国物资出版社,2010.
[19] 陈达强. 采购与供应案例[M]. 北京:中国物资出版社,2009.
[20] 霍佳震,周敏. 物流绩效管理[M]. 北京:清华大学出版社,2009.
[21] 彼得·贝利,大卫·法莫尔,等. 采购原理与管理[M]. 10版. 北京:电子工业出版社,2009.
[22] 马士华. 新编供应链管理[M]. 北京:中国人民大学出版社,2008.
[23] Mike Fogg. 采购与供应关系管理[M]. 北京:机械工业出版社,2008.
[24] 肯尼斯·莱桑斯,布莱恩·法林顿. 采购与供应链管理[M]. 鞠磊,等译. 7版. 北京:电子工业出版社,2007.
[25] 郝渊晓,张鸿,马健诚. 采购物流学[M]. 广州:中山大学出版社,2007.
[26] 宋之苓. 采购基础知识与技巧[M]. 北京:中国劳动社会保障出版社,2006.

更多拓展内容请扫二维码获取